会計学はどこで道を間違えたのか

田中　弘
Tanaka Hiroshi

税務経理協会

読者の皆様へのメッセージ

冷め切った会計学の世界

今の会計学には、若い会計学徒を燃え立たせるような魅力は乏しい。なぜ、今の会計学が「ツマラナイ」学問になったのかの理由は、本書でじっくりと紹介した。要するに、会計はここ二〇年か三〇年くらいの間に、進むべき道を誤ったのである。それは日本の会計だけではなく、英米の会計も同じである。日本について言えば、原因・理由はいくつかある。

一つは、戦後、わが国に移植された英米会計について、多くの会計学者が真摯な研究を続けた結果、近代（英米）会計の理論構造や考え方がほぼ解明されたことである。もう一つは、近代会計のパラダイム（範型）の多くが、商法（現・会社法）に組み込まれたことから、会計の議論が商法の議論に切り変わったことである。

「適切な期間損益計算」を行うという会計の視点から見て正しいと思うことを主張しても、商法の「債権者保護」という観点から受け入れられないことも多い。そうした商法と会計という対立軸で研究を進めることは、法律を専門的に勉強していない会計学者には荷が重い。制度として行われる会計（商法会計、商取法会計）を研究する学者は次第に減少していった。

会計実務が英米の会計観についていかなかったという事情もある。わが国の会計は、制度も基準も英米のものを「輸入」したものであるが、わが国の経済環境に合うとか、わが国の風土や土壌に適合しているという理由で輸入したものではない（この点は、戦後に日本に入ってきた、近代経済学、マーケティング、経営学、財務論、金融論なども同じである）。制度や基準は、英米の「外観」を身につけたのであるが、会計実務の方は、わが国の実情に合わせた「本音」で行われてきたのである。実務と理論が大きくかい離すればするほど、「使われることのない理論」を研究することに嫌気をさしたという事情もあると思われる。

会計の技術化・伝統芸能化

もっと根本的な理由は、会計学がパラダイム（範型）化され制度化されて、学者も学生も「思想としての会計」とか「文化としての会計」を学ぶことを忘れ、次第に「技術としての会計」「ルールに関する知識としての会計」として学ぶようになってきたことにある。ペイトンが、リトルトンが、ジョージ・オー・メイが、そしてギルマンが、人間の営みとしての経済と経営を直視して会計の理論を組み立てた際の、あの熱い想いも、冷徹な現実の分析も、会計学者としての価値観や高邁な理想も、「テキストによる教育という制度化」が定着すると、すべてが抜け落ちて、実に無味乾燥な「暗記の学」と化してしまったのである。

「考える」ことよりも「覚える」ことを重視する学問になった途端に、会計学は、まるでお祭りの儀式を順を追って説明するのと変わりなくなってしまった。

こうした「会計の技術化」は、簿記の検定試験や税理士・公認会計士試験などによって一段と強化された。大学の会計教育は、アメリカも日本も「公認会計士を養成するための教育」に力を入れてきた。どこの大学にも、簿記や会計学の入門講義があり、財務諸表論、原価計算、管理会計、会計監査論という科目がある。これらの科目がすべて公認会計士試験の科目と同じ名称であるのは偶然ではない。どこの大学も、会計士試験の科目を配列することにより、会計学を体系的・網羅的に教えることができると考えたのである。

今から思うと、とんでもない誤解であった。会計士試験の科目は、会計学の体系からすればかなり偏っている。そこには、投資家とかアナリスト、企業の経営者、従業員（労働者）、一般市民（消費者）、金融機関、経済官僚、経営者にアドバイスするコンサルタント、課税当局などが必要とする会計知識は、必ずしも網羅されていないか、視野に入っていない。会計士の試験科目は、公認会計士として監査の仕事をする上で必要と考えられる知識や技法を学ぶ科目、つまりは

「財務諸表を法や会計基準に従って作成する技術を学ぶ科目」であり、会計学の体系からすれば、かなり限られた領域でしかないのである。

検定試験の功罪

わが国会計教育で忘れてならないのは、簿記の検定試験である。日本商工会議所や全国商業高校協会、全国経理教育協会などの簿記検定は、高校、大学はもとより広く日本中で催行されており、また、大学における簿記教育のレベルや範囲を均一化する役割をも担ってきた。とりわけ多くの大学・商業高校では、初等簿記会計教育は簿記検定の三級合格を一つの指標として行われてきた。

会計士試験や簿記検定が、日本の簿記会計の普及に非常に大きな貢献をしたことは特筆に値する。日本企業のほとんどが複式簿記による記帳を行っているのは、高校・大学・専門学校における会計教育と簿記検定のおかげと言っても過言ではなかろう。

しかし、残念なことに、高校・大学・専門学校の簿記会計教育でも簿記検定試験でも、会計士試験と同様に、「財務諸表を作成する技術」を問われるだけで、その財務諸表をどうやって使うのかという、会計学として一番重要な、そして会計学を学んで一番役に立つことは、なおざりにされてきたのではなかろうか。

日本の会計教育は、皮肉っぽく言えば「財務諸表の作り方教室」である。だから、わが国の会計教育を受けた学生は、大学生でも専門学校生でも、財務諸表を作ることはできても、それがどういう意味を持つのか、それをどのように使うのかを知らずに卒業してしまう。

「燃えない」大学生

実は、ここ二―三年の間に、会計関係の資格を取ろうとする人が激減しているという。先日、勤務先の大学が開いている課外講座（正規の講義以外の、卒業に必要な単位とは関係のない講座で、英会話、パソコン、簿記など正規の講義の延長・補完を目的としてものから、秘書検定、公務員講座など就職活動を支援することを目的としたものまで多彩にある）を受講する学生が激減しているという話を聞いた。二年前と比べて、三割ほど減少しているというのである。他の大学の先生方からも同じような話を聞いている。税理士や会計士試験の専門学校でも、ここ数年の間に、税理士科・会計士科の学生が大幅に減少しているという。

原因の一端は、上に書いてきたように、「財務諸表の作り方」教室にあろう。しかし、それだけではないはずである。私は新入生の簿記の時間に、「大学の講義一科目を勉強しただけで履歴書に書くことができる資格を取れるのは簿記だけですよ」と言って検定試験の受験を促すのだが、最近の学生は「湿ったマッチ」のごとく「燃えない」。

原因の一つは、会計学の教員として書くのはつらいのだが、われわれ会計学教員が「簿記嫌い」「会計嫌い」の学生を増やしてきたことにありそうである。「考える」ことを求めず、「覚える」だけの会計学に、学生が興味を失ってしまったのである。

もう一度、会計学の「熱き時代」を

会計は、活きた経済社会を映す鏡である。この鏡は、使いようによっては正直な姿を映すこともできるし、よこしまな心で使えば、ゆがんだ姿が映る。「技術としての会計」には、思想も倫理観もないから、使う人の思いどおりの姿を映し出すのである。

「会計という道具」は、そこに、それを使う人たちが共有する、会計思想、経済観、人生観・倫理観を吹き込まなければ正しく使うことはできない。ここに「学としての会計」を学び、「会計観」を養う意義がある。会計学を学ぶということは、そうした国民の間で広く共有できるような「会計観」、多くの市民が賛同する「会計観」を身につけ、育てることであろう。そうした意味で、ペイトン、リトルトン、メイなどの先学が書いた古典に学ぶことが大事なのである。

求む「会計学のユートピア」を夢見る会計学者

社会科学はいつも、実務が先行し、後追いで理論が形成されてきた。しろうとの目で見ると、自然科学も観察結果や実験結果が先行して、理論が後追いしている。要するに、「必要は発明の母」であって、理論は、先行する実務や実験結果を筋道立てて説明するものであったのである。

しかし、それではいつまで経っても、理論は「実務の理論化」、「実務の妥当性の論証」に終始してしまう。科学者たる者誰しも、「パラダイム（範型）の提出する『パズル』を漸次的（ピースミール）に解きすすめるという地道な仕事にやがては嫌気がさし、壮大な政治経済学的視野の下に社会全体を眺望することに、密やかな憧れを抱くのが自然である」（佐和隆光『経済学とは何だろうか』岩波新書、一九八二年）。

さて、日本の会計学者はいかなる憧れを抱くのであろうか。一〇年ほど前までは、佐和教授のいう「壮大な政治経済学的」提案として、日本中の会計関係者が時価会計を支持したが、今は見る影もない。時価会計を支持・主張する会計学者を探すのが難しいくらいである。そうかと言って、時価会計に真っ正直に反対する会計関係者もまず見当たらない。要するに、日本の会計学関係者は、時価会計に関しては「沈黙は金」を決め込むことにしたのである。

そして今、国際会計基準の時代である。日本の会計だけではなく、世界の会計が、一〇〇年に一度あるかないかの大変革に直面しているにも関わらず、日本の会計学者は、ここでも「沈黙は金」を決め込んでいる。少数の、勇気ある学者はいるが、どなたも会計学の世界に向けての発信を繰り返すばかりで、産業界や政界・官界・会計士業界などにストレートな意見発信をする学者はめったにいない。

若い会計学者には、もっと「会計学のユートピア」を夢見てほしいと思う。この大変革を機に、わが国の会計界が第二次「熱き時代」を迎え、会計の文化的側面、思想的側面、すなわち「会計観」とか「会計思想」を研究する時代が再来することを大いに期待したい。若い会計学徒の皆さんには「会計学への熱い思い」「会計学へのユートピア熱」をもっていただきたいと思うのである。

謝辞

二〇〇八年七月から二〇一〇年一二月まで、税務経理協会の「税経通信」誌に、三〇回にわたって「複眼思考の会計学」という統一テーマで連載を書いた。その連載に加筆修正して、二〇一一年に『複眼思考の会計学――国際会計基準は誰のものか』と題する本を税務経理協会から出版した。

「複眼思考の会計学」というタイトルで書きたいこと・書き残したことは山ほどある。このタイトルでの連載は終えたが、同誌二〇一一年一月号から改めて「会計学の黙示録」という統一テーマで連載を書く機会を頂いた。本書は、「税経通信」誌に二〇一一年一月号から二〇一二年一二月号までの二四回にわたって連載したものに加筆修正したものである。

「税経通信」誌への連載も、本書の出版も、私の「わがまま」の産物である。長年にわたり私のわがままを寛容な精神で受け入れて下さってきた税務経理協会社長・大坪嘉春氏と同社常務・大坪克行氏に心から感謝申しあげる。

また、連載のときも本書の出版のときも、同社編集部の日野西資延さんに大変お世話になった。記して感謝申し上げたい。

二〇一三年一月

田中　弘

目次

第1部　IFRSを超えて

第1章　日本の会計学の「夜明け」　18

第4章　アメリカの投資家はどこで道を間違えたのか　66

第5章　オバマ大統領の経済政策とIFRS　79

第6章　会計学はどこで道を間違えたのか（1）

――「概念フレームワーク」と「ピースミール・アプローチ」（1）　94

第7章　会計学はどこで道を間違えたのか（2）
――「概念フレームワーク」と「ピースミール・アプローチ」（2）　110

第11章 IFRSの「原則主義」とはどんな会計か
──資産・負債アプローチとは両立せず

第12章 「同等性評価」が世界を救う
——なぜIASBは世界基準化を目指したのか

第13章　暴走する資産・負債アプローチ
――アメリカの後始末を押し付けられる世界　215

第14章　遠ざかるＩＦＲＳ　233

第15章 IFRSを超えて 250

第2部　ＩＦＲＳを巡る国内の議論と動向

第17章 「物づくりの国」「技術立国」に適した会計を求めて 284

第18章 審議会に差し戻された「連結先行」論 299

第19章 IFRSが想定する「投資家」とは誰のことか 314

プロローグ——ゼノンのパラドックス

1 「会計学の黙示録」
2 ゼノンのパラドックス
3 矢は飛ぶか
4 資産除去債務のパラドックス
5 債務を資産に計上する不思議
6 負債時価評価のパラドックス
7 成績が上がれば損失が膨らむという不思議
8 世間の常識か、会計の理論か

1 「会計学の黙示録」

本書は、「読者の皆さまへのメッセージ」でも書いたが、税務経理協会の「税経通信」という月刊誌に二〇一一年一月号から二〇一二年一二月号までの二四回にわたって連載した原稿に加筆修正して単行本としたものである。連載での統一テーマは、「会計学の黙示録」であった。多くの読者の皆さんは、きっと「黙示録って何だ」とか「黙示録というタイトルで何を言いたいのか」という疑問があったのではないであろうか。遅まきながら、少しその話をしたい。

「黙示録」は（キリスト教やユダヤ教で）未来に関することの啓示、覆い隠されていた真理（や神の意志）を啓示・解き明かすことを言うとされている。

小著『複眼思考の会計学―国際会計基準は誰のものか』（税務経理協会、二〇一一年）でも、アメリカの国際会計戦略、国際会計基準審議会（ＩＡＳＢ）の「当期純利益廃止論」の隠された意図、国際会計基準（ＩＦＲＳ）や時価会計を巡る誤報・誤解、本当は利益は発生することはない、などなどの「覆い隠されていたこと」を解き明かしてきたつもりである。

「黙示録」は、the Revelationと言ったり、the Apocalypseと書いたりする。Revelationなら「新発見」「新事実」といった意味もあれば「すっぱ抜き」「暴露」という意味もあり、「（神の）

啓示・お告げ」さらには「聖書」を意味する言葉としても使われている。Apocalypseは「この世の終わりの日（doomsday）」「（世紀末の）大事件・大惨事」、さらに「（世の終わりの）黙示・啓示」の意味で使われているそうである。

私が書く「黙示録」は、そんな大それたものではなく、「会計と会計学の世界にある天動説や地球平面説」を読者の皆さんと一緒に考える素材を提供しようとするものである。

会計の理論とか会計の基準とか言っても、これまでの多くは実務をルーツとしたものであり、また、最近のＩＦＲＳなどの国際的基準は一度も実務の洗礼を受けたこともない「実験室で編み出された空想的な産物」である。

少し冷静に考えてみると、その論拠も怪しげであったり、あちこち矛盾するものであったり、それ以上に、経済の実態や企業の成果をうまく反映することができないものであったり、世間の常識や経済感覚からかけ離れていたり、とても信頼して使える理論・基準と言えないものも多いようである。

本書は、こうした多くの意味と反省を込めて、とりわけアジア諸国や欧州大陸諸国の「物づくり企業」に適した会計の理論と健全な会計実務を構築することに資することができるならば幸いと考えている。

なお、ＩＦＲＳは、正しくは「アイ・エフ・アール・エス」と読むが、舌をかみそうなので、

「イーファス」という呼び方が一般化している。

2 ゼノンのパラドックス

「会計の理論と健全な会計実務を構築する」などと偉そうなことを書いたが、人間の理性などたかが知れたものであることも否定できない。その話を書く。

大昔であるが、ギリシャにゼノン（ツェノン。Zenon）という哲学者がいた。彼の考え出したパラドックスは、いまだに解けないという。パラドックス（paradox）とはオーソドックス（orthodox）に対する言葉で、「定説・常識（dox）から外れた（para)」「逆説」「矛盾しているように見えるもの」をいうとされる。

ゼノンが考えたパラドックスは四〇あったそうであるが、現在知られているのは数少なく、アリストテレスが『自然学』で紹介した四つが有名である。

たとえば、いま、AとBが競走することになったとする。Aが一〇〇メートルほど先行したところで、Bが「倍速で」追いかけるとする。Bが一〇〇メートル地点にたどり着いたときには、Aは数十メートル先に行っている。Bはさらに追いかけて先ほどまでAがいた地点にたどり着くと、Aはさらに少し先に行っている。Bはさらに追いかけるが、追いついたと思ったら、Aはまた少し先に行っている。いつまでたってもBはAに追いつかない。

この話は、AがカメでBがうさぎでも、Aが自転車でBがスポーツカーでも、論理的には矛盾しない。実際にスポーツカーと自転車を競走させたら、自転車を一〇〇メートル先行させても、一瞬にして追い抜かれてしまう。スポーツカーが簡単に自転車を追い越すことは間違いないが、私たちがそのことを知っているのは、現実の世界で自転車がスポーツカーに追い越される姿を見てきたからである。この話は、自転車もスポーツカーもない世界でこの話をすれば、Bは永遠にAを追い越せない。

では、ちょっと違う話を紹介する。小著『原点復帰の会計学』でも紹介した。

3 矢は飛ぶか

飛んでいる矢を思い浮かべていただきたい。ゼノンは、飛んでいる矢といえども瞬間的には停止しているという。瞬間に停止しているとすれば、どの瞬間も矢は止まっていることになる。どの瞬間も矢が止まっているとすれば、矢は飛ばない（この話は、ジョセフ・メイザー、二〇〇九年による）。

私たちが「矢は飛ぶ」ことを知っているのは、実際に飛んでいる矢を見てきたからである。しかし、「瞬間瞬間には停止している」という説明には論理的な矛盾はなく、そうだとすれば「矢は飛ばない」のである。「飛んでいる矢」を見たことがなければ、この説明に納得するであろう。現代の世界でも、デジタルで観察すれば矢は一瞬一瞬で停止している。「アナログ」的に飛ぶことはない。

人間の頭で論理的に考え抜いた結果でも、抽象的な話として筋がとおる話でも、これらのパラドックスと同じかもしれない。これらのパラドックスの教訓は、頭でっかちにならず、現実から遊離せず、そして人間の理性を過度に信じないということであろうか。

4　資産除去債務のパラドックス

「パラドックス」という話が出たので、最近の会計界におけるパラドックスをいくつか紹介したい。一つは、「資産除去債務」の処理である。

企業会計基準第一八号「資産除去債務に関する会計基準（以下、基準と呼ぶ）」（二〇〇八年三月三一日）によれば、「資産除去債務」とは、「有形固定資産の取得、建設、開発又は通常の使用によって生じ、当該有形固定資産の除去に関して法令又は契約で要求される法律上の義務及びそれに準ずるもの」をいう。建設仮勘定、リース資産、投資不動産も対象とされる。アスベストのように、「有形固定資産に使用されている有害物質等を法律等の要求による特別の方法で除去するという義務」も資産除去債務に含まれる。

少し具体的な事例を挙げる。現在使用中の建物に飛散性のアスベストが使用されているとしよう。「石綿障害予防規則」では、この建物を解体するときに、アスベストの事前調査を義務付け、作業中の飛散の状況に応じて除去の仕方を規定している。この建物を解体するには解体費用の他にアスベスト除去費用がかかる。この解体費用と除去費用が資産除去債務に該当する。

法令による資産除去債務の例としては、他にも、ＰＣＢ特別措置法によるＰＣＢの処理・運搬費用、土壌汚染対策法に基づく調査・浄化費用などがある。

もう一つ、契約の規定による資産除去債務の例を挙げる。三〇年の定期借地権契約で土地（更地）を借りて工場を建設したとする。三〇年後に土地を更地《さらち》で（原状回復して）返還する契約になっているとすれば、返還時に建物の解体費用が発生するであろう。この解体費用が資産除去債務に該当する。

基準では、こうした資産除去債務が発生し、その金額を合理的に見積もることができる場合には、これを負債として計上することにしている。一読して、（負債性）引当金を連想する方も多いであろう。引当金は、「将来の特定の費用又は損失であって、その発生が当期以前の事象に起因し、発生の可能性が高く、その金額を合理的に見積もることができる場合」（企業会計原則注解・注一八）に、当期の負担に属する金額を当期の費用または損失として計上したときの貸方項目である。

比較的近い事例としては、電力業界で原子力発電施設の解体費用について発電実績に応じて設定してきた「解体引当金」や、船舶安全法や消防法によって数年ごとの大修繕（特別修繕）が義務づけられている船舶や貯水槽などの固定資産に係る「特別修繕引当金」（税法上の引当金。平成一〇年度の税制改正で廃止）がある。

資産除去債務も、「将来の特定の費用又は損失」であり、「その発生が当期以前の事象に起因」するものであり、「発生（の可能性）」は確実であるから、この費用額を合理的に見積もることができる場合は「資産除去引当金」を設定する……というのが、従来からの会計処理であろう。

5　債務を資産に計上する不思議

ところが、基準は、なんと驚くことに、この債務の額を固定資産の取得原価に加算してバランス・シートに載せてしまうのである。これだけ言っても何のことかよく分からないかもしれない。定期借地権を例にしてみるとこんな話である。

上に例示した話では、三〇年の定期借地権契約で土地（更地）を借りて工場を建設し、三〇年後に土地を更地で（原状回復して）返還する契約になっている。返還時に建物の解体費用が発生し、この解体費用が資産除去債務に該当する。この土地に一〇〇億円をかけて工場を建設したとする。三〇年後にこの工場を解体して更地で地主に返還する。その解体等に係る費用（資産除去債務）が一〇億円と見積もられているとする。

これまでの会計処理では、土地を賃貸する費用は毎期の費用であり、工場の建設費用一〇〇億円は固定資産に計上され、毎期減価償却される。三〇年後に発生する資産除去にかかわる費用は、それが実際に発生する三〇年後までは認識計上されないか、その除去費用を合理的に見積もることができるならば「資産除去引当金」を設定する。これが会計学の決まりであり常識であった。

ところが基準では、三〇年後に発生すると予想される「資産除去に係る費用（一〇億円）」を、この工場の取得原価一〇〇億円に上乗せして、バランス・シートに一一〇億円として載せるのである。一〇〇億円で取得した工場の貸借対照表価額を一一〇億円として計上するのである。これまでの会計でそんなことをすれば、間違いなく「資産の水増し」「粉飾」とされるものである。それを基準では「強制」するのである。なぜであろうか。

基準によれば、資産の取得原価に資産除去債務を加算して貸借対照表価額とすれば、取得後はその一一〇億円を取得原価として減価償却費が計算され、耐用年数が終わるころには取得原価一〇〇億円プラス資産除去債務の一〇億円が費用として計上され、同額の資金が回収されるはずだという。

普通の、いや、これまでの会計感覚からすれば、一〇〇億円を投資したのであるから、一〇〇億円を回収すればよいはずであるが、投下した資金（一〇〇億円）を超えて、資産除去に必要な一〇億円も「事前に」費用に計上して、「事後の支出」に備えているのである。

買った資産が一〇〇億円だというのに、バランス・シートに一一〇億円と書くのは、普通の経済感覚を持った人ならだれもが「おかしい」と感じるのではないであろうか。

6 負債時価評価のパラドックス

もう一つ、例を挙げる。それは、「借金（負債）が利益に変わる」という、危ない企業には嬉しい話である。しかし、逆に、「会社の信用が高くなれば、借金が増える」という話で、健全な経営をして高収益を確保している会社にとっては悪魔的な話である。

今なお続く世界的な金融動乱の引き金となったのはアメリカの大手投資銀行リーマン・ブラザーズの破綻であった。実は、リーマンは破綻が近づくなかで、経営危機を逆手に取ったとんでもない会計処理を行っている。同社は二〇〇七年度に九億ドル（七二〇億円）、二〇〇八年度にも二四億ドル（一、九二〇億円）に上る「負債の時価評価益」を計上している。これは、リーマンの格付けが下がった（信用リスクは上昇）ため、自社の債務（金融債務）を買い戻す価格（移転価格）が下落し、評価益が出たとするものである。

金融資産（有価証券やデリバティブ）の時価評価の陰に隠れて話題にならなかったのが「負債の時価評価」である。日本の会計基準では負債を時価評価することが認められていないこともあって、負債時価評価の問題もあまり議論されてこなかったが、アメリカ市場に上場している（したがって連結財務諸表はＳＥＣ基準によって作成）野村ホールディングスが、同じ時期に六〇〇億円の負債時価評価益を計上したこともあって、最近すこし注目を集めている。翌年もほぼ同額の負債時価評価益を計上しているという。

バランス・シートの資産側（特に、金融商品）を時価評価するなら、負債のほうも時価評価しないとバランス・シートが企業の正しい財務状態（財政状態）を示さなくなってしまう。借方（資産）は時価、貸方（負債）は原価（名目額）というのでは理論的な整合性がない。多くの企業（特に金融機関）では、ＡＬＭ（assets and liabilities management：資産負債の総合管理）の手法を使って、短期資産と短期負債をマッチングさせて流動性リスク（短期の支払義務を果たせなくなるリスク）に備え、長期の債務（社債や長期借入金）は長期資産（固定資産）に投資するといった財務戦略を取っている。

それが、「資産だけが時価評価され、負債は名目額のまま」というのでは、せっかく取ったマッチングが意味をなさなくなってしまう。それでは、資産だけではなく負債も時価評価すればよいのかというと、負債の時価評価は通常の経済感覚や世間の直感と合わないのである。

数字を挙げて説明しよう。いま、ある会社が、三年後に満期を迎える（三年後に償還して、負債を返済する）約束の社債を一、〇〇〇億円発行したとしよう。社債は、一口一〇〇円で発行されるが、その会社の信用度（格付け）や約定利率（社債に約束している金利）、さらには市場金利などが勘案されて、実際には、一〇〇円で発行されずに、九八円（割引発行）とか一〇二円（割増発行）で発行されることが多い。

この会社が一口九七円で一、〇〇〇億円の社債（一口一〇〇円で一億口）を発行したとすれば、総額で九七〇億円の現金が手に入る。この時点での負債は九七〇億円、市場に出た社債の時価も一口九七円、総額で九七〇億円である。発行した直後に、この社債を市場で買い戻して借金（社債）を帳消しにしようとすれば、一口九七円、総額で九七〇億円、つまり、社債を発行して得た資金九七〇億円を全部使わなければならない。

ところが、社債を発行した後に経営事情が悪化して会社の格付け（社債の元利支払いの確実性についての等級づけ）が下がったとする。格付けが落ちれば、その会社が発行している社債の時価（社債の取引市場での取引価格）が下がる。いま、この社債の時価が七〇円になったとしよう。ここで自社が発行した社債を買い戻そうとすれば、一口七〇円、総額で七〇〇億円あればよい。

手にした九七〇億円のうち、二七〇億円は手元に残る。

負債の時価会計では、社債の発行時に九七〇億円であった負債（借金）を七〇〇億円として評価し直して、二七〇億円の評価差益を計上する。

会社の信用が下落したにもかかわらず、自社が発行した社債の時価下落分を利益として計上するというのは、通常の経済感覚と懸け離れている。もしもそれが正しいというのであれば、格付け（会社の債務返済能力の等級）が下がれば下がるほど、会社が信用を失えば失うほど、負債の評価差益が大きくなり、会社が破綻する寸前には、自社の負債がほとんど全額が利益に計上されるのである。

これは「健全性」「保守主義」「安全性」を尊んできた近代会計の理念・思想とまったく合わないし、それ以前に、多くの生活者の直感や経済感覚と合わないであろう。こうした現象を「負債時価評価のパラドックス」という。

7　成績が上がれば損失が膨らむという不思議

この話は、会社の信用が下がれば負債の時価評価益がでるというものであった。逆の話もある。その話をしよう。

私はいま、英国国立ウェールズ大学が日本で展開しているMBA大学院（東京校）の教授という仕事をしている。教授といっても非常勤で、週末に企業の管理職を対象として「財務会計」と「経営分析」を教えている。

先日、こうした話をウェールズ大学の院生にしたところ、同席していた東京校アカデミック・ディレクターの福田眞氏（元・みずほ証券株式会社社長）から、「会社の信用が上がると、負債の評価損がでる」というお話をお聞きした。時間がなくて詳しい話をお聞きできなかったが、こういうことではなかったろうか。

たとえば、信用度の低い会社がジャンク・ボンド（信用度が低いために市場での取引価格は低いが、約定利息が高く設定されていたり発行価格が低く設定されている）を発行したとする。一口一〇〇円を八〇円で発行、約束している金利（約定金利）は年利一〇％のように高金利であるとする。格付けはCクラスで、社債は現在の市場では、八〇円で取引されているとしよう。

ところが、この会社の従業員が努力して、あるいはこの会社の商品が大ヒットして、高収益の会社になり、財務体質も改善した結果、格付けがAクラスになったとする。この会社が発行している社債は、いまでは九〇円でなければ買えないとしよう。自社の社債を買い戻すには、八〇円ではなく、九〇円が必要になるとすると、一口について一〇円の追加資金が必要になり、それだけ損失が生まれたと考えれば、「負債時価評価損失」を計上することになる。会社が業績を上げれば上げるほど自社の負債（借金）が増えるのである。これではどちらがいいのか分からない。負債の時価評価は、かくも不思議な世界である。信用を失えば失うほど利益が増えて、信用が高まれば高まるほど損失が大きくなるのである。読者の皆さんは、こうした話に納得されるであろうか。それとも、「会計理論から見て正しい」と考えるであろうか。

8　世間の常識か、会計の理論か

会計と会計学の世界には、こうした「天動説」「地球平面説」がいっぱいありそうである。会計（学）は難しい学問ではないはずである。大企業だけではなく、向かいのレストランも隣のパン屋さんも使っている技術である。要するに、企業規模に関係なく、事業のもうけを計算するのが会計である。本当にもうけている企業なら倒産するわけはない。計算の上だけで儲けている企業なら、いずれ倒産してもおかしくはないであろう。それが、どうしてか、利益を報告している企業が突然に倒産する。会計は、企業の実態を表してきたのであろうか。

本書では、会計の世界、特にＩＦＲＳを巡る世界で常識とされてきたテーマや決まりを、不遜なことに「まな板」に載せて、ちょっとばかり、最近話題の「仕分け」をしてみようというものである。

第1部

ＩＦＲＳを超えて

第1章　日本の会計学の『夜明け』

1　IFRSの悪夢からの解放
2　『会計学の座標軸』
3　IFRSの企業売買ゲーム
4　IFRSは全面時価会計
5　マルクス経済学者は失業したか
6　近代会計の輸入と定着
7　熱を失う日本の会計界
8　「学としての会計」の誤解

1　IFRSの悪夢からの解放

国際会計基準の話をする。二〇一一年六月に自見庄三郎金融担当大臣（当時）の「政治的決断」によって日本ではIFRS強制適用が遠退いた。多くの上場会社は、二〇一五年からIFRSが個別財務諸表にも連結財務諸表にも「強制適用」されるという「恐怖」から「うなされるような悪夢」を見てきたのではないかと思われるが、少し安堵しているところではないかと思われる。

他方、IFRSの強制適用が近いことを強烈に訴えて多くの企業に自社の対応ソフトを売り込んだ監査法人やコンサル会社、コンピュータ会社にとっては、今度は自分たちが「悪夢にうなされる」日々かもしれない。

影の声ではあるが、あちこちの企業に、半ば脅迫観念を植え付けるがごとくIFRS対応を押し付けて大金を巻き上げた監査法人、コンピュータ会社（いつも、特にN社やF社の名前が挙がっている）、コンサル会社（別のN社が荒稼ぎしたとか、大損したとかの話が伝わっている）が、何のことはない、どこの会社もIFRSを採用していないのである。「紺屋の白袴」「髪結い髪結わず」という言葉のように自社が金もうけに忙しくてIFRSに移行していないのか、それともＩＦＲＳを信用していないのか、いずれにしても他人に勧めておいて自分は使わないというのは、どこかの悪徳商法によく似た話ではある。

そうした悪徳商法ばりの話を鵜呑みにしてＩＦＲＳ対応に巨額の資金と大勢の経理スタッフを投入した企業には、自見大臣の政治的決断は、大きな救いでもあったろうが、無駄なお金と時間を強いられたことに大きな不満がくすぶっていることと思う。同時に、多くの経理担当者は「明日からはＩＦＲＳの悪夢から解放される」という安堵をおぼえたはずである。

2 『会計学の座標軸』

昨年末に、ある旧知の公認会計士Ｉ氏から手紙を頂いた。内容は、紀伊国屋の本店で拙著の『会計学の座標軸』（税務経理協会刊、二〇〇一年）を見かけ、「読者へのメッセージ―もう一度、会計学の『熱き時代』を」を読んで、「感激して購読し、家に帰ってから一気に読ませていただきました」といった、私にとって大変嬉しいものであった。

本書は、神奈川大学から在外研究の機会を得て、ロンドン大学経済学研究科（ＬＳＥ）の客員教授として受け入れていただいた時期に、ほとんどをロンドンで書いたものである。

時は、二〇〇〇年時代を迎え、日本の金融市場を「フェア（公正な市場）、フリー（自由な市場）、グローバル（国際的に開かれた市場）」にするために日本版ビッグバンが標榜され、その前提として企業の実態を投資者に一層明瞭に開示させる「会計改革」が推進されたのである。日本の会計がこれまでに経験したことのないほど大きな変革を迎えようとしている時期であった。本来ならこの変革を機に会計を巡る数多くの議論が沸騰し、会計学界も会計実務界も「熱き時代」を迎えていてもおかしくはなかった。

本書のはしがき「読者へのメッセージ」に、副題として「もう一度、会計学の『熱き時代』を」とつけた。それは、戦後にアメリカ会計学が怒涛のごとく押し寄せてきたとき、日本の会計界が「灼熱のごとく燃えさかった」ように、今次の改革においても、世界の会計界の動向を観察し、日本から発信すべきことや世界から学ぶべきことを大いに議論して、会計学者だけではなく、投資家も、経営者も、会計士も、行政当局も、一般市民も含めて、「多くの人たちが納得・合意する会計観」、「次の時代に共有すべき健全な会計観・会計思想」を身につける絶好の機会だということを訴えたかったからであった。

ところが、不思議なことに、わが国の会計界は、このまたとない変革の時代に、失語症に罹ったかのごとく口を閉ざしていたのである。本書は、「湿ったマッチ棒」のごとく火をつけることを忘れた日本の会計界に警鐘を鳴らしたものであった。

3　ＩＦＲＳの企業売買ゲーム

それから一〇数年経った今、当時には考えられないほどの高スピードで会計の国際統一が進み、ＩＦＲＳという名の「英米金融資本主義会計」が世界の会計界・経済界を支配しようとしている。ＩＦＲＳは、論文や著書でたびたび書いてきたように、「企業売買の会計」であり、「投資先企業の買収価格」、立場を代えると「わが社の身売り価格」を計算・表示する会計である。

ＩＦＲＳは、伝統的な会計観である「健全な会計処理」「保守主義は金科玉条」「投下資本の回収計算」「回収余剰としての利益の測定」といった「近代会計の理念」をかなぐり捨てて、隣の会社や向かいの会社を買収して、その会社の資産・負債をバラバラに切り売りして残る「解体の利益」を狙った「投資家」のための会計基準だということが次第にはっきりしてきた。「こんなのは会計基準ではない！」と叫びたい思いである。

ＩＦＲＳが日本の会計基準にとって代わるようなことになれば、日本の会計は「解体屋的投資家」「火事場泥棒的な投資家」に一生懸命、どの会社を狙えば「解体の利益」が手に入るか、「うちの会社を買収すれば」どれだけ「濡れ手に粟」のようなぼろい稼ぎができるかを教えてやるのが仕事になるであろう。

こうした投資家が活躍すれば、買収された企業は消滅し、株の売買もなくなるし、従業員は職を失い、取引先も仕事を失い、経済界はいっそう冷え込むであろう。証券市場は「企業の火葬場」と化し、次第にやせ細っていく。私は、こんな「破壊的投資家」が荒稼ぎするのを、会計人として手助けする気は毛頭ない。だからこそ、ＩＦＲＳの導入に強く反対して、時事通信出版社から『国際会計基準（ＩＦＲＳ）はどこへ行くのか―足踏みする米国、不協和音の欧州、先走る日本』を出し、東洋経済新報社からは『ＩＦＲＳはこうなる―「連単分離」と「任意適用」へ』、さらに税務経理協会から『複眼思考の会計学―国際会計基準は誰のものか』『国際会計基準の着地点―田中　弘が語るＩＦＲＳの真相』を出してきた。

今、日本の会計が、さらに世界の会計が、「健全な会計（sound accounting）」から、「清算価値会計」、「企業解体工場会計」に変身しようとしているのである。そうした「会計」で荒稼ぎしようとしている企業や会計士団体は論外にして、多くの会計学者や会計士、さらには経営者、健全な投資家、一般市民は、こうした動向に強い違和感を覚えたりしっくりこないという感覚があったり、素直にＩＦＲＳを受け入れることができないと思えるのである。

4　ＩＦＲＳは全面時価会計

ＩＦＲＳを受け入れるとなると、世界の会計界の歴史において、一〇〇年に一回あるかないかの大変革である。会計学者として一度経験すれば、生涯、二度と経験することがないくらい重大な話である。日本でいえば、徳川幕府が倒れて、明治政府が樹立されたときと同じような革命的な経験であろう。日本の会計だけではなく、世界の会計がコペルニクス的転回をし始めたのである。そうなったら、日本の、いや世界の会計学者や会計士のこれまでの知識や経験はまったく役に立たなくなる。

これまで会計の財産とされてきた論理的ツールである、減価償却、原価配分、実現主義、保守主義、継続性、引当経理や繰延経理などの思考・手法は、ＩＦＲＳの世界ではまったく相手にされない。今のところ、固定資産の減価償却を認めているが、ＩＦＲＳはいずれ資産・負債の「全面時価会計」をゴールとしているので、本社の土地建物も、工場が建っている土地も、今は使っていない遊休不動産も、すべて時価評価することを目指しているのである。

さて、ＩＦＲＳが採用されて「全面時価会計」「企業売買の会計」になったとき、「古典的会計学」の教育を受け、その会計観で学生を教えてきた会計学者やその知識で実務を行ってきた会計士は、これからどうするのであろうか。

黒澤利武氏は、ありがたいことに「自国語で自国基準についてしか論ずることのできない会計学者は微妙な立場に置かれるかも知れない」と言って学者のことを心配してくれている（黒澤利武、二〇〇八年九月）。実務家についても「会計士は、英語のIFRSを理解できなければ監査実務はできなくなる」と言いつつ、「それでも四大ないしは六大監査法人のネットワーク・ファームは本部の支援を得て対応していくのであろう」と言う。そうであれば、日本語しか理解できない会計士でも、しばらくの間は失業しなくても済むらしい。

5　マルクス経済学者は失業したか

経済学の世界では、ソビエト連合の崩壊や中国の資本主義化によって、いわゆる「マルクス経済学」が存在意義を失ったかに見えたが、日本の大学でマルクス経済学者が失業したという話は聞いたことがないし、多くの大学では依然として新卒のマルクス経済学者を教員として採用している。

そうであれば、黒武氏の心配は杞憂なのかも知れない。日本人は変化に対して非常に器用に対応する能力が高いらしく、昨日までマルクス経済学を教えていた教員が、今日から「経済思想」

「社会経済学」「経済理論史」などと看板を代えて、これまでと同じ講義をしている(らしい)。

私のような高齢になると、企業会計原則を捨ててIFRSに乗り換えるなどといった芸当はできない。もちろん、仮に私が若くても、IFRSによる「企業売買会計」を学生に教える気は毛頭ない。

あらためて、「しかし」である。これほどの大変革―いや、もっと言うと、会計が会計でなくなる事態―を目の前にして、ほとんどの日本の会計学者は「湿ったマッチ棒」を決め込んで、口を開かないのである。「情けない」と思う。「会計学者の看板」を背負う以上、会計の世界がひっくり返るかも知れない事態を迎えているときにだんまりを決め込むとはいかなる了見なのであろうか。

日本の会計界が「だんまり」(この表現が適切でないとすれば「内に籠もる」とでも言い直そう)を決め込むようになったのは初めてではない。先に紹介した小著『会計学の座標軸』でも書いたことであるが、戦後、日本にアメリカの会計(つまりは、イギリスに誕生した近代会計がアメリカを経由して日本に入ってきた英米会計)が輸入され、日本経済の基礎を形成した時期、昭和二四(一九四九)年(企業会計原則が公表された年)ころに「灼熱のごとく燃え盛った会計」が、その後、十数年を経過して、日本の会計は一気に「ユートピア熱」を失い、学者の「学者としての出番」がなくなった。その間の話をしよう。

6 近代会計の輸入と定着

第二次世界大戦で日本の経済は壊滅的に崩壊した。わが国の経済を立て直すためには、アメリカなどの諸外国から資本を導入する必要があった。しかしそのためには、わが国の経済体制を近代化（英米化）する必要があった。とりわけ、企業経営を合理化し、公平な課税を実現し、証券市場を拡充して幅広い国民が安心して証券投資できるようにすることが必要であった。

戦前は、わが国の企業金融が間接金融に偏っていて、企業が必要とする資金をもっぱら銀行や保険会社が提供していた。これを、英米のような、株式発行を中心とした直接金融に変えていくのである。そうすることによって、外国の投資家も安心して日本企業の株式に投資することができるようになると期待された。

直接金融の世界では、各企業は健全な会計ルールに従って経理を行い、その結果を、広く投資大衆に公開する必要がある。そのとき、いくら大声で「わが社は、健全な経理を行っています」と叫んでも誰も信用しない。そこで、健全な会計ルールとは何かを明らかにし、さらに、企業がそのルールに従った経理を行っているかどうかを、企業外部の専門家によってチェック（公認会計士監査）してもらう必要がある。

直接金融の世界を構築するためには、何を措いても近代的な会計制度を確立することが先だったのである。しかし、当時のわが国には健全な会計ルールも、企業外部の専門家による監査の制度もなかった。

課税を公平に行うにも税収を確保するためにも、企業の所得を適切に把握しなければならないし、企業経営を合理化するためにも、原価計算制度などを産業界全体に浸透させる必要があった。あらゆる場面で、近代会計の考え方とテクニックを必要としていたのである。

昭和二四（一九四九）年の企業会計原則は、こうした近代的な産業と金融の世界を実現するための「科学的基礎」（企業会計原則、昭和二四年、前文）とするために、英米会計の「輸入」を最優先して設定されたものであった。

このころは、大学の講義でも大学院のゼミでも、企業会計原則の話で持ちきりであった。学者も院生も、企業会計原則を逐条的に学ぶだけではなく、そのバックボーンをなす近代英米会計の精神とか思想を知るために、数多くの外国文献を読んだ。とりわけアメリカの会計学者や実務家、ペイトン、リトルトン、メイ、ギルマンなどが書いた古典的名著や、アメリカ会計学会（AAA）の出版物は、近代会計の理論やその背景を理解する上で欠かせないものであった。企業会計原則を一〇〇回読んでも分からないことが、こうした文献を読むといとも簡単に氷解することも少なくなかった。

会計学のゼミナールは、学部も大学院も非常に人気が高く、大学院には研究者・学者希望の院生があふれていた。私が学んだ大学でも、佐藤孝一先生はじめ、青木茂男、染谷恭次郎、日下部與市といった諸先生が、講義のたびに企業会計原則にまつわる、ありとあらゆる話をしてくれた。企業会計原則の設定や改正に直接関与してきた先生方の話だけに、講義は具体的で、熱気にあふれ、ときには活字にできないような裏話も聞くことができた。わが国の会計学者が、もっとも華やかで生き生きとした仕事ができた時代であった。日本の会計学が、灼熱のごとく燃え盛った時代である。

7　熱を失う日本の会計界

ところが、わが国の会計学は、その後、急速に学問としての熱を失うのである。理由はいくつかある。

近代会計の理論構造がほぼ明らかになった、ということもある。ペイトンとリトルトンが書いた『会社会計基準序説』（中島省吾訳）、ジョージ・オー・メイの『財務会計―経験の蒸留』（木村重義訳）、サンダース、ハットフィールド、ムーアの三人が書いた「ＳＨＭ会計原則」やアメリカ会計学会（ＡＡＡ）の会計原則書などが幅広く読まれ、それらが伝える近代会計の理念や理論構造が、日本の会計界でも広く共有されるようになったのである。

会計の基本的な原則を商法に組み込んだことから、会計の議論が商法の議論に切り替わってしまったということもある。企業会計原則の前文「企業会計原則の設定について」において、「企業会計原則は、将来において、商法、税法、物価統制令等の企業会計に関係ある諸法令が制定改廃される場合において尊重されなければならないものである」と書かれたように、かつては、商法や税法に対して「指導的役割」が課されていたが、昭和三八（一九六三）年の商法改正後は、会計問題を議論しても、いつも、商法の中に取り込まれた会計のルールが足かせとなって（会計サイドの本音からすれば、「人質」となって）、議論が発展しなくなった。これも日本の会計学が冷めてきた理由であった。

企業会計原則の理念、つまり、近代会計の理念に、日本の会計実務がついてこなかった、という理由もある。日本の会計は、制度も基準も英米のものを「輸入」してきたものである。それらが日本の経済土壌に合うとか経済環境に適合しているという理由で輸入したものではない。制度や基準は英米の「外観」を取り入れたのであるが、会計実務の方はわが国の実情に合わせた「本音」の会計が行われてきたのである。理論と実務が乖離するにつれて「使われることのない会計理論」を研究することがむなしくなってきたという事情もありそうである。

会計の対象とする企業活動が複雑化・国際化・多様化して、会計学者の研究対象が広がり、

「会計一般」の研究から「個別テーマ」の研究に軸足を移す研究者が増えたという事情もある。それまでは「会計とは何か」「会計は何をするものか」「会計の役割を果たすにはどうすればよいか」といった一般的・総論的な議論（ときには哲学論争みたいな議論にまで発展した）が中心であったが、そうした議論が一段落すると、インフレ会計、棚卸資産会計、減価償却、リース会計、資金会計、連結会計、外貨換算といった個別の会計、あるいは、ドイツ会計学、フランス会計学といった各国会計を研究対象とする学者が増えてきた。会計学会（界）も統一的なテーマでの「熱い議論」ができなくなってきた。

しかし、もっと根本的な理由・原因があると、私は思うのである。それは、誤解を恐れずに言えば、誰も彼もが、会計の思想性や文化的側面を忘れて、次第次第に、会計を「技術」としてしか見なくなったのではないかということである。こうした「会計の技術化」は公認会計士や税理士の試験制度と試験内容によって一段と強化されたと思われる。この段階で、日本の「会計学」は、伝統芸能か儀式のごとく、世代から世代へ、特別の疑いも持たずに受け継がれていく「技術」「技能」と化したのではなかろうか。

8 「学としての会計」の誤解

それでも、学者の中には「学としての会計」を探求する人もいた。そういう人たちによって「技術としての会計」が理論的な厚みを増したことは高く評価されるべきであろう。

しかし「学としての会計」を志す学徒の中には、少なからず、会計学が実践科学・実学であることを忘れて、「研究室の中での理論作り」に精を出した人もいる。外国文献を翻訳したり紹介したりすることが学問だと勘違いした人……これは数えきれないほどいる。いや、日本の学者は、会計学に限らず、経済学でも経営学でも哲学でも社会学でも……文系ならどんな学問領域でも、外国、特に英米の「先進的」文献を「紹介」することを研究と誤解した学者（こんなのはまだ可愛い）だらけであり、情けないことにそれを、学会報告や講演で「自論」「自説」として臆面もなくのたまうのである。さすがに論文として書けば「盗作」「剽窃」の問題となるが、講演や学会報告で話すときには、「この話の出典は」とか「参照文献は○○です」とは言わなくても何とかなる。

会計学も経営学・経済学も、社会的な文脈の中で考えなければならないものであるはずである。社会的文脈は、国により、文化により、ときには宗教により異なる。一部の会計学者は、そうした「活きた会計」を無視して、ガラス細工のごとき理論作りに励んできた。使い勝手の良さとか、現実の社会をどれだけ忠実に反映しているかとか、自分の会計思想や経済感覚をいかに盛り込むかといったことには関心がなく、ただただ理論としての美しさだけを追い求めるのである。

複式簿記という一五世紀の建築物を、数学だの情報理論だのをくっつけて、近代科学のように見せかけようとする人たちもいる。簿記の歯車の一つか二つを取り上げて、精密機械の歯車のようにピカピカに磨きあげようと頑張っている学者もいる。会計学をプラモデルか何かと勘違いしているのではなかろうか。こうしたことが会計学への「熱き情熱」を奪ったのかもしれない。

要するに、日本の会計界が、「会計思想」「会計観」を学ぶ姿勢やその機会を失ってしまったのである。会計の技術的側面に目を奪われ、会計の文化的側面や思想的側面を見失ったのである。

ここに紹介したことは、四〇年ほど昔の話である。私が初めて大学の教壇に立ったのが、昭和四七（一九七二）年であった。そのころはすでに「会計」と「商法」の血を見るような闘争は終わり、大学の会計学講義では、「企業会計原則によれば……」「一方、商法によれば……」といった、受講する学生にとっては無味乾燥な話を延々としてきた。いま思えば、自分が繰り返してきた講義とはいえ、とても「活きた会計」「使える学問」を教えてきたとは思えず、自分の未熟さを受け入れてくれた学生諸君に、お詫びするとともに、現在の教室にいる学生諸君にはすこしは役に立つ会計学を伝えたいと思う。

第2章　日本はいかなる会計を目指すべきか(1)
――経営者の実感と社会通念に合った会計観を

1　日本会計の目指すところ

国際会計基準（ＩＦＲＳ）を巡る議論が各界で進むにつれて、少なくともＩＦＲＳを適用する財務諸表に関しては「連単分離」という線で落ち着きそうな気配が強い。つまり、仮にＩＦＲＳを適用するにしても、それは連結財務諸表だけにして、個別財務諸表へは日本基準（これも今後いろいろな議論がありうるので、現在の日本の基準そのままというわけではないが）を適用するというものである。

「連単分離」は世界の常識である。世界の会計先進国はどこも「連単分離」である。日本の関係者はそのこともよく調べずに、連結財務諸表と個別財務諸表は同じ役割を課された「財務諸表」であるからそれに適用する会計基準は同じでなければならないとか、連結は個別財務諸表を集計して作成するものであるから先に個別財務諸表にＩＦＲＳを適用しないとＩＦＲＳによる連結財務諸表は作成できないといった、世間知らずの議論を繰り返してきた。

やっと最近になって連結は企業集団を仮装した「財務情報」で、個別は「決算書」だという違いや、日本でもニュー・ヨーク市場に上場しているソニーやパナソニック（旧・松下電器産業）などは一九七〇年代の初めから連結はアメリカ（ＳＥＣ）基準で作成し、個別は日本基準で作成してきて格別の問題がなかったこと、などが関係者の間で浸透してきた。やっと地に足がついた議論を期待することができる。

ところで、連単分離となった場合でも、IFRSをどの企業の連結財務諸表に適用するのか、IFRSをそのまま適用するのか、強制適用するのか任意適用にするのかなどに関しては、今後大いに議論するべきことであるが、IFRSが連結だけに適用されることになった場合や任意適用となった場合に、「個別財務諸表に適用されるべき日本の基準とはいったいいかなるものが望ましいのか」、という議論も負けず劣らず重要である。この議論は必ずしも日本に限らず、世界の物づくりの国々にとっても当てはまることが多いと考えられる。

すこし先走って言えば、日本の会計基準は、ここ十数年の間にアメリカの基準（ほとんどは同国の不正会計を後追いで取り締まる「消火基準」である）を無批判に取り込んだり、連結のための基準であるIFRSをコンバージェンスの名の下に個別財務諸表の基準として大急ぎで取り込んだ結果、「物づくり」の会計としてはかなり行き過ぎたものになっている。IFRSを連結だけに適用することになったり、任意適用することになった場合には、少なくとも個別財務諸表に適用される現行基準の行き過ぎを元に戻すことも考えなければならないであろう。

例えば、現在適用されている金融商品の時価評価、減損処理、退職給付、資産除去債務、工事契約、リース、企業結合などの会計基準は、明らかに中長期で経営が行われる物づくりの企業には向かないものが含まれている。

2　会計の専売特許は「期間損益計算」

会計の仕事は、利益の計算、それも期間に区切った損益の計算（期間損益計算）である。これだけは、いくら情報技術が発達し、金融工学が普及した現代においても、会計に代替する技術や技法はない。「期間損益計算は会計の専売特許」とでもいうべきものである。

期末財産の計算や評価は、会計の仕事というより、期間損益計算を完遂するために必要な作業である。それも、ＩＦＲＳが前提とする資産負債アプローチの下での資産の評価ではなく（このアプローチでは、これが主たる仕事になる）、収益費用アプローチによる期間損益を計算した後に残る「投下資本の未回収額」として資産に金額を付す作業を「評価」と呼んでいるのである。その意味では、積極的に資産を「評価」するのではなく、期間損益を計算するために、取得した資産の原価を、その原価が収益獲得に貢献した期間に配分した費用（資産の原価）と、次期以降の収益獲得のために残存していると考えられる未回収の原価に分けるだけのことである。

こうした期間損益計算を収益費用アプローチで行うことは、実は、ＩＡＳＢが批判するように、確かに、恣意性や主観性が入り込む。棚卸資産（商品、製品、原材料など）が実際に先入先出し的に流れるかどうかに関係なく先入先出法が適用されたり、購入した固定資産の価値がどのように減少するのかは知覚できないにもかかわらず、定額法や定率法という公式を使って価値の減少（減価償却費）を計算したり、どの計算方法を採るかによって期間利益の額に大きな変動をもたらすにも関わらず、どの方法を適用するかは経営者の判断にゆだねられているとか、保有する有価証券をいつ売却するかで売却益を計上する期を選べる……どれもこれも恣意性が残り、利益操作の余地がある。

3　ビルトインされているブレーキ装置

収益費用アプローチには、そうした限界なり制約があることは認められるが、ただし、収益費用アプローチによる損益計算は、アメリカに端を発した世界大恐慌の後、ほぼ一世紀近くの間、これまで世界中での支配的な会計観であった。そこでは少なくとも、次の三つの点で、収益費用アプローチが現実から遊離したり暴走することに対する「歯止め」があったと思うのである。

その一つは、「収益費用アプローチによって計算した結果と、経営者や投資家などの実感が近似していること」であり、もう一つは、そうして「計算した結果が、その時代の社会通念と一致していること」であろう。そして、最後に、資産負債アプローチが底なし・上限なしの損益計上

（つまり利益操作）ができるのに対して、収益費用アプローチはキャッシュ・フロー（収入額と支出額）の範囲内でしか収益・費用を計上できないというリミッターが付いているということである。以下、この三点について述べる。

4　経営者の実感と一致する利益概念

少し難しい話をする。会計では、ある期間の利益を計算するために、その期の収益と費用を「金額的に」測定・認識する。ここで「測定」とは金額を決めることを言い、「認識」とはいつの期間（当期か次期か）の収益・費用とするかを決めること（期間帰属という）を言う。企業活動を期間に区切って「数値化」「数量化」するのである。

一般的に言って「数量化」とか「量の認識」というのは、いわば現実をモデル化することであり、複雑な差異をもつもの・現象から質的な差異を捨象することによって、はじめて成り立つ（竹内啓、一九七一年）。

固定資産の価値の減少を量的に認識しようとしても、物的に見た固定資産自体は減少しない。「量としての実体」を捉えられないのである。そこで、固定資産の価値の減少という、数量的に直接観察・表現できない状況を、何らかの仮説的なモデル（定額法とか定率法）を想定して、そこから導かれる数量的測定値をもって現実を理解するしかない。

ところが、目に見えない価値の減少を数量化するとすれば、方法はいくらでも考えられる。「前半定額法・後半定率法」でも「一年おき償却法」でも「毎期の営業利益の一〇%相当額を償却」でも、方法はいくらでも考えられる。どの方法を使っても、耐用年数を通算すれば償却費の額も利益の額も変わらない。こうした方法では期間比較ができなくなるというのであれば、世界中で使われている定率法も同じ批判を受けなければならない。定率法は、毎期、測定方法を変更しているような方法でしかないからである。かといって定額法がよいかと言えば、購入した機械や車両が毎期同じパターンで価値が減少するという仮定は、多くの人の感覚と合わないであろう。

今日の会計は、利益というfictitious（仮想的な、虚構の）な量を測定するために、いくつかの「方法的数量化」を組み合わせて使っているが、ある組み合わせを使えば利益が算出され、別の組み合わせを使えば損失が計上されることもある。どちらが正しいのかは、分からない。いや、fictitiousな量を計っているのであるから、正しいとか正しくないとかという話ではないのかもしれない。

こんなことを言うと、最も適切な利益を計算する方法を探求することを放棄しているのではないかと疑われそうである。しかし、そうではない。利益のような、fictitiousと見られる数値にしても、経営者が実感する「儲けているかどうか」「どれくらい儲けているか」という感覚と大きくかけ離れるようでは、その測定方法は「現実を理解する手がかり」にはならない。その場合には、別の、より実感に近い結果が出る方法を探求すべきである。

そこで、経営者の皆さんに問いたい。果たして、「IFRSに準拠して計算した包括利益」は、「当期純利益」よりも経営者の儲けの実感に近いのであろうか。

5　会計上の利益概念と社会通念上の利益観

上では、「利益」という実体のない（手に触れて確かめることのできない）ものを計測するときには、その利益を生み出そうとして努力した経営者が肌で感じる「儲けの感覚」「どれくらい儲けたかの実感」と大きくかけ離れたものであってはならないということを述べた。

では、そのときの経営者の感覚は、いつでも正しいと言えるのであろうか。自社製品が売れに売れているというので、市場の大きさを無視して大量に生産したところ、在庫の山を築いてしまうということもある。このとき、経営者は工場から大量に出てくる製品がお金の山に見えたのではなかろうか。保有する有価証券の値が上がっているときにも、儲けたと考える経営者もいるであろう。本社の家屋が建っている土地の評価額が上がったのを見て儲けたと感じる経営者もいるであろう。

こうした「儲けの感覚」は、すべて「企業の利益」として計上することができるものであろうか。どれを企業の利益として計上し、どれを計上しないかは、会計の理論から導き出せるものではない。なぜなら、会計の理論といえども、その時代の社会における経済感覚とか経済常識からかけ離れては社会からの合意が得られないからである。会計上の概念、例えば、利益とは何か、資本とは何か、資産とは何か、利益はどのように計算するか、そういったことは、その時代の社会における常識、社会通念とかけ離れて決めることはできない。

経営者が「損した」と感じるものと会計処理が大きく異なることもある。経営者の感覚が正しいのであろうか、会計処理が正しいのであろうか。例えば、新しく工場を建設したところ、その工場用地の地価が下落して減損処理をすることになったとしよう。工場がどれだけの利益を上げるようになろうとも、地価の下落を減損損失として計上しなければならないのである。

地方の地価が下落傾向にある国や土地バブルがはじけた国は、日本に限らない。アメリカやドイツなど、数えきれないほどある。最近では中国も土地バブルの崩壊が話題になっている。そうした国では、企業が、減損損失を計上しなくて済む工場用地を探すとすれば、日本なら東京などの大都会のど真ん中に建設するしかない。大都会の真ん中に工場を建設することなど、物理的にも経済的にも不可能である。かといって、低賃金の労働力が豊富で地価が安いことから地方に工場を建設すれば、とたんに減損損失の計上を覚悟しなければならないのである。これでは新規の工場などは建設できない。

聞いた話であるが、ドイツでも同じような状況から、ドイツ企業が新しい工場を建設するのは、地価の下落が激しい国内ではなく、オランダなどだという。企業活動の成果を反映するはずの会計が、こともあろうに、企業の行動を左右するのである。

会計上の概念と社会通念としての概念が近似であるということは、会計の概念が健全であるということでもある。それは、作成される会計情報（財務諸表）の意味を、経済的常識を持ったひとなら誰でも理解することができるようになると期待できるからである。

法律のようにしろうと分かりにくいような世界でも、法律の規定や解釈はしろうとの常識に一致するものでなければならないと言う。

例えば、民法学者の渡辺洋三教授は、「法律専門家の仕事は、（今日の社会の法的）常識を論理的に構成することにあり、したがって、論理構成そのものは技術的に緻密で、素人の常識には分からなくても、その結果は、まったく素人の常識に一致するものとなるであろうし、またそうならなければならない。……結論に至る論理構成が、どんなに専門的で技術的であっても、その結論が、常識的に納得できるものでありさえすれば、だれも、法とは何かというような疑問を、ことあらためて深刻に感じたりはしない。」（渡辺洋三、一九五九年）という。

会計の専門家も、今日の経済社会における常識（例えば、利益とは何か、資本とは何か、何を資産と考えるか）を論理的に構成することが仕事であり、論理構成（損益計算、原価配分、資産評価、実現・未実現、保守主義など）そのものはしろうとの常識には分からなくても、その結論である「どれだけ儲けたか」といったことはしろうとの常識、つまり社会通念に一致するものでなければならないであろう。そうでなければ、会計の論理も、結果として作成される財務諸表も、社会から受け入れられることはない。

もう一度読者諸賢に問いたい。果たして、ＩＦＲＳによって計算した「包括利益」は、今日の経済社会における常識、社会通念と一致するものであろうか。

6　リミッターとして機能する「原価・実現主義」

私の学生時代は、会計学の講義といえば、学部も大学院も、ほとんど、企業会計原則に関する話であった。私と同じ世代の会計学者は、企業会計原則を子守唄のようにして育ったのである。何の疑いもなしに「企業会計は、企業の財政状態及び経営成績に関して、真実な報告を提供するものでなければならない」（真実性の原則）という文言を、会計学の扉を開く呪文のごとく、暗記・暗唱してきた。今から思えば、これほど日本語として怪しい文言はないのだが、当時は、舶来の会計学を拓く「神聖なる呪文」であった。

その企業会計原則に、こう書いてある。「すべての費用及び収益は、その支出及び収入に基づいて計上し、その発生した期間に正しく割当てられるように処理しなければならない。ただし、未実現収益は、原則として、当期の損益計算に計上してはならない。」（第二　損益計算書原則、一Ａの前半）

最初の一文は、一般に、「発生主義の原則」を指示したものと考えられてきたが、それは後段のことであって、前半の部分は「測定における収支原則」を指示したものである。前段が「測定原則」（金額を決める原則）、後段が「認識原則」（期間帰属を決める原則）を述べているといってもよい。

この一文が明らかにしているのは、期間損益計算における損益は「現金収支の時期とは関係なく」帰属する期間が決められるが、その金額は「いずれかの期間の現金収支額」に一致するように決められる、ということである。敷衍すると、前期または次期に収支があるものであっても、当期の収益と費用はすべて当期に計上するが、そのときに金額をどのように決めるかと言うと「いずれかの期間における現実の現金収支の額」を手掛かりとするのである。

読者諸賢にはすでにお分かりのように、これは「収益費用アプローチ」を具体的に表現したものに他ならない。ただ収益費用アプローチについては、わが国を代表する会計学辞典にも、わが国を代表する会計学テキストにも、ほとんど（独自の）記述がない。多少の記述があっても、それはアメリカ財務会計基準審議会（ＦＡＳＢ）の討議資料「財務会計と財務報告のための概念フレームワークに関する論点の分析：財務諸表の構成要素とその測定」（一九七六年）において述べられていることを紹介する程度のものである。

そこでも、「期間利益は、一期間の収益と費用の差額として測定される。」という程度の記述しかない。要するに、「ある期間に実現した収益とその収益を獲得するのに要した費用を対応させて、当期の純利益を計算するという会計思考」と言うことである。ただ、こうは説明されても、そこで計上される期間収益と期間費用をどのように測定するのか、いかなる金額を付すのかについては書いてないのである。

7　企業会計原則の再登場

ここで登場するのが（いや、登場するはずなのが）上に紹介した「測定における収支原則」である。収益も費用も、いずれかの期間における収入額・支出額に基づいて金額を決めるのである。「収入のない収益」「支出のない費用」は収益・費用となりえないのである。言葉を換えて言えば、収益費用アプローチを取る場合には、収益と費用の計上額は、現金の収入額・支出額が上限とされるのである。仮に収益・費用の期間帰属を操作しても、「収支原則がリミッター」になるのである。

IFRSにおいて計上される「その他包括利益」には、土地や金融商品・デリバティブの評価差額のような、実現するかどうかが不明な利益や、期末現在実現不能な為替換算調整勘定などが含まれる。こうした項目には「キャッシュ・フローの裏付け」があるとは言い難い。つまり、「収支原則」がリミッターになっていないのである。

金融商品やデリバティブの評価においては市場の価格だけではなく、「経営者が合理的と考える金額」までもフェア・バリュー（時価）とすることが認められてきた。ここでは、評価において「マーク・ツー・マーケット」（市場価格を指標とする）と言いながら、実態は「マーク・ツー・マジック」だったのである。「収支原則」が働かないところでは、金額の操作は天井知らずになる虞が高いであろう。

企業会計原則には、こうした素晴らしい会計思考が盛り込まれている。それが今では、税理士試験や会計士試験の受験者しか企業会計原則を読まなくなっているという。ある長老の会計士が言うには、三次試験（当時の最後の会計士試験）を終えてからこれまで四〇年近く、企業会計原則を読んだことがないそうだ。もちろん、企業会計原則を補充・修正するために設定された新しい基準は、日常の業務においてしばしば参照しているであろう。しかし、現代会計のバイブルとも言うべき企業会計原則は、実務上、一顧だにされないのである。

その文言なり規定が一顧だにされなくなったというのであれば、そうなった事情もある。企業会計原則は昭和五七（一九八二）年以降、三〇年もの長きにわたって一度も改正されていない。新しい会計基準が次々に設定されても、企業会計原則自体は改訂せずに、「本基準は、企業会計原則に優先して適用される」と書くだけで、企業会計原則のどこがどのように改訂されたのかを明示していないために、企業会計原則が旧式化してしまっているのだ。

しかし、それより大きな問題は、企業会計原則のスピリッツまでもが一顧だにされなくなっているという点であろう。

第1章でも書いたように、企業会計原則は近代（英米）会計の理念や神髄を凝集したものである。一九二〇年代におけるアメリカ企業が時価を悪用して大恐慌を招いた反省から、「原価・実現主義」、つまり、バランス・シートに記載する資産は原価で、損益計算書に記載する収益は実現したものに限るという会計に移行したのである。アメリカでも日本でも、こうした会計を「健全な会計（Sound Accounting）」と呼んできた。

ＩＦＲＳが志向するような「企業清算価値の計算」や「企業解体利益の計算」は、会計の仕事ではなかろう。「会計とは何か」、特に「物づくりに適した会計とは何か」を改めて問うときに企業会計原則のスピリッツに戻ることが最も重要なことではなかろうか。

本章は、「日本はいかなる会計を目指すべきか」をテーマとしたが、抽象的な話で終わってしまった。次章は、もう少し具体的に、日本会計の目指すべきところを読者諸賢と一緒に考えることにしたい。

第3章　日本はいかなる会計を目指すべきか(2)

――IFRSを越えて―物づくりに適した日本の会計を

1　経営者も社会も納得する会計

前章では、わが国が採るべき会計観とはいかなるものかを考えるにあたって重要なことは、経営者の実感と会計上の利益・資産の概念が一致していること、また、それが今日の経済社会一般において支持されている利益観・資産観（財産観）とも合致していることであるということを述べた。そうした利益観や資産観は、経営者だけではなく、株主・投資家も、さらには課税当局も合意・納得するはずである。

経営者や社会一般の人たちが、どういう場合に儲けた、損をしたと考えているか、どういうものを資産や負債と考え、その価値をどう計算しようとしているのか、こうした経営者の実感、社会通念、あるいは言葉を換えて言うと経済常識は、理論的に導き出されるものではなく、また時代や環境によって変わるものである。

したがって、私たちが現代の会計における資産・負債や利益のコンセプトを構築するにあたっては、現代の事例をたくさん挙げて検討する必要があろう。もとより、こうした事例として示される経営者の実感や社会通念をそのまま会計の基礎概念として使うことはできない。事例と事例の間には対立や矛盾もあろうし、会計の技術的な制約もある（詳しくは、田中、二〇〇二年、第

1章を参照)。

しかし、こうした社会通念または常識的な利益観・資産観から会計上の利益観・資産観が大きくかけ離れてしまったのでは、財務諸表はもはや大多数の人々にとって「いちおう文章の体裁を取っているが、真意はつかめない暗号文」でしかなくなる。常識を働かせてこの暗号文を読むと誤解するのである。

一般社会にディスクローズされる会計情報は、経済誌・紙を読むような人なら十分にその内容を「誤解なく」理解できる内容でなければならないであろう。そのためには、会計上の諸概念も社会通念を基礎としたものにしなければならないはずである。経営者の実感とか社会通念を無視した会計は、どれだけ論理的でも精緻でも、永続きはしない。

2　変わる利益概念・資本概念

果たして、ＩＦＲＳの利益概念や資産概念は、経営者の実感や社会の経済常識と合致するところがあるのであろうか。ＩＦＲＳは、「キャッシュ・フローの裏付けのある」、「分配しても資本を毀損しない」、「公平な課税の基礎とすることができる」ような実現利益を否定して、売れるかどうかもいくらで売れるかも分からない土地や有価証券を時価評価した評価益や、負債の評価損益のような、一般社会人の経済常識からは理解できないものを損益とするのである。

要するに、ＩＦＲＳは、過去（歴史）と現在を直視した現代会計を排して、不確実な将来を予測することに徹するのである。ＩＦＲＳが、なぜ、そうした会計観に立つようになったのかについては、本章のテーマから外れるのでこれ以上は書かない。後の第６章から第９章で詳しく述べる。

利益観や資産観そのものも、歴史的に変遷するということもある。奴隷をバランス・シートに「資産」として記載していた国・時代もある。確かに、その時代・社会では、奴隷は、家畜と同様に、売り買いする対象であり、企業としては「資産」として扱うのが当然であった（アメリカでは、奴隷は非常に高価な、流動性の高い、つまり、いつでも高く売れる資産として位置づけられていたという）。

費用を過大に計上したり、資産を過小に評価したりしてバランス・シートに表れない資産（秘密積立金）を形成することが健全な会計処理と考えられた国・時代もある。その国・時代には、どこの企業もそうした会計処理をすることが正しいとする「社会の合意」があったのである。

3　科学は「多数決」

科学は、社会科学であれ自然科学であれ、時代を超えて「正しい」とするものを探求するのはむしろ「科学的」ではない。どれだけ精緻な論理を展開しても、それは現在において知り得る情報を駆使して作り上げた「今日の正しい理論」であって、一〇年後、二〇年後に明らかになる知識・情報によって脆くも崩れ去るかも知れないのである。

だから科学者は、自然科学であれ社会科学であれ、「正しい理論」とか「緻密な論理」を追及するのではなく（そんなものは、一〇年後か二〇年後には「魔女のたわごと」「学者の寝言」と言われるかもしれない）、「現代の社会において広く受け入れられるコンセプト」を考案するのが仕事なのである。科学は「多数決」で決まるといってもよい。

国際会計基準（ＩＦＲＳ）は、現在、世界の一一〇か国以上が「適用」「採用」「許容」していると喧伝されている。ＩＦＲＳは「正しい会計理論」をベースとして展開された、「世界で唯一」の「高品質な」会計基準を目指すというのであるから、そこで問題とされるべきは、「ＩＦＲＳの正しさ」であり「ＩＦＲＳの論理性」である。

上に述べたように「正しい」というのは、正確には「今日の理解では正しい」ということであり、「明日の理解」では「魔女のたわごと」かもしれないのである。歴史を超えた真実とか正しい理論などは、今現在では誰も知りようがない。だからこそ、前章で述べたように、「正しい」ということばかりを追及せずに、広く各界の「合意」を得られるような会計のあり方や会計基準を志向するべきなのである。もとより、今の世界が合意するものが、後世において「魔女のたわごと」とされるのは仕方がない。「合意」される内容が、時代と環境により変化するのは避けられないからである。

つまり、「正しいとされるもの・こと」は歴史的な存在でしかなく、歴史を超えて存在するものではない。「正しさ」が指標とならないとすると、理論を形成し実務に結びつけるには、何らかの別のコンセプトが必要である。それが「社会の合意」であり、「説明力」である。ニュートン力学が今日の科学界において広く受け入れられているのは、その理論によって説明できる範囲が広いからに他ならない。そうしたことから言えば、マルクス経済学も近代経済学も、今日の世界経済や地域経済を「説明」する用具としては、あまりにも貧弱ではないか。

読者諸賢に問いたい。それでは、IFRSは、世界から「合意」を取り付けた会計基準なのであろうか。IFRSの理論が、これまでの会計観（収益費用アプローチと原価実現主義をベースとした会計）よりも高い説明力があるのであろうか。

4　フローを利益と考える国とストックを利益と考える国

会計学も「合意の学」とすると、国により、時代により、歴史・宗教・文化・風土により、利益観、資本観、資産観などを異にするのは当然であるから、会計における合意の内容も、国により、時代により、歴史・風土・文化・宗教によって異なって当然ということになる。

今は、英米が手を携えて国際会計基準作りを進めようとしているが、英米という兄弟のような国々でさえ、利益観、資本観がまるで違う。四〇数年も昔、山桝忠恕教授は英米の会計観の違いを喝破して、次のように述べた（山桝忠恕、一九六三年）。

「おしなべてイギリスの会計人たちは、資本をもって利益を産むことに利用されるもの、つまり果樹のようなものであるとみるとともに、他方の利益については、元本を傷めずにそれから分離できるものであるとして、果実にたとえようとする。これにたいして、アメリカの会計人たちは、資本をもってそれ自体増大するものであるとし、しかもその増大というのは、その原因のいかんにかかわらず、すべてそれを利益であると解釈しがちな傾向にある。」

四〇数年前の一文とはいえ、見事に、今日のアメリカ会計の特徴を浮き彫りにしてみせている。アメリカの歴史は短い。その短い歴史の中で、いくたびか「にわか景気」や不況を経験し、さらに天候の順・不順によって農作物のでき具合が年ごとに大きく変わった。そうした事情から、この国では多くの事業が常に投機的な性格を持っていたといえる。土地の所有にしても、イギリスのように土地を元本として規則的な収入を得るということより、それを転売して投機利潤を得ることに関心が向けられることが少なくなかった（サブプライム問題で表面化したアメリカの住宅事情は、まさしく、現在も事情は変わっていないことを示している）。アメリカでは、所得の循環性とか規則性ということはあまり問題にならない。イギリス人がフローをもって利益・所得と考えがちなのに対して、アメリカ人は、昔も今も、ストックの増加をもって利益・所得と考えるのである。

イギリスの経済学者ケインズも、アメリカ人は投機を好み、イギリス人は事業を好むと言っている。株を買うときでさえ、アメリカ人は株の値上がりに関心を持ち、イギリス人は配当に関心を持つという違いがあるという（伊東光晴、一九九九年）。

アメリカとイギリスという兄弟国においてでさえ、これだけ異質な資本観・利益観が支配しているのである。ＩＦＲＳを巡るイギリス（ＩＡＳＢ）とアメリカ（ＳＥＣ―ＦＡＳＢ）の綱引きも、一〇年以上かけてコンバージェンスを進めながら多くの重要な基準で「合意」が形成できないのも、もともとこの二つの国の資本観・利益観が大きく異なるからであろう。

ＩＦＲＳに関しても、今は、主として、両国の投資家や会計士の相談事であっても、いずれ両国の経営者や為政者の考えが衝突する恐れが高い。特に、最近のオバマ大統領が掲げる政策を見ていると、ＩＦＲＳとＵＳ－ＧＡＡＰのコンバージェンスもこれ以上は進まないように思われる。このことについては、第5章で書くことにする。

5　企業会計原則のスピリッツに戻ろう

企業会計原則のスピリッツは、世界がこの八〇年間にわたって精緻化し、多くの国々において受け入れられてきた「合意性」の高い会計観である。「原価・実現主義」を基本的な理念とした会計の下で計算された利益は、「キャッシュ・フローの裏付けのある利益」「分配可能な、資本を毀損しない利益」「公平な課税の基礎としての企業所得」という面で極めて健全なものと言えるであろう。

この利益の計算は、中長期の投資家にとっても経営者にとっても、「投下資本の回収計算」「回収余剰としての利益の測定」や「投資と経営の効率性」あるいは「財務安定性」「社会貢献度」の尺度として比類なき長所を持っている。原価・実現主義をベースとした当期純利益を指標とした経営を行うことは、そこで計算される利益が経営者の実感と一致していると思われるから、経営者のモチベーションを高めることにもなるであろう。またこの利益は健全な社会通念として広く受け入れられているものとも一致しているから、投資家が投資の決定をするときの指標として、今後とも活用されるものと思われる。

6　企業財務委員会の提言

このことは、二〇一〇年四月に公表された企業財務委員会（委員長・佐藤行弘三菱電機常任顧問。二〇一一年八月二九日より金融庁参与。以下、当時の所属のまま紹介する）の中間報告書「会計基準の国際的調和を踏まえた我が国経済および企業の持続的な成長に向けた会計・開示制度のあり方について」においても、こう述べられている。

「我が国にとって重要な会計思想とは、企業の短期業績志向への傾斜や短期的な利益操作の可能性を排除する一方、財務体質の健全性を担保し、国際競争力・収益力の持続的強化を促すとともに、どの財務諸表利用者の有用性に偏ることなく、投資家、経営者、その他の幅広いステークホルダーにも企業価値や業績の評価指標として共有し易い財務情報である。」

この報告書では、こうした会計思想は、具体的には「実現利益概念」「保守主義の原則」「確定決算主義」という「我が国における伝統的な会計実務」が重視してきた概念によって構成されると述べている。まさしく、企業会計原則のスピリッツを支持したものと言えるのではないであろうか。

「実現利益概念」が投資家や課税当局にとって有用であることは疑う余地のないことであるが、報告書では、この実現概念は経営者にとっても有用だとして、次のように述べている。

「事業管理の考え方は、各社の知恵と工夫によるものではあるが、少なくとも事業管理（生産管理、コスト管理等）の観点からは、実現主義、発生主義、費用収益対応の原則の基本思想に支えられた損益アプローチをベースにした業績概念に基づき、投下資本が着実に成果に結びついているかを定点観測していくことが有用である。」

報告書では、要するに、企業会計原則のスピリッツを尊重することが提案されているのである。

企業財務委員会は、経済産業省を事務局として（つまり経産省の支援のもとに）編成されたもので、その構成メンバーを見ると、委員長の所属する三菱電機をはじめとして、トヨタ自動車、東芝、新日本製鐵、ソニー、パナソニック、住友化学、キヤノン、東京電力、日立製作所、三井物産、ＩＨＩ、ＪＦＥホールディングス、オリックス、新日本石油など、わが国を代表する大企業と、日本経済団体連合会、関西経済連合会、経済同友会、日本商工会議所が名を連ねている。この報告書は、日本産業界の「総意」といっても過言ではないと思う。

7　産業界の悲鳴と自見庄三郎金融担当大臣のアクション

ただ、残念なことに、この報告書の提言は、企業会計審議会や企業会計基準委員会（ＡＳＢＪ）の審議に十分に反映された形跡はない。一度だけ、企業会計審議会総会（平成二三年六月八日）に参考人として出席した佐藤委員長が報告書の概要を紹介しただけである。議事録によれば、総会で配布されたのは一枚にまとめた見取り図と二頁の概要書だけで、報告書本体は配布されていない。

また、当時、企画調整部会は開かれていない。企業会計審議会の企画調整部会は、「会計をめぐる国際的な動向や『我が国における国際会計基準の取扱い（中間報告）』等を踏まえ、我が国における国際会計基準の取扱い等について、必要な審議・検討を行う」（平成二三年二月二四日の審議会総会配布資料による）場という位置づけである。それにもかかわらず、平成二一年六月一一日（この日の会議で「中間報告」案が審議された）に開催された後は、二年後の平成二三年六月三〇日に、「これまでのＩＦＲＳに関する議論を白紙に戻しての議論を再開する審議会」が開かれるまで、一度も開催されていない。であるから、企業財務委員会の報告書は、企画調整部会では取り上げられたことはない（らしい）。

企業会計審議会総会という場は、私は経験したことがないが、これまで大蔵省や総務省などの審議会・委員会での経験からすると、参考人としての発言は「その後、どのように取り扱われたのか」が分からないだけに「雲をつかむ」ようなところがある。そんな場で、佐藤委員長は、次のように報告書の趣旨を説明している。

「（この報告書は）連・単分離及び開示に関する企業経営という視点からまとめたものでございますが、まずは日本の成長戦略を支援するための会計制度の枠組みをということで、成長なくして日本の将来はないと。そのためには、やはり日本の製造業が強くならなければ恐らく日本の将来はないだろうというような基本認識の下にまとめているのですが、会計制度というのは国のインフラに関わる問題ですから、国益上、国家戦略に相当するテーマだと思います。中長期的な視点というのを、今後、日本として考えていく必要があるのではないだろうかというふうに思っております。」

物づくり・製造業を基幹産業とする日本やアジア諸国・ヨーロッパ大陸諸国から大きな賛同の声が聞こえてきそうである。

佐藤委員長は、これに続けて言う。「あと、四半期開示の導入、これも負担が大きくなっているのですが、企業の業績評価が短期指向になっております。経営というのはやはり中長期指向が重要でありまして、短期指向の社会から中長期指向の社会に転換することが国益上も望まれるのだろうというふうに思っております。」

同感である。物づくり・製造業の企業は、四半期（三か月）のような短期的な視点で経営することはできない。何に、いくら投資し、それを何年かけて回収するか、資本の投下とその回収を毎期、毎期、バランス・シートと損益計算書で確認しながら、中長期の経営戦略を考える……これができるような会計制度と会計基準が望まれるのである。

ところがその後、日本は「ＩＦＲＳ強制適用」「連結先行」で猛進する。このままでは日本企業の衰退、日本経済の崩壊、結果としての雇用破壊が起こることを恐れた経済界は、二〇一一年五月二五日に、「我が国のＩＦＲＳ対応に関する要望」を発表するに至った。この文書には「宛先」が書いてない。

「誰でもいいから、この危機的状況に気がついて欲しい」、「誰でもいいから、アクションを起こして欲しい」「このまま進めば、日本は沈没するしかない」と言った、日本産業界の悲鳴にも近い声であったと思われる。

たびたび書いてきたように、IFRSは、買収した企業の資産・負債をばらばらに切り売りして「解体の儲け」を手にしようとする「投資家」のためのものである。彼らは事業の継続とか経済の発展といったことは考えない。企業を解体すれば、彼らには「企業解体の儲け」が手に入るかもしれないが、産業と雇用の破壊は避けられない。そうした会計基準であることを知らずに、日本は「IFRSは世界標準」とばかり、丸飲みするシナリオで進んできたのだ。産業界が悲鳴を上げるのも無理はない。

当時の自見庄三郎金融担当大臣がこのときに政治的アクションを起こさなかったら、日本の経済、日本企業、日本の雇用は、どれだけ悲惨な目に遭うことになったか分からない。

8　日本会計の軌道修正

議論すべきこと、検討すべきことは山ほどある。日本の会計基準は、ここ一〇数年の間にアメリカの基準（ほとんどは同国の不正会計を後追いで取り締まる「消火基準」）を無批判に取り込んだり、連結のための基準であるIFRSをコンバージェンスの名の下に個別財務諸表の基準として大急ぎで取り込んだ結果、「物づくりの会計」「中長期の経営に資する会計」としてはかなり的外れなものになっている。

ＩＦＲＳを連結だけに適用することになったり、任意適用することになった場合には、少なくとも個別財務諸表に適用される現行基準の行き過ぎを元に戻すことも考えなければならないのではなかろうか。

例えば、二〇〇〇年時代に入ってから取り込んだ金融商品に適用する時価基準、退職給付の会計、減損処理、リース基準、資産除去債務の計上、工事契約の会計、企業結合の会計などは、どれもこれも企業会計原則のスピリッツから見ると、随分行き過ぎたところがあるように思われる。時価主義や資産・負債アプローチへの行き過ぎを元に戻して、「原価・実現主義」と「収益費用アプローチ」による「健全な会計（Sound Accounting）」を目指すことが大事だと思う。

こうした会計は、決して日本独自の会計というわけではなく、ヨーロッパやアジアなどの「物づくり」の国々、中長期の視点から持続的な経営を目指している企業にとっても、最適な会計になるはずである。

第4章　アメリカの投資家はどこで道を間違えたのか

1　投機家と化したアメリカの投資家
2　投機家になる背景
3　高株価経営の罪
4　ストック・オプションによる「儲けの山分け」
5　四半期報告とM&A
6　パーチェス法による利益の捻出
7　IFRSの源流

1　投機家と化したアメリカの投資家

　これまでアメリカの投資家は、伝統的な投資利益である株の値上がり（キャピタル・ゲイン）や配当（インカム・ゲイン）を期待し、投資先の企業が成長することを願ってきた。ところが今では、企業の継続とか健全な経営といったことと関係なく、また株の値上がりとか配当も期待せず、超短期の儲けの出るような「企業売買利益」「企業解体利益」を追及するようになってきた。

　ＩＦＲＳはそうした投資家の情報ニーズに応えようとして、伝統的な収益・費用アプローチを放棄して、資産・負債アプローチに軸足を移してきた。ＩＦＲＳの想定する投資家は、買収した企業を経営するといった時間もかかればリスクも大きいことは考えていない。タネを蒔いて、水や肥料を与えて、雑草刈りをして、大きく成長したところで収穫するという経営は、まどろっこしいと考え、もっと安直にコンピューター上の数値を操作するだけで「金で金を稼ぐ」ことを考えている。

　ＩＦＲＳはそうした投資家が求める情報として、企業の収益力、成長性、財務安定性などの情報よりも、企業の買収価格（資産と負債の即時清算価値）を提供しようとしている。固定資産に減損処理を求めるのも、金融商品をフェア・バリューで評価させるのも、棚卸資産に低価法を適用するのも、後入先出法を禁止するのも、資産の売却価額をバランス・シートに表示させるためである。

負債の側も同じである。全社員が即時に退職するという非現実的な前提のもとで退職給付引当金を計上させるのも、負債の時価評価には説明のつかないパラドックスがあるにもかかわらず自社が発行した社債を市場価格で評価して評価差益を計上するのも、本来なら引当金で処理すべき資産除去債務を即時に負債計上させるのも、すべて企業を買収したときに負債がどれだけあるかを知りたいからである。

2　投機家になる背景

しかし、どうしてアメリカの投資家は、いつから、かくも超短期の、しかも非生産的・非継続的な利益を追求するようになったのであろうか。「参考文献」で紹介するように、わたしはこれまでにＩＦＲＳに関してすでに四冊の本を出している。しかし、このことに関しては、どの本でも取り上げていない。遅きに失したかもしれないが、本章は、「なぜ、アメリカの投資家は、企業解体利益のような瞬間的・非生産的・非継続的利益を追うようになったのか」をテーマとしたい。

この話をする前に、アメリカの経営・経営者の話をしておかなければならない。
言うまでもないことであるが、企業の目的は、「利益を得る」ことにある。利益を稼ぐからこそ、投資家が企業に投資する。これは不変・普遍の真実かと思っていたら、どうもアメリカの企業には過去の話になってしまっている。今や、アメリカ企業にとって利益とは、「目的」ではなく、「手段」に過ぎない。何のための手段かというと、株価を吊り上げ、経営者の報酬を大きくする手段である。

利益を獲得することが経営の目的であった時代には、経営者は、確実な利益（実現利益）、分配可能な利益、キャッシュ・フローの裏付けのある利益、経常的に獲得できる利益を目指した。ところがある時期から、アメリカの企業が利益額のかさ上げに走り始めた。その時期は、高株価経営とROE（株主資本利益率）経営がもてはやされた時期である。今では、利益がいかなる活動から生まれたかとか利益に経常性があるかとか、確実な裏付けのある分配可能な利益かどうかといったことを問題にしなくなった。必要なのは、今期に利益として報告できる金額を増やす「手口」なのである。

高株価経営とROE経営を続けるために経営者が使った「手口」がいくつかある。一つは、四半期報告への対応であり、もう一つは、それに深く関係するストック・オプションの利用の話であり、さらにもう一つは企業結合の会計処理の悪用である。この三つは、一見してつながりがないように見えるが、実は、いずれもそれぞれの制度が予定したようには運用されず、三つが不正のトライアングルのごとく深く結びついて経営者の私利私欲を満たす手口とされてきた。以下、この三つの手口がどのように使われてきたか、それらがＩＦＲＳの想定する投資家にどのような影響を与えているかを紹介する。

3　高株価経営の罪

よく知られているように、アメリカの経営者は、報酬の大きさが有能の証とされ、ヨリ高額の報酬を出す企業に移籍することも多い。有能な経営者は、「ビッグバス会計」（会社ごと大きな風呂に入れて垢を落とすように、当期の損失や費用を過大に計上）とか「クリエーティブ会計」（ルールぎりぎりの粉飾や不正）とか「減損会計」を使って「Ｖ字回復」を演出し、急速に株価を上昇させる。株主たちは、Ｖ字回復した利益から高額の配当金を受け取ってもよいし、株価が上昇した段階で持株を売却して売却益を手にしてもよい。そこで株主は、株価を上昇させることができる経営者に高額の報酬を払うようになる。優秀な経営者は、一年かそこらで、一生かかっても使いきれない報酬を手にする。エンロンのレイ会長（当時）は、エンロン倒産前の二年間だけでも四億ドル（当時のレートで換算すると五〇〇億円）もの金を受け取っていたという（赤木昭夫、二〇〇二年)。

アメリカの証券取引委員会(SEC)は、一部の経営者の報酬が国民感情を逆なでするくらいに高額すぎるとして経営者報酬を抑えようとした。しかし、アメリカでは行政が私企業の経営判断に口出しすることはできないので、経営者の報酬を財務諸表に書かせることにした。

ところが、経営者の報酬額が財務諸表に開示されるようになると、高額の報酬を受け取った経営者には、強請、たかり、強盗、空き巣狙いから、悪くすれば子供や夫人が誘拐されるという事件が起きる。経営者にしてみたら、報酬の額が公表されると生活が脅かされるのである。そこで考え出されたのが、ストック・オプションの利用である。

4　ストック・オプションによる「儲けの山分け」

ストック・オプション(株式購入選択権)は、会社から一定の価格で自社の株式を購入することができる権利で、権利を付与された経営者は、契約時よりも株価を上昇させることができれば、昔の安い価格で株式を購入し、吊り上げた価格で売却して売却益を手に入れることができる。経営者にとって都合のいいことに、ストック・オプションなら権利を行使するまで収入は表に出ない。ストック・オプションを経営者に付与した段階では、費用も計上されない。会社にとっても都合がいい。かくしてほとんどの会社は経営者報酬をストック・オプションで払うようになった。今では経営者報酬の八割がストック・オプションで払われているという（赤木昭夫、二〇〇二年）。

ストック・オプションには、こうした経営者に対する高額の金銭報酬を避けるという目的と、当面の費用を抑えて利益のかさ上げができるという効果、さらには、経営者と株主の間での「利益分配システム」としての機能がある。会社の業績を上げて株価を上昇させた経営者にはストック・オプションの行使による高額の報酬が約束され、株主は高額の配当か株式売却益を手にすることができる。ストック・オプションは、株主と経営者の間で「儲けの山分け」をするシステムなのである。

株価と連動させたストック・オプションは、株価を上昇させない限り経営者にはメリットがない。株価を上昇させれば株主からも大歓迎される。かくしてこの国に「高株価経営」が誕生した。高株価は経済的成功のシンボルとして、株価が上昇すればすべてが「善」、下落すればすべてが「悪」とされる。そうなると、ことの善悪とは関係なく、「株価を上昇させる手」がすべて善となるのである。

5　四半期報告とM＆A

アメリカの企業は、四半期（三か月）ごとに経営成果を計算・報告する。四半期報告の狙いは、企業の情報をタイムリーに投資家に知らせることである。ＩＴ産業のように、新しい産業が次々と興隆をきわめ、新しい製品やサービスが瞬時に市場を席巻する時代である。逆に、数か月の間に大手の企業が破綻する時代でもある。

投資家にしてみれば、企業経営の動向とそれを数値化した会計情報はリアルタイムに入手したい情報である。四半期報告は、そうした投資家のニーズに合わせたものである。投資家は四半期ごとの利益額を見て株を買ったり売ったりする。

ところが、高株価経営を続けるためには、四半期ごとに何らかのグッド・ニュースかサプライズを市場に伝えなければならない。わずか三か月かそこらでは本業の利益が大きく変動することはないし、四半期ごとに増収・増益というのも困難である。そこで目を付けたのが、Ｍ＆Ａ（企業の合併と買収）である。

企業結合の会計処理には、持分プーリング法とパーチェス法（買収法・取得法）がある。持分プーリング法は、合併される会社（被合併会社）の資産・負債をその帳簿価額で合併する会社に引き継ぐもので、被合併会社の留保利益も当期の利益も合併会社の利益として引き継ぐことができる。これは、高株価経営にとって便利である。

当四半期にグッド・ニュースを報告できそうもなくなると、内部留保の厚い会社や今年に入ってからの利益が大きい会社を買収して、いかにも自社が稼いだかのように報告すればよい。合併すると企業規模、特に自己資本（株主資本）が大きくなり、ROE（株主資本利益率）が低下しかねない。これを避けるために、多くの場合、手に入れた資産をばらばらに切り売りしてダウンサイジングを図ると同時に、売却益を出して利益をかさ上げし、ROEを高めるのである。

何のために企業を買収したのか、明白である。その企業の生産設備、超過収益力、ブランド、そんなものが欲しかったわけではなく、ただ、当期に報告する利益の額を大きくするためであった。株主も利益の額を問題にするだけで、その源泉を問うこともない。

このようにアメリカ企業は、四半期ごとにグッド・ニュースを流すために、減損処理を悪用したV字回復を演出したり持分プーリング法を使って報告利益を「作って」きたのである。持分プーリング法が悪用されたことから、今ではこの方法は、アメリカでは禁止されている。アメリカで禁止されるとなると、他の国で悪用の弊害があったかどうかに関係なくIFRSでも禁止され、日本でも禁止されたのである。何とも主体性のない話である。その結果、どうなったか。実は、予想に反して、事態はいっそう悪化した。

6 パーチェス法による利益の捻出

M&Aの会計処理として残る方法は、パーチェス法である。日本語にすると買収法であるが、買収という表現を嫌って、最近では取得法と呼ぶ。パーチェス法は、自社株を対価として、他企業を買収するようなケースを想定した会計処理方法である。この方法では、取得した資産と負債を時価（公正価値）で計上し、買収の対価として交付した自社株や現金との差額を「のれん」としてバランス・シートに計上する。買収した会社の留保利益や当期利益は引き継げない。他企業を買収しても、利益のかさ上げには使えない。持分プーリング法のようなうまみはない。

それは表向きの話である。実はパーチェス法のほうが利益の捻出が簡単にできる。何も留保利益の大きい会社とか当期利益の大きい会社を探すまでもない。資産、特に不動産がいっぱいある会社ならどんな会社でもかまわない。パーチェス法の場合には、買収した会社の資産を時価評価するが、そのときに思い切り低評価するのである。用途の変更でも市場環境の変化でも、理由は何とでもなる。

たとえば買収先企業の持っている一〇〇億ドルの土地を一〇億ドルに評価して合併するとしよう。合併後にこの土地を売却すれば、なにもしなくても九〇億ドルの売却益を計上することができる。一〇〇億ドルの土地を一〇億ドルと評価したときの差額は「のれん」として処理される。

以前は、こののれんを一定期間内で償却しなければならなかった。合併時に資産計上されるのれんが巨額であれば、その後の償却費の負担が大きくなるが、今ではのれんは償却しないので利益を圧迫することもない。今では、減損が生じたときに損失を計上することになったが、そうればのれんの減損を使ってV字回復を演出することができるし、次期以降に見積もりの修正などを理由に、一度計上した減損損失を戻し入れて利益をかさ上げすることもできる。経営者にとってこれほど便利な方法はない。

パーチェス法を使えるとなったら、買収する企業の収益力情報は不要である。どうせ買収した後は資産をバラバラにして切り売りするのである。欲しい情報は、資産の売却時価であり、負債の清算価額である。

7　ＩＦＲＳの源流

ここまで読まれて、はたと気づかれた読者も多いのではなかろうか。何とＩＦＲＳの会計とよく似ているではないか。収益力情報を軽視するのも、資産の売却時価と負債の清算価額を重視するのも、その企業を手に入れた後は資産・負債をばらばらにして売却するのも、ＩＦＲＳが想定する「投資家」と同じである。

アメリカの投資家は、こうしたアメリカ企業の経営者の「錬金術」――つまり、自分では汗も流さず知恵も絞らず、リスクも回避して、しかも瞬間湯沸かし器のごとく超短期に巨額の利益を手にしようというアメリカ経営者の手腕と成果を見てきて、何のことはない、そうした甘い汁を、今度は自分も汗も流さず知恵も絞らずリスクも取らずに手に入れようとしているのである。

かくしてアメリカの投資家は、中長期に株式を保有して、企業の成長に伴った株価上昇（キャピタル・ゲイン）を期待するとか、経営成果を配当として受け取ることを期待するとか、そういったまどろっこしい、リスクを伴う投資ではなく、アメリカの経営者が教えてくれた安直な方法で企業買収・解体の儲けを狙っているのである。

投資家が企業を買収するのに必要なデータ（資産負債の時価データ）を自ら集めるのではなく、こともあろうに買収しようとする相手企業に計算させるのである。企業側では、投資の意思決定に必要な情報だと信じて会計データを作成すれば、それは「わが社の身売り価格」を計算したことになるのである。

こうした経営や投資行動を続けると、資産持ち企業はM&Aのターゲットとされ、買収された後に多くはばらばらに切り売りされるであろうから、良質の不動産をたくさん抱えている老舗の企業や切り売りに適したブランドや特許を持っている企業などは次第に数を減らすであろうし、雇用破壊も起きる。証券市場での株式の売買もM＆Aが仕掛けられた時こそ活性化するが、それが終わると株の取引も終わる。ＩＦＲＳの会計が世界中で行われると、世界の産業も証券市場も次第に衰退していくことになりかねない。そうした世界を誰が望んでいるのであろうか。

第5章　オバマ大統領の経済政策とＩＦＲＳ

1　「悪知恵」の上を行く
2　「将来のことは問わない」ファンド・マネージャー
3　森山弘和氏の「株式価値」
4　ＲＯＥのパラドックス
5　アメリカの選択肢
6　アメリカの税制改革と雇用政策
7　「ドル安」はアメリカの雇用対策
8　なぜ黒人の大統領を選んだのか
9　金融から輸出へ
10　オバマの経済政策とＩＦＲＳ

1 「悪知恵」の上を行く

前章「アメリカの投資家はどこで道を間違えたのか」で、アメリカの経営者が瞬間湯沸かし器のごとく超短期に巨額の利益を手にしてきたのを見てきた「投資家」が、そうした甘い汁を、自分も汗も流さず知恵も絞らずリスクも取らずに頂戴しようとし始めたということを書いた。

それまでは「有能な」経営者がいる会社の株を購入して高株価経営の恩恵を受けてきた「投資家」が、何のことはない、たいした汗もかかない、リスクも取らないでも巨額の利益を報告する経営者に中間マージンを取られるくらいなら、自分でその利益をそっくり頂戴したいと考えたのである。「悪知恵」の上を行こうということであろうか。

今のウォール街は「強欲資本主義」とか「グリーディー」と評されてきたが、ウォール街の投資行動は、企業や産業を破壊に導く危険があり、ひいては国益を害するものになりかねない。経済界から見て、国家から見て、何らの価値を生まないのである。ウォール街に富が集中しても、一部のトレーダーやマネージャーの懐を潤すだけで、雇用が増えるわけでも富が国民に分配されるわけでもないのだ。

2 「将来のことは問わない」ファンド・マネージャー

先日、著名な経営コンサルタントの森山弘和さん（森山事務所代表）から長いメールを頂いた。森山先生とは二〇年以上も前からの旧知の仲ではあるが、ここ数年はお会いする機会を失していた。拙著（『IFRSはこうなる─「連単分離」と「任意適用」』東洋経済新報社）を手にした感想などを書いて頂いたのであるが、中に、思わず膝を叩きたくなるような話に出会った。森山先生のお許しを得て、読者の皆さんに紹介したい。ただし、私なりに解釈・敷衍して紹介することをお許しいただきたい。

森山氏によれば、日本の資本市場がM&Aや超短期的な視点で投機を行うファンドなどの投機家（株主比率で一〇%前後にしかならない）に価格支配力（取引高は五〇%を超える）を奪われ、当期の利益額ばかりが注目され、三年五年先の中長期の利益を考慮しないどころか、将来の利益を考慮することなどはマイナスの評価になることが多いという。だから証券アナリストたちも一年ごとに成果を問われ、ヘッジファンドなどの資産運用セクターは二、三か月ごとに成果が問われるという。聞いただけで胃に穴が開きそうな話である。

このメールを読んでいて思い出したのだが、経済倶楽部（詳しくは第23章「嗚呼、オリンパス！」で紹介する）の浅野理事長が送ってくれた講演録（倶楽部が毎週金曜日に開いている講演会の速記録）に載っていた伊藤元重教授の「内外経済の課題」である。伊藤教授が、マーケットのトレーダーたちとドルやユーロへの投資を議論していると、彼らは一年後、二年後を見ながら投資しているというよりは、今どういう動きをしているかしか見ていないという。伊藤教授がトレーダーたちに「皆さんにとって長期ってどれくらいですか」と聞くと、「二〇分以上」という答えが返ってくるという。この世界では五分、一〇分で成果の出る取引が通常の取引なのだ。ここでも「瞬間風速」的な利益が投資の尺度になっている。「森を見てから樹を見る」などといった悠長なことはできないようだ。いったいトレーダーたちはいつ眠るのだろうか。「ぐっすり」などというわけにはいかないだろう。

3　森山弘和氏の「株式価値」

森山氏のメールに話を戻す。森山氏は、株式価値とは本来こういうものだとして、次のような式を見せてくれた。

株式価値＝資本合計（ＯＢたちを含めた過去の頑張り）
　＋現役たちの今期の頑張り
　＋中長期の頑張り（経営者の頑張り）

実に含蓄のある、日本企業の経営者も従業員も納得する話ではなかろうか。森山氏は言う。日本企業は、株主の満足といった部分最適を追及するわけではなく、「良質で比較的低廉な商品やサービスの提供を通じた経済貢献まで含めた全体最適」を追及してきたと、さらに、日本企業のＲＯＥ（株主資本利益率）がアメリカ企業に比べて低いのは、こうした全体最適を追及するからだ、と。

その結果、そうした多くの人たちの頑張りが必ずしも市場では評価されず、日本企業の株価は低迷気味である。東証一部銘柄のＰＢＲ（株価純資産倍率）は平均で解散価値の一倍を下回っている。「マーケットはどこに目を付けているんだ」と言いたい。しかし、「研究開発にまともに取り組んで、売り上げと利益を上げることによってＲＯＥを上げるのには、最低でも七年から一〇年はかかる」（原丈人、二〇〇九年）。それに対して、株主の満足を追及する超短期の視点しかもたないＣＥＯ（最高経営責任者）やファンド・マネージャーなどにしてみたら、ＲＯＥの分母である資本を小さくするために資産を圧縮（ダウンサイジング）し、Ｍ＆Ａやデリバティブを「悪用」して分子の利益を膨らましてROEを上げるのは、両袖のいすに座って、スタバのコーヒーでも飲みながら、コンピュータのキーを叩くだけの作業である。そんな世界では、少数の「切れる」人材がいればやり繰りできる。どれだけ稼ごうとも、雇用の増加にはつながらない。

4　ROEのパラドックス

ROEは「率」であって「量」を語らない。ROEがどれだけ高率であっても、従業員の満足や社会への貢献、経営者の流した知の汗は知ることができない。また、その他有価証券や土地の再評価による損失や繰延ヘッジ損失が出れば純資産の部（自己資本）から差し引かれるが、そうすると損失が出れば出るほど自己資本が小さくなりROEが上昇する。このパラドックスをどうやって説明したらよいのだろうか。

日本企業の配当性向が低いことも批判されるが、日本の経営者がケチでため込んでいるわけではない。配当に回さずにため込んでも、自分の財布に入るわけではない。日本企業が内部留保を高めるのは、一つには研究開発のための資金を用意することにあり、また不測の事態に備えるためである。

ベンチャー・キャピタリストの原丈人氏（デフタ・パートナーズグループ会長）は言う。「いま、会社は株主のものだという価値観に基づいて、アクティビストやヘッジファンドは、短期的に株価を上げる圧力をかけるだけでなく会社の内部留保を取り崩すことを要求し、収益が上がればその大部分を配当金とすることを求める。そのために会社は、将来への備えも開発投資もできず、衰退してしまう」と（原、二〇〇九年）。

そんなことでは決して株主のためにならないであろう。「アリとキリギリス」ではないが、「短期的に利益を最大にするよりも、長期的なことを考えて経営したほうが、株主にとっても長期的にプラスになる」（原、同上）という考えを一つの指標とした経営、そしてそうした経営を支持する投資が会社の価値を高めるのではなかろうか。

5　アメリカの選択肢

これまでも、たびたび、アメリカの「投資家」と呼ばれる人・機関・組織が、「なぜ、企業解体的・非継続的利益」を狙うようになったのかを書いてきた。そのアメリカであるが、少し状況が変化してきて、こうした投機的投資家よりも、中長期の投資家が歓迎されるような環境を生みつつある。以下、そうした状況の変化を紹介する。

アメリカは、これまでＩＦＲＳとアメリカ基準（ＵＳ－ＧＡＡＰ）とのコンバージェンスを進めてきたが、そこで前提となっていたのは、コンバージェンスが終わったら、二万五〇〇〇頁のUS－GAAPを捨てて、二千五〇〇頁のＩＦＲＳに全面的に移行し、ＩＦＲＳをアメリカ企業に強制適用するというシナリオであった。

最近になって、このシナリオがいかにばかげているかに気が付き、今では、US－GAAPを温存し、ＩＦＲＳを個々に取捨選択して自国基準に取り込む案（コンドースメントと呼ぶ）や、これに基づいて作成した連結財務諸表を「ＩＦＲＳに基づいて作成したもの」と言えるようにする案とか、希望する企業だけにＩＦＲＳの適用を認めるという案（任意適用）が有力になってきた。

ＩＦＲＳのおひざ元とも言うべきＥＵでも、ＩＦＲＳは実質的には「任意適用」なのである。ＥＵでは、資本市場の統合との関連で統一ルールが適用される「規制市場」と各国が独自の判断により制度設計が可能な「非規制市場」があり、規制市場に上場している企業にだけＩＦＲＳが強制適用されている。その部分だけを取り出してみると、確かにＥＵではＩＦＲＳが強制適用されていることになるが、ただし、規制市場に上場するか非規制市場に上場するかは企業の任意であり、いったんいずれかの市場に上場した企業でも他の市場に移ることもできるし、市場から退出することもできる。ＥＵでもＩＦＲＳは「任意適用」なのである。

6　アメリカの税制改革と雇用政策

二〇〇八年にオバマ氏が大統領に就任して以来、アメリカの失業者は二倍の一五〇〇万人に膨らんだという（日高義樹、二〇一二年）。そのために政権の支持率も低下傾向にあったが、オバマ大統領は二〇一二年一月の一般教書演説で「持続可能な経済の青写真は製造業から始まる」として労働市場の回復を強調し、その前提として法人所得税率の引き下げや輸出倍増などの施策を元にした国内製造業の復活を謳いあげている。

同年二月二二日には、法人税改革案を発表し、連邦の最高税率を現在の三五％から二八％に引き下げることや製造業には各種控除を新たに適用して、実質的に二五％以下に抑えることを盛り込んでいる。それによる雇用増と国際競争力の強化を狙うというのである（二〇一二年二月二三日、朝日新聞）。特に先進的な製造業にはさらに低い税率を適用する方針だという（同年二月二三日、日本経済新聞）。

同時に海外に生産拠点を移すアメリカ企業が海外で得た利益に対する課税を強化し、企業の海外流出を防ぐことも盛り込まれており、二月二二日の声明では、オバマ大統領は「雇用を海外に出す企業に報いるのをやめ、アメリカ内で雇用を増やす企業に報いるべき時だ」と述べている

（同上、朝日新聞）。製造業の雇用を強調するのは、秋の大統領選挙でカギを握るミドルクラス（中間層）を増やし、彼らの生活を安定させることになるからである（雇用増等の実績が評価されて、オバマ氏が再選されている）。

オバマ大統領は、同じ一般教書演説で、ミドルクラスを「一生懸命働けば、家族を養える。少しでも貯金ができ、家族を持てる。子供を大学へ通わせることができる」と表現している（日本経済新聞、二〇一二年四月一一日）。最近では、先進国に限らず、どこの国でもミドルクラスが社会の最大グループとして浮上してきており、政治や消費を大きく左右する存在になってきた。秋の大統領選挙のカギを握るのも、彼らである。

オバマ大統領の政策は少しずつ効果を見せてきている。失業率は少しずつ改善し、米労働省の発表によれば昨年春の失業率は八・三％に低下し、非農業部門の就業者数が三か月連続で二二万人増加しているという（二〇一二年三月一〇日、朝日新聞）。月に二二万人の雇用増加が続けば、単純計算で年に二六〇万人、三年で八〇〇万人の増加になる。

7　「ドル安」はアメリカの雇用対策

オバマ大統領が、最近のドル安に対してなんらの対策も打たないことに対してウォール街からの批判が強いが、ドル安はアメリカ製造業者にとって輸出を伸ばす絶好の機会であり、またそれに応じて雇用も増える。ドル安は物づくりに従事する労働者たちの組織である労働組合からも大歓迎されている。そうしたことから、オバマ大統領は政策としてドル安を放置していると見ることができる。

上に紹介した伊藤元重教授の講演でも「基本的にアメリカはドル安政策。政府が積極的にドル安政策をしているというよりも、そういう思惑がマーケットに伝わって、ドルが下がることによって輸出を伸ばしたい」とドル安の背景を説明している。

逆にドル安では困る人たちもいる。たとえばウォール街の住人たちである。このウォール街とオバマ大統領は、「腐れ縁」とも「犯罪者仲間」とも言われる関係にある。少しその関係の歴史と、これからの関係を書くことにする。オバマ氏が、アメリカ史上初めて黒人として大統領になったときのウォール街との関係を紹介したい。

8　なぜ黒人の大統領を選んだのか

オバマ氏は二〇〇七年に大統領選挙戦を開始したとき以来、ウォール街から膨大な政治資金を受け取り、その資金力で選挙を勝ち抜いたといわれている。なぜ、ウォール街がオバマ氏を全面的にサポートして、アメリカの歴史上、初めての有色人種大統領を誕生させたのか。オバマ氏が大統領に選ばれるまでは、アメリカの大統領といえばＷＡＳＰ（白人、アングロ・サクソン、プロテスタント）に限られていた。例外としては、カソリックの第三五代ケネディ大統領がいたが、彼は白人でアングロ・サクソンに近いアイルランド移民の子であった。

ＷＡＳＰ（と、ユダヤ人）が支配するアメリカで、黒人の大統領が誕生した理由であるが、大統領就任後の動きからみて、次のような筋書きが透けて見える。つまり、すでにアメリカは製造業の衰退が著しく、それまで企業利益の五割を稼いできた製造業の利益が三割にまで落ち込み、それを補うかのように、金融界が三割を超える稼ぎをするようになった。アメリカは、基軸産業が製造業から金融業にシフトしたのである。

オバマ氏は民主党で、中道からリベラル派といわれる人たちが支持している。対する共和党は、保守的で、どちらかというと金融界よりも製造業寄りの政党である。

アメリカを経済的に支配しているのは、ＷＡＳＰとユダヤ人だが、ユダヤ系アメリカ人は、人口三億人のわずか一％に過ぎない。しかし、ウォール街のユダヤ系アメリカ人は二〇数％にのぼり、アメリカの金融資産をほぼ手中にしているといわれる。ニュー・ヨークではなく、「ジュー・ヨーク（Jew York）」と呼ばれるくらい、ユダヤ人が多いという。オバマ氏は、そのウォール街から「組みしやすい」とみられた節がある。通常であれば絶対に大統領になれない黒人を、ウォール街が「操れる」とばかりに支援した。

9　金融から輸出へ

ところがオバマ氏が大統領に就任した直後に、彼のスポンサーであったウォール街がリーマン・ブラザーズの破綻を契機として壊滅的な状況になる。オバマ大統領は、どうしたか。日高義樹氏の言葉で語ってもらう。

「オバマ大統領はウォール街から多額の政治資金をもらって当選した。ホワイトハウスに入って最初にやったのは、お返しとしてウォール街に莫大な公的資金を与えることだった。」「アメリカに富をかき集めてきた金融業界のモラルの低下は信じられないほどだ。投機的なビジネスを行って破綻し、その破綻を政府の資金で埋めるために都合の良い大統領を選んだ。メリルリンチやバンク・オブ・アメリカなどは誰が見てもモラルハザード以外の何ものでもない。」（日高、二〇一二年）

二〇〇八年、経済的な大混乱のなかで登場したオバマ大統領は経済を拡大しようといろいろな政策をとってきたが、多くの人の期待を裏切り、経済を立て直すことに失敗した。オバマ氏のばらまいた公的資金はウォール街の経営者の懐を肥やしただけで、アメリカ経済の回復には役に立っていないのだ（日高、上掲）。八方ふさがりになってオバマ氏が突破口にしようとしているのが、製造業の復活と輸出の増大であった。

10 オバマの経済政策とＩＦＲＳ

二〇一一年秋、ニュー・ヨークのマンハッタンで始まった「ウォール街占拠運動」が全米に広がったのは、税金をもらって立ち直り、大儲けしているウォール街に対する反発に他ならない。運動自体は冬の到来とともに下火となった（ニュー・ヨークの冬は厳しく、屋外で長い時間を過ごせない）が、格差に対するアメリカ国民の意識は高い。製造業の復活と雇用の回復は格差是正に結びつくものでもあり、オバマ大統領にとって大統領再選への大きな力となったことは間違いない。

アメリカが製造業の復活と輸出倍増を図ろうとするとき、はたしてＩＦＲＳのような「企業売買のための会計」「企業解体の儲けを計算するための会計」は、同国の産業界が歓迎するであろうか。二年ほど前に日本が「ＩＦＲＳ再考」に舵を切った原因の一つ、それも最も影響のあった原因は、産業界（特に製造業）からの「要望」（「我が国のＩＦＲＳ対応に関する要望」二〇一一年五月二五日）であったことを想起すれば、アメリカでＩＦＲＳを強制適用でもしようものなら、産業界から同じような反発が生まれることは想像に難くない。

金融立国といっても儲けるのは金融界の少数者であり、大多数の国民はその「おこぼれ」にもあずかれないのだ。ＩＦＲＳは金融界の住人が求める会計ルールであったとしても、オバマ大統領が進める経済政策からは受け入れられるものではない。

第6章　会計学はどこで道を間違えたのか（1）

――「概念フレームワーク」と「ピースミール・アプローチ」（1）

1　イギリス人はジグソーパズル派
2　イギリス会計はパッチワーク
3　「そんな研究に意味があるのか」（その1）
4　「そんな研究に意味があるのか」（その2）
5　「概念フレームワーク違反」
6　原則主義と細則主義
7　原則主義と離脱規定
8　日本にもある「概念フレームワーク」
9　「尻尾が犬を振り回す」共通化
10　プラグマティズムの国・アメリカ

1 イギリス人はジグソーパズル派

日本人にも好きな人がいるようであるが、英米人、特にイギリス人にとって堪《たま》らないのが、クロスワードパズルであり、ジグソーパズルである。イギリスの地下鉄や電車に乗れば、通勤時間帯なら決まって、新聞派とパズル派に分かれて、一心不乱である。日本の通勤電車は、幸運にも座れようものなら、後は、目的駅に着くまで、ひたすら眠る。ヨーロッパでは、車中で眠る人を見かけることはまずない。体力の差なのだろうか、それともリスクに対する気構えの差なのだろうか。

いや、そんな話をするつもりではない。イギリス人が、ジグソーパズルやクロスワードが大好きだということを言いたかっただけである。小さなピースを、ああでもない、こうでもないと組み合わせてみては、合わないと角度を変えてみたり、入れ替えてみたり、寄せ木細工のごとく、あるいは、パッチワークのごとく、少しずつ完成させてゆく。あるピースがうまくはまっても、他のピースがうまくはまらないと、また、組み替えてみたり、入れ替えてみたり、忍耐のいる作業を続けている。時間切れで未完成のままで終わることもある。

2　イギリス会計はパッチワーク

イギリス人のジグソーパズル好きは、実生活の上だけではなく、学問の上でも表れている。したがってこの国の会計学にもジグソーパズルのごとき性格が色濃く反映している。イギリス人は、「体系的」であるとか「論理的」であるとか「首尾一貫」しているといった話はあまり高く評価しない。それどころか「論理的」とか「体系的」といったことにまやかしを感じるという（この点では後述するように、アメリカ人も同様である）。

もともとこの国の住人は、専門家の意見を尊重するよりは、しろうとの感覚・自分たちの実感を大事にする。こと会計の話でも、会計専門家である公認会計士（イギリスでは、勅許会計士という。ただし職域などを異にする複数の会計士協会が存在）の、「会計専門家としての判断」よりも、それ以前の、つまり会計士以前の「一般市民としての判断」が優先され、しかるべき後に、「会計専門職としての判断」が求められる傾向が強い。

したがって、イギリスでは、科学は、ジグソーパズルと同じで、ピースミールにしか発展しないという考えが強い。そのことは多くの科学・学問領域の歴史を見れば判然とする。科学・学問がピースミールにしか発展しないとすれば、ピースミールな研究、ピースミールな調査、ピースミールな反省や批判が必要である。科学が発展するには、そうした、一見して捨て石のような研究や調査が必要なのである。

3 「そんな研究に意味があるのか」(その1)

だからこそ、他の研究者が没頭している研究に対しては愛情を持って理解する必要がある。日本のある学会での話である。研究者になりたての若い教員が、二〇世紀初頭のアメリカ会計を取り上げて報告をした。当時はまだ奴隷制度があって黒人の人身売買が当たり前と考えられていた時代であるから、企業のバランス・シートの資産の部に「家畜」とともに「スレーブ」が載っていたといった話を聞いて、私は非常に大きな関心を持って聞いていた。

ところが、報告が終わって「質疑応答」の時間になったとたんに、ある中年の教員から「そんな研究をして、何になるのですか」という、実にとがった質問が飛んだのである。会計学の学会はいくつもあるが、どこの学会でも、言葉は悪いが「仲良しクラブ」で、「質疑応答」の時間になれば、結婚式のスピーチよろしく、まずは報告者の研鑽をほめ、報告内容に即した(つまり、逆らわない)、すぐに答えられるような質問をする。これが学会のマナーであり、大人の約束……みたいなところがある。

そうした大人の約束を破った発言が飛び出したことから、学会の会場にはひんやりとした空気が流れた。報告者も年齢的に先輩の教員からの質問（というよりは詰問に近い）を想定していなかったことから、かわいそうに、しどろもどろの回答になった。普通、こうした場合は、司会を担当する教員（決まって学会の年配者）が、報告者と質問者の両方に傷がつかないように仕切るのであるが、その時は、司会者は「口を挟めば自分が傷つく」とばかり、だんまりを決め込んだのである。かわいそうなのは報告者であった。

4 「そんな研究に意味があるのか」（その2）

後日談がある。くだんの「無礼な」質問をした教員が、その次の学会で報告をした。報告した内容は、わたしは鮮明に覚えている。英米における連結財務諸表の中にセグメント別情報が記載されているが、こうした会計実務は、日本のほうが先行していたという内容であった。

この時は、司会を担当した年配の教員が、すぐに報告者の誤解を指摘した。英米のセグメント報告は、連結財務諸表がメインの国の実務であり、企業集団の事業別や地域別の情報を投資家に向けて報告するものであり、日本のセグメント報告は、投資家のためではなく、軍需産業の経理をする必要から生まれたものである、と。したがって、日本が企業の財務報告として先行していたわけではない、と説諭したのである。私たちは、さきほどの若い教員に、きちっと質問するように促した。くだんの若い教員は、すこし口を震わせながら、「(誤解の上に行った)この研究に、いかなる意味があるんですか」と聞いたのである。きっと心臓が破裂しそうな思いで、蛮勇をふるって質問するために席を立った姿がいまでも目に焼き付いている。

5　「概念フレームワーク違反」

本章では、会計というジグソーパズルの中で、原理・原則を超えた「コンセプチャル・フレームワーク」(以下、概念フレームワークという)という装置なり概念が、なぜ必要なのか、本当に必要なのかどうかを検討したいと考えていた。そこで、科学・学問はジグソーパズルかパッチワークのごとく、ピースミールにしか発展しないとすれば、研究もピースミール的に詰めていくしかないし、そうなると、その時点において無意味・無価値に見える研究も、いずれどこかでピースの一つとして、かちっとはまることがあるかもしれない。そうした一見して捨て石のような研究も大事だということを言いたかった。余談が長くなって、本題を議論するスペースが少なくなってしまった。次章に続くテーマとして以下を書きすすめたい。

このテーマは、アメリカの会計界が四〇年以上にわたって推進してきた課題であり、国際会計基準の世界でも「個々の会計基準を超える会計規範」として順守が求められているものである。
蛇足ながら、アメリカでは「概念フレームワーク」には会計基準としての拘束力を与えていない。企業の会計報告が仮にこれに違反したとしても、監査報告書に「フレームワーク違反」と書かれることはない。とすれば、アメリカの概念フレームワークとは、いったい、何ものなのだろうか。何のために書かれ、改訂され続けてきたのであろうか。

アメリカの場合は、守るべきルールは、別に「会計基準（US－GAAP）」として文書化されてきた。そこでは、アメリカ財務会計基準審議会（FASB）が設定してきた財務会計基準（FAS）やSECの「通牒」、アメリカ公認会計士協会（AICPA）の会計原則審議会（APB）が定めた「会計原則」などの他に、ルールブックに書かれていない「業界の慣行」「支配的な会計学説」などもUS－GAAPを構成するとされる。分量の上で圧倒的なのは、FASBが設定・公表してきた「財務会計基準（FAS）」であろう。企業の会計報告でやり玉に挙がるのは、このFASに違反したケースが圧倒的に多い。概念フレームワークは、アメリカの企業の会計報告とか監査の場面では表に出てくることはまずない。

ところが、国際会計基準（IFRS）では、概念フレームワーク（正式名称は、「財務諸表の作成と表示に関するフレームワーク」）を、「既存のIFRSを改訂したり、新しいIFRSを設定するときの基礎となる会計原則」として位置づけ、さらに「IFRSに明記されていない事項やＩＦＲＳが取り扱っていない事項」についてはフレームワークを「参照」(日本で言われてきた「斟酌」との違いは明らかではない) する必要があるときもある、という。

要するに、アメリカでは概念フレームワークに (法的) 拘束力を与えていない、あるいは、フレームワークを構築するときに、企業への拘束を考えていないということであろうが、ＩＡＳＢでは、当初から、フレームワークに準拠性や拘束力を付与しようとしていると考えられる。

6 原則主義と細則主義

二つの組織が、なぜ、こうした基本的なところで考えが違うのか。それは、私見によれば、両組織において基本的な「会計基準観」が相違しているからだと思う。アメリカは、日本と同様に「細則主義」、つまり、細かなところまでもルールブックに書かれないと企業の会計報告ができない。特にアメリカは、多民族の集団ということもあって、わが国のような「ア・ウンの呼吸」といったマジックを期待できない。そのために、アメリカでは、これまでの会計ルールが積もり積もって、いまでは二万五〇〇〇頁にもなるという。アメリカの会計基準が二万五〇〇〇頁にもなったのは、アメリカで会計やお金に絡んだ不正が頻発しているために、それを阻止しようとして新しい、詳細なルールが追加されたことが一番の原因であろうが、宗教も人種も歴史も生活習慣も違う人たちが一国に集まった多民族国家ということもある。アングロ・サクソン以外の、ユダヤ系市民やヒスパニック系・黒人系・中国系などの人たちには、アングロ・サクソンの「原則主義」的な考えとか、プロテスタントの倫理に基づく経営と経理などという話は通用しないであろう。

ここでは、「包み隠さず話す（フル・ディスクロージャー）」と「すぐに報告する（タイムリー・ディスクロージャー）」ということが、経営者と資本家・従業員との間での約束として、アメリカの会計を特徴づけたのではないかと思うのである。もちろん、フル・ディスクロージャーとタイムリー・ディスクロージャーを期待できるのは、限られた人たちに過ぎない。アメリカの会計界が抱える大きな問題の一つは、アングロ・サクソンの常識やプロテスタントの倫理観がまったく通用しない経営者や投資家が多いことであろう。

一方、ヨーロッパであるが、ＩＡＳＢは、いくつかの理由から、「原則主義」に立脚している。つまり、会計のルールブックには、原理・原則だけを書いて、実際の実務においては、書かれている基準の表向きの文言よりも、立法・基準設定の趣旨・意図するところを汲み取って、ＩＦＲＳに書かれていないことや新しい事態に対しては、会計基準には具体的な指針・指示がないのであるから、そうした場合には、もともとの会計報告の精神に立ち返って、つまり「概念フレームワーク」に合致した会計処理・報告の方法を考え出す必要がある。そうした世界では、会計のスピリッツに立ち返るために、準拠枠としてのフレームワークが機能するはずである。そのときフレームワークは、各社の判断の適切さを担保する（あるいは不適切さを証明する）文書となるはずである。

7 原則主義と離脱規定

原則主義では、基本的な原理原則（プリンシプル）だけを定め、それを実務に適用する場合には、各企業の置かれた状況に応じて、設定された基準の（立法）趣旨に即して解釈する必要がある。原則主義の下では、成文化された会社法や会計基準は守るべき最低限のルールであって、そこで書かれているルールを守っただけでは必ずしも法や基準の目的が達成できるわけではない、と考える。

そのために、企業が置かれている個別的な状況によっては、ルールに書いていない、別のルールや細則を自ら作り出すことが必要になったり、「まれなケース」では成文化されている方法や基準から「離脱」することさえ要求されることがあるのである。ＩＡＳＢをリードしてきたイギリスでは、会社法にも会計基準にも、「離脱規定」がある。

すぐ上で、ＩＡＳＢは、いくつかの理由から原則主義に立脚しているということを書いた。Ｉ

ＦＲＳが原則主義の立場で設定されてきたのは、ＩＡＳＢをイギリスがリードしてきたからだけではない。国際的なルールを作るにあたっては、国際的な汎用性が必要なのである。細かいルールを作れば、国ごとの経済力、政治体制、宗教、歴史などが違うことから順守・準拠できないものもでてきて、「総論賛成、各論反対」という国が増えるであろう。そこで各国が賛成できる原則的な部分だけを切り取って基準とするしか方法がない。原則主義と離脱規定があれば各国の特殊性を残すことができるはずである。

8　日本にもある「概念フレームワーク」

日本にも「財務会計の概念フレームワーク」という題名の「討議資料」（企業会計基準委員会、平成一八（二〇〇六）年一二月公表）がある。アメリカに「概念フレームワーク」があり、国際会計基準にも同じようなフレームワークがある以上、日本がそれらと全く違った内容の「概念フレームワーク」を出すわけにはいかないであろう。とはいえ、三大資本市場のアメリカ（ニュー・ヨーク）、ヨーロッパ（ロンドン）が「概念フレームワーク」を持っている以上、日本がそうした文書を持っていないということでは、いずれ、英米から「日本には概念フレームワークがないのだから、私たちのものを使いなさい！」と言われるであろう。

そう言われてからでは遅いのである。だから、アメリカのものともヨーロッパのものともそっくりでもいいから（ちょっとは違う内容にして）日本の概念フレームワークがあるということをアピールしておくために、ただし、日本の将来の会計基準設定の足かせにならないように、拘束力もない、また将来どういう方向に動いても修正可能なように「討議資料」という名前で公表したというのが実情であろうと思われる。「討議」のための「資料」であるから、日本が新しい会計基準を設定したり基準を改定したりするときにも、特に「斟酌」したり「準拠」する必要はない。

ところで、この概念フレームワークに関しては、一〇年ほど昔に書いた『原点復帰の会計学―通説を読み直す』（税務経理協会刊、一九九九年、第二版二〇〇二年）でも取り上げたことがある（第1章「コンセプチャル・フレームワーク論とピースミール・アプローチ論」）。

当時はＩＡＳの時代であり、上で紹介したように、概念フレームワークという名称ではなく、「財務諸表の作成と表示に関するフレームワーク」（一九八九年）と呼んでいた。それ以来、二〇年以上にわたって改訂などがなされてこなかったが、ビジネス環境の変化に合わせて概念フレームワークを改訂する必要が生じたとして、二〇〇四年に改訂の作業を開始することにした。そのころ、アメリカでもＦＡＳＢが概念フレームワークを見直す話が持ち上がっている。

9 「尻尾が犬を振り回す」共通化

IASBとFASBは、IFRSとUS−GAAPとの間にある重要な差異を収斂《しゅうれん》（コンバージェンス）する作業を進めてきたが、二つの組織の概念フレームワークを収斂させることなく会計基準だけを収斂させるのは困難であることから、両組織は共同で概念フレームワークの共通化に取り組むことになった（詳細については、友杉・田中・佐藤、二〇〇八年、第I部を参照）。二〇一〇年九月に、新たに共通化した概念フレームワークを公表している（IASBでは「財務報告に関する概念フレームワーク二〇一〇」という名称を、FASBは「財務会計概念書　第八号」という名称を用いている）。

表向きは、上述したような事情、つまり両組織の会計基準を収斂させるために概念フレームワークを共通化・収斂させるという話であるが、必ずしもそれだけではないようである。むしろ、逆に、IASBとFASBが会計基準のコンバージェンスを（かなり強引に）進めた結果、収斂された会計基準と既存の概念フレームワークとの間に齟齬《そご》が生じてきたために、概念フレームワークを会計基準に合わせて手直ししようという一面があることを否定できない。どこか「尻尾が犬を振り回している」という本末転倒の話が進んでいるのである。

概念フレームワークを収斂させる作業は、まだいとぐちに着いたばかりであり、完了するにはまだ数年はかかりそうである。そうであれば今こそ、「いったい、概念フレームワークは何ものなのか」「本当に、会計の世界で概念フレームワークは必要なのか」を俎上に載せる絶好の機会であると思う。次章では、この問題を検討したい。

10 プラグマティズムの国・アメリカ

確かに、会計のスピリッツ、会計の依るべき精神や原理をフレームワークとした準拠枠をあらかじめ決めておけば、どんな事態が生じても即時に対応することができるはずである。そうしたオールマイティな準拠枠としての、会計の概念フレームワークがあれば、設定された会計基準の解釈でもめることもない。新しい基準を作るときも準拠枠に即して開発するのであるから、論理的整合性とか科学的合理性のある基準開発ができるであろう。

ただし、そうした議論や動向をみていると、私には、大きな違和感を覚えるのである。何かというと、アメリカはもともとプラグマティズムを信条とする国であり、「役に立つかどうか」を判断基準としていて、「科学的真理」とか「絶対的真理」などは存在しないと考えてきたはずである。概念フレームワークの向かうところは、アメリカで鳴らしたプラグマティズムとはベクトルを異にするといってよい。

佐伯啓思教授によれば、プラグマティズムの基本的なものの見方は、「絶対的真理というものがあれば、それは科学的手段でちゃんと分かっていくわけだから、真理は真理として客観的に存在することになるが、そんなものは存在しない。だから全部実際の生活の中でどういうふうに役に立つかで、その有用性を見出していこう」（佐伯啓思他、一九九八年、佐伯教授の発言）というものである。

佐伯教授が「真理なんていうものは存在しない」と言っているのは、少し敷衍して言うと、仮に真理とか真実という、超歴史的なものがあったとしても、それは現在では誰も知ること・確認することができないのだから、今日の社会が真理・真実として認めるものを真理・真実として考えるしかない、ということである。

世界中の誰もが「地球はたいらである」と考えていた時代には、自然科学者も多くの市民も「地球はたいら」と信じていたのであり、そう考えることに特別の違和感や不都合はなかったであろう。これがその時代の絶対的・超歴史的真理・真実と考えるしかない。その後、地球は球体だということが分かるにつれ、「地球は丸い」という、次の時代の絶対的、超歴史的な真実が世に広まる。絶対的とか超歴史的真実などは、仮にあったとしても、現在を生きている私たちには知りようがない。、アメリカでは、そうした科学的とか論理的とかいうことよりも、「役に立つかどうか」、つまり、プラグマティズムで科学や学問の価値を評価してきたのである。

そうしたことを考えると、プラグマティズムのアメリカで、なぜ、何のために概念フレームワークを必要としているのか、いや、必要としないのかを解き明かす必要があるのではなかろうか。本章は、最初に余談じみたことを長々と書いた（私としては、これからの議論をするための布石を書いたつもりであるが）ので、本論に入ることができなかった。次章をご期待いただきたい。

第7章　会計学はどこで道を間違えたのか(2)
――「概念フレームワーク」と「ピースミール・アプローチ」(2)

1　読者からのメール
2　コンセプチャル・フレームワークの規範性
3　フレームワークと基準との整合性
4　「科学革命」とコンセプチャル・フレームワーク
5　考えるための準拠枠
6　会計は「経済を見るメガネ」の1つ
7　会計の「新しいメガネ」？
8　医学も経済学もピースミール・アプローチ
9　会計学は「合意の学」

1　読者からのメール

前章では、国際会計基準（ＩＦＲＳ《イファース》）を開発している国際会計基準審議会（ＩＡＳＢ）とアメリカの会計基準を開発している財務会計基準審議会（ＦＡＳＢ）という2つの「国際的な機関」が、「コンセプチャル・フレームワーク」という最も基本的なところで規範性（準拠性や拘束力）が大きく異なるということとその事情を紹介した。本書の連載時には、毎回のように（ちょっと誇張しているが）、多くの読者の方（会計学者と公認会計士が多いが、企業の経理担当者も少なくない）からメールを頂戴するが、前章の原稿には、こんなメールを頂戴した。ある上場会社の経理担当役員の方である。質問の内容からＩＦＲＳに関してよく研究されていることが分かる。

前章の原稿では、ＩＡＳＢのコンセプチャル・フレームワークには「準拠性や拘束力が付与」されていると書いてあるが、ＩＡＳＢの「財務諸表の作成及び表示に関するフレームワーク」を読むと違うことが書いてある。つまり「本フレームワークは国際会計基準ではないので、特定の測定又は開示に関する事項についての基準を定めるものではない。本フレームワークのどの内容も、特定の国際会計基準に優先するものではない。」と。いったいどう解釈したらいいのだろうか。ご教示いただきたい、という話である。ここを含めて、IFRSの日本語訳は、『国際財務報告基準　IFRS二〇一一』中央経済社、二〇一一年による。

前章で書いたように、FASBのコンセプチャル・フレームワークには基準性とか拘束力は付与されていない。アメリカの会計基準の階層においては「その他の会計に関する文書」という扱いであって、企業が財務諸表を作成するにあたって特に参照を求められるような文書ではない。だから、特定の会計基準（FAS）との間で不整合があっても、実務上は問題とされない。仮に企業の会計報告がコンセプチャル・フレームワークに書いてあることと違っても、監査報告書に「コンセプチャル・フレームワーク違反」と書かれることはない。

IASBのコンセプチャル・フレームワークはちょっと、いや大分違う。IASBはフレームワーク（目的及び現況2）において、(1)フレームワークは基準ではないこと、(2)フレームワークはどの基準にも優先しないこと、を明らかにしたうえで、さらに、(3)フレームワークと会計基準とが整合しない場合には……会計基準の規定が本フレームワークの規定に優先する、としている。

2　コンセプチャル・フレームワークの規範性

ここまで読むと、何だ、結局、IASBのフレームワークもFASBのフレームワークも、会計実務からすると「具体的な会計基準に優先しないもの」であり「守らなくてもいいもの」であり、そうであるなら「健康維持のために早寝早起きをしよう」とか「お酒を飲むのはほどほどに」といった標語と変わらないじゃないかと思われるかもしれない。しかしIASBのコンセプチャル・フレームワークは少し違う。コンセプチャル・フレームワークには書いてないのだが、IAS八号「会計方針、会計上の見積りの変更及び誤謬」（一九九三年、二〇〇三年改訂）にこんなことが書いてある。

「一〇　取引その他の事象又は状況に具体的に当てはまるIFRSが存在しない場合には、経営者は、次のような情報をもたらす会計方針を策定し適用する際に判断を用いなければならない。

(a)(b)は省略。

一一　第一〇項に記載されている判断を行うにあたり、経営者は次に掲げる根拠資料を上から順に参照し、その適用可能性を検討しなければならない。

(a)　類似の事項や関連する事項を扱っているIFRSの定め

(b)　フレームワークにおける資産、負債、収益及び費用に関する定義、認識規準及び測定概念」

ここまで読むと、多くの読者諸賢は、ますます混乱するのではなかろうか。IASB・IFR

Sの世界では、結局、コンセプチャル・フレームワークとはいったい何ものなのであろうか。会計実務において「守らなくてもいい」と言いながら、別の基準では「IFRSに具体的な基準が存在しない場合にはフレームワークを『参照』して、そこに書いてあることが適用可能であればそれに従え」というのである。

ここからが解釈が難しい。IASB・IFRSに好意的に解釈することもできるし、批判的に解釈することもできる。中立ということもできるかもしれない。以下の検討が、どういった立場からのものであるかは、読者諸賢の判断に任せたい。

3 フレームワークと基準との整合性

具体的なIFRSの規定とコンセプチャル・フレームワークが整合しない場合にはIFRSの規定が優先適用されるというのであるから、そうしたケースでは、コンセプチャル・フレームワークの方に問題があると解釈するのが自然であろう。要するに、両者が不整合ということは、基準の開発にあたってコンセプチャル・フレームワークを十分に「参照」していなかったということではなかろうか。

最近、収益の認識、請負工事の会計処理、リース会計などの基準がしばしば改訂されたり再検討の俎上に乗せられているが、多くはＩＡＳＢが開発したコンセプチャル・フレームワークとの整合性が取れていないのが原因である。つまり、基準開発にあたってフレームワークが十分に参照されず、開発された基準がフレームワークと整合していないことを指摘されて、あわてて整合性のある基準に変えるか、あるいは、決めた基準を優先してフレームワークを変更しようという話のように思える。

4 「科学革命」とコンセプチャル・フレームワーク

いったい、コンセプチャル・フレームワークとは何ものなのだろうか。会計以外の世界ではコンセプチャル・フレームワークといったものがあるのだろうか。そうした疑問に答えるには、少し歴史をさかのぼる必要がある。コンセプチャル・フレームワークという名前が、一六世紀の半ばから一七世紀末にかけて集約的に起こったとされる「科学革命（Scientific Revolution）」に由来するからである。この話とその後の「科学はピースミール・アプローチ」という話は、拙著『原点復帰の会計学―通説を読み直す』（税務経理協会、一九九九年、第二版二〇〇二年）でも紹介したことがあるが、すでに一〇年以上も前に書いたものであるので、本章ではその後の知見なども加えて現代風にアレンジして紹介したい。

「科学革命」というと、少し年齢が上の方なら、トーマス・クーンが「パラダイム」理論とともに提唱した「科学革命（scientific revolutions）」を想起されるのではなかろうか。一六―一七世紀の科学革命は、英語表示をご覧いただくとわかるように固有名詞であり、歴史上の特定の事件・事象を指しているのに対して、クーンの提唱した科学革命は、英語表記のとおり、複数形の普通名詞である。

前者のいう科学革命は、科学史学者の村上陽一郎氏によれば「アリストテレスやプトレマイオスの地球中心説が、コペルニクスの太陽中心説に、アリストテレス的な運動論がガリレオ、デカルト、ニュートンの力学に、ガノレス流の生理学がハーヴィー以降の生理学に、それぞれ置き換えられる過程の集積」（村上陽一郎、一九九四年）を指している。

こうした、旧い、あるいは伝統的な理論と近代的な理論との置き換え過程は、研究と経験を積み重ねた進歩の結果として起こったものとはまったく異質で、科学の進歩における「非連続性」を意味している。たとえば天動説をいくら精緻な理論体系に組み立てても、地動説は生まれない。この時期の科学は、それまでの伝統的な解釈を延長・精緻化するのではなく、これを捨てることによって近代的な理論に到達したのである。それが一六世紀後半から一七世紀という特定の時代に起こったために、固有名詞として「科学革命」という言葉が使われているのである。

ではなぜ、科学は階段を登るように段階的に進歩しなかったのか、そうした突然の置き換えが生じたのはなぜか。これを説明する道具として使われたのが「コンセプチャル・フレームワーク」であった。

5　考えるための準拠枠

多くの科学史家の説によれば、科学革命が起こったのは、「同じデータを前にしていても、それをどのように『考える』か、理解するか、解釈するか、その『考えるための準拠枠』が変化した」（村上陽一郎、同上）からであるという。「考えるための準拠枠（conceptual framework）」はまた「考えるための道具（conceptual apparatus）」、あるいは比喩的に「考えるための帽子（thinking cap）」などと呼ばれた。

同じ太陽と地球の運動を観察していても、太陽が動いているという認識とは違った「思考の帽子」をかぶってみると、前とは違った認識結果を生み出し、それゆえにまた、異なった理論体系を作り上げるというのである。要するに、メガネを換えてみたら「見える世界の姿」が変わったのである。

いままで赤い色のレンズがついたメガネをかけて世界を見ていたが、青い色のレンズがついたメガネに換えてみたら、見える世界が一変したという話である。赤い色のメガネのときは太陽が地球を回っていたのに、青いメガネでみたら地球が太陽の周りを回っているように見えるということである。メガネを換えると、見える世界が変わり、見える世界が変われば自分の価値観も変わる。

そうしたことは、何も科学の世界だけではない。例えば社内でお互いにすごく嫌いあっていた二人が、実は同郷だと分かった途端に意気投合して家族ぐるみの付き合いをするようになったといった話は何度も聞いている。会計の世界でも、恩師筋の先生から嫌われて、いつもアカハラを受けていたところ、あるときにそのアカハラ教授が、「君はろくに研究もしていないけど、土日なんかは家族サービスしているんだろうね」と言ったところ、「家族からも嫌われてまして、週末は一人で海に釣りに出ています」と答えたそうである。

それを聞いたアカハラ教授は身を乗り出してきて、「君、釣りをするのかね。じゃ、今度一緒に釣りに行こうか」。アカハラ教授の趣味は「釣り」だったことをもっと早く知っていたら、この教員もアカハラを受けずに済んだのかもしれない。要は、二人が違うメガネをかけていて相いれなかったのが、同じ「釣り」というメガネをかけたら見える世界というか価値観が同じになったのだ。実話である。

6　会計は「経済を見るメガネ」の一つ

われわれは「無色透明のレンズ」で、あるいはメガネなしで周囲や環境を見ているように考えがちであるが、いかなる場合でも、意識するかどうかは別にして、何らかのメガネをかけて判断したり行動している。

社会生活を送る私たちは、誰もが、何らかの点で、「経済」と関わりを持っている。多くの人は「消費者」とか、「納税者」とか、「労働者」として経済社会と関係を持ち、また一部の人は、「事業者」とか、「投資家」とか、「銀行の貸付係」などとして関係を持っている。私たちはみな、そうした関係・立場から経済社会と経済現象を観察し、行動する。

消費者の立場から見た経済は、事業者から見た経済と同じではない。同じ経済現象を観察しても、解釈が違う。ダイコンが一本一〇〇円で売られているという経済現象を見ても、例えば、消費者は「安いから買おう」と解釈し、生産者は「安すぎて運送費しかでない」と解釈し、八百屋は「一本につき三〇円の儲けがでる」と計算するであろう。

消費者は消費者というフィルターで経済を観察・解釈するし、生産者は生産者のフィルターをとおして経済現象を観察・解釈する。フィルターという表現がわかりにくければ、「メガネ」でもよい。

このことは、経済学とか会計学といった学問の世界でも同じである。例えば、経済学は、マクロ経済・ミクロ経済というフィルターをとおして、あるいは「経済というメガネ」をかけて、社会における経済現象を観察している。法律学は、法という用具（フィルター、メガネ）を使って経済社会と経済現象を観察し、会計学は、会計というフィルター・メガネを通して経済社会と経済現象を観察し、観察結果を記録・計算している。では、なぜフィルターやメガネが違うのであろうか。

それは、学問ごとに目的が違うからである。例えば、経済学は、経済の仕組みを解明し、その仕組みをとおして問題解決を図ることを目的とする学問であり、法律学は、経済社会の円滑な活動を保証するために法的な規制と規律を与えるための学問である。

だからこそ、会計学で考える利益や資本と、会社法で考える利益や資本が違うのは当たり前であり、さらに税法が違う利益を考えるのは至極もっともな話である。最初から誰もが認める「正しい利益」「正しい資本」の概念があるわけではない。それぞれの世界がそれぞれのメガネ・フィルターを通して「正しい」かどうかを考えているのである。

7 会計の「新しいメガネ」？

コンセプチャル・フレームワークの話に戻すと、コンセプチャル・フレームワークと言うのは、この「メガネ」なり「フィルター」のことだというのである。ここでコンセプチャル・フレームワークというのは、具体的に示すことができる形の、たとえば文書化されたフレームワークとか準拠枠があるということではなく、また、近代科学における知識体系や理論体系だけを指しているわけでもない。一五世紀には一五世紀のコンセプチャル・フレームワーク（ものを見るメガネ）が存在したのであり、そのメガネが、一六世紀の半ばから一七世紀末あたりの時代に、新しい色のメガネと置き換えられたと考えようというのである。

はたして会計の世界でいうコンセプチャル・フレームワークは「新しいメガネ」なのであろうか。もしもそうだとすると、ＩＡＳＢやＦＡＳＢが伝統的な収益費用アプローチから資産負債アプローチに転換する動きも、「新しいメガネ」に換えたということで説明がつくのかもしれない。

では、なぜ会計は新しいメガネを必要としたのであろうか。このことを考えるには、四〇年も前から資産負債アプローチに傾斜してきたＦＡＳＢ（一九七三年設立）の歴史を振り返る必要があるが、本書ではそこまで踏み込む余裕がないので、最近のアメリカ会計界がコンセプチャル・

フレームワークを必要としている背景を説明したい（ＦＡＳＢが資産負債アプローチに傾斜する事情は、拙著『会計学の座標軸』二〇〇一年、第七章「会計学の静態化」で詳しく紹介した）。

アメリカは経済が先進的であることから不正も先進的なものが多い。会計をめぐる不正も世界に先駆けて新しいテクニックが発明される。ＳＥＣなどの監督官庁はそうした不正を予防・早期発見するために新しい会計基準や監査技法を開発する。アメリカの会計基準は、会計不正を後追いで叩いてきたために、「消火基準」とか「火消し基準」と揶揄《やゆ》されてきた。アメリカの会計基準は、「体系的」とか「論理的」というよりも、パッチワーク的に作られてきた面を否定できない。

しかし、こうしたピースミール的アプローチや問題解決型アプローチは評判がよくない。問題が発生してから「消火活動」を始めるというのは付け焼刃だというのである。経済の発展とともにつぎつぎに発生してくる問題を解決するためには、理論体系をしっかり組んで、どのような問題が発生してもその理論体系で対処できるのがよいとされる。会計のスピリッツ、会計の中心概念をフレームワークとした準拠枠をあらかじめ決めておけば、どんな事態が生じても即時に対応できるようになるはずである、というのである。アメリカをはじめ世界の主要国が、またＩＡＳＢがコンセプチャル・フレームワークとして公表しているのはそうしたオールマイティな準拠枠を目指している。

8　医学も経済学もピースミール・アプローチ

ところで、一つの科学の理論体系とか中心概念を先に定めてから、それの論理的展開として「実務」「実践」が行われるという話は、きわめて「論理的」で美しいが、会計以外の領域ではいかがであろうか。

われわれ社会科学を学ぶ者があこがれる西洋医学の世界でも、「眠れないときは睡眠薬」「痛いときは鎮痛剤」「熱がでれば解熱剤」、つまり対症療法であり、ピースミール・アプローチを採っているのである。ガンの治療法を研究しているときに白内障や水虫の治療法との整合性を考える医学者はいまい。同様に解熱剤の開発をするときに、目薬や皮膚炎の薬との間に論理的一貫性が必要だと考える薬学者もいないであろう。医学も薬学も、ピースミール・アプローチを採っているのである。

こうした話は、医学や薬学ばかりではなく、社会科学でも同じである。経済学者の佐和隆光教授は、経済学も同じ事情にあるとして、次のように書いている。

「近代ヨーロッパが生み、大戦後のアメリカにおいて育まれた近代経済学を、肯定的に扱うにせよ否定的に扱うにせよ、それは決して、歴史的にも空間的にも、すべてを覆いうるような普遍的なものではない。言いかえればそれは、欧米という社会、近代という時代画期に固有の特異的〈ローカル〉な性格をもっており、異なる社会や時代においても通用するような、絶対普遍の〈科学〉では断じてありえない。」(佐和隆光、一九八二年)

哲学者のカール・ポパーも同じようなことを主張している。全体論的アプローチを採る歴史主義者やユートピア主義者は「つぎはぎの繕い」や「何とかかんとかやっていく」というピースミール・アプローチにはいつも不満を唱えるが、社会研究を「科学」に高めようとするならば、個々の研究者は歴史主義やユートピア主義の迷妄を捨てて、漸次的工学に徹する必要がある、と(ポパーの主張は、佐和隆光、一九八二年による)。

それでもなおかつ、会計の世界だけコンセプチャル・フレームワークを必要とするとすれば、それはなぜであろうか。思うにそれは、会計が「合意の学」だからではなかろうか。ここで合意とは、何色のメガネをかけるかを約束することである。赤いレンズのメガネをかけると合意すれば、世の中の赤いものは目に入らなくなる。代わりに赤いもの以外はすべて認識される。青い色のメガネをかけると約束すれば、青い色のものは認識しないけれど他の色のものはすべて認識することになる。

9　会計学は「合意の学」

会計が伝統的な収益費用アプローチというメガネをかけることを約束していた時代には、収益や費用というフローはよく見えたけれども、資産とか負債のようなストックはよく見えなかったのである。いま、ＩＡＳＢやＦＡＳＢが資産負債アプローチというメガネをかけることを提唱しているが、このメガネをかけると、ストックはよく認識されるが、フローは見えにくくなるのである。

ここで一番大きな問題なのは、こうしたメガネを取り換えることを、いったい、誰と誰とで「合意」したのか、ということであろう。ＩＡＳＢとＦＡＳＢが、「投資家」との間で合意したというのでは世界は納得しないであろう。会計基準とそれを適用して得た会計情報というのは、投資家だけのものではない。まずは企業の経営者が経営判断や経営戦略に使い、投下資本の回収計算や製品価格の決定に使い、株主はこれまでの投資の効率や経営者の能力を測り、分配が適切かどうかの判定に使い、労働者は企業の付加価値とその分配の適切性を見ようとし、課税当局は課税所得の計算の基礎とし、消費者を含めた一般市民は企業活動の社会貢献や製品価格の妥当性を判断する材料とする。

会計はミクロで使われるだけではなく、マクロでも使われる。国家として国民所得の計算や国富のありようや増減を知るためにも会計が活用される。

これまで使ってきた会計のメガネを換えるとすれば、そうした多くのステークホルダーとの間での「合意」が必要なのである。そうした合意に達するには、想像しただけでも何十年もかかるであろう。果たして、ＩＡＳＢやＦＡＳＢは、そうした合意を得るための努力や活動をしてきたのであろうか。もしもそうした努力や活動をしてきたならば、今日のようなＩＦＲＳは誕生しなかったはずである。

第8章　会計学はどこで道を間違えたのか（3）

——概念フレームワークの大罪（1）

1　会計の機能

会計（財務会計）には、関係者の利害を調整する機能と、投資意思決定に必要な情報を提供する機能があると言われてきた。わが国の代表的な会計学のテキストや会計学辞典にも、会計の機能として「利害調整機能」と「情報提供機能」が紹介されている。

私は、不遜ながら、会計には利害調整の機能も投資決定情報の提供機能も、「ない」と考えている。とりわけ、最近のように、会計の機能を投資家の意思決定に必要な財務情報の提供にあるという解釈から会計理論を組んだり会計基準を設定したりすることは、会計のアイデンティティ（会計が会計であるための独自性。これを外したら会計ではなくなるという、会計の専売特許）を失うことになり、会計の自殺行為に近いと思うのである。

お断りしておくが、私は、会計が利害調整に使われたり投資意思決定に必要な情報（の一部）を提供していることを否定しているのではない。そうしたことを会計の機能として会計理論を組み立てることが間違いだと言っているのである。

いまどき、会計の機能とは何かとか、会計は何をするものか、といった「答えの見えている」「入門書しか取り上げない」話を持ち出すのは、このテーマこそが、今日の世界の会計を混乱と混迷に陥れている元凶だと思えるからである。大それたことを言うようであるが、会計学を学び教えて四〇数年の間、日本の会計を、そして世界の会計を観察してきた結論でもある。座興の議論でもなければ問題提起といったヤワな話でもない。

2　田中章義教授からのメール

このテーマを取り上げるきっかけとなったのは、田中章義先生（東京経済大学名誉教授）から頂いたメールである。田中教授とは面識がないのであるが、たびたびメールでご意見や拙著などへのコメントを頂戴してきた。「メル友」などといった軽い関係ではない。いつも会計学の非常に重い課題や会計学界のありようを取り上げて頂き、いつも私に大きな知的刺激と「書く勇気」を与えて下さっている。

少し前にも、日本の学者、特に都心部の大学で社会科学系の教科（会計学もその一つ）を教えている教員が、国際的に見ても非常に恵まれた研究環境におかれているにも関わらず、そうした環境に甘えて、十分なアウトプット（論文や著書）を出していないことを嘆かれたメールを頂いた。そして最近には、次のような、このテーマにまともに切り込んだことを取り上げていたメールに添付していただいた原稿の一部を、田中教授の諒解を得て紹介する。

「資本形態の多様化によって、会計の機能と形態も分化し多様化してきた。利子生み資本に対応する会計の計算・報告機能（貸付資本に対するものと株主に対する分配可能利益計算と報告）とその形態が、さらに擬制資本に対応する将来キャッシュ・フロー推計・企業価値計算機能、リスクへの対応機能、資本市場への公開機能およびそれらの諸形態が展開するのである。

このようにして会計の多様な機能と形態のなかから、擬制資本が必要とするこれらのものだけが、『意思決定有用性』目的のもとで会計の唯一の機能と形態であるとされるに至り、会計のシステムを歪める原因ともなっている。」

けだし至言である。私なりに解釈すれば、会計の機能と形態が多様化する中で、なぜか「意思決定に有用である」情報を提供することが会計の唯一の機能とされ、その機能を果たす形態の計算・報告しか行われなくなったことが、今日の会計システムを歪めていることを指摘している。そしてまた、私なりの理解では、今日の会計界（日本の、そして世界の）を混迷・混乱に陥れている元凶は、ずばりここにあると思われる。

3　会計の利害調整機能

会計が利害調整機能を持つということを、ことさらに強調したのは、故・山下勝治教授であった。『会計学の一般理論』（一九五五年）（後に『会計学一般理論』（一九五九年）『新版会計学一般理論』（一九六三年）『会計学一般理論―決定版―』（一九六八年）（千倉書房刊））という、薄いながらも含蓄のある本の中でのことであった。本書は、ドイツ会計学をベースとして、英米の会計学を盛り込んだ、当時としては斬新な構想のもとに書かれた教科書であった。

私が主として読んだのは一九六三年版であったと記憶している。その本の中で、山下教授は次のようなことを主張していた。かなり、わたし流に敷衍している。

企業（株式会社）の所有者たる株主と、その企業に債権を持つ債権者の利益は、必ずしも一致するものではなく、ときに対立することもある。利害が一致するのは、大きな利益をあげるとか、どこかから財産を無償で（あるいは低廉価格で）もらうときであろう。こうしたときは、株主は配当が増える可能性があり、株価が上昇することも期待できる。債権者にしても、会社の利益や純財産が増加すれば、債権の回収が容易になると期待することができる。

株主と債権者の利害が一致しないのは、例えば、架空の利益を計上して配当に回そうとしたり、資産を水増ししたり費用を計上しなかったりした場合である。いずれの場合も、現在の株主にとっては好都合かもしれないが、債権者からみれば、自分たちが提供した資金の返済財源が不当に減少することになり、不利益を被るであろう。

そこで会計では、株主と債権者の利害の対立を防ぎ、両者の利害を調整するために、利益の計算や資産・負債の評価において、必要なルールを設けているというのである。山下教授によれば、資産を原価で評価するのも、発生した費用を必ず計上するのも、収益を実現基準で計上するのも、株主と債権者の利害を調整するためなのである。

山下教授は、株主と債権者の利害調整だけではなく、現在の株主と将来の株主との間に生じる可能性のある利害対立についても、会計に調整機能があることを主張されている。上記のような架空利益の計上や資産の水増しなどは、現在の株主にとっては都合がいいかもしれないが、その結果、企業の財政状態が悪化するので将来の株主にとっては不利益となるであろう。こうした現在と将来の株主の間で利害の対立する可能性がある場合にも、当期の利益と将来の利益を厳密に区別するなど、利害調整に必要なルールを設けているというのである。

機能とは、役割のことである。役割とは、割り当てられた役目・仕事のことである。会計に利害調整の機能があるということは、つまり、会計が利害調整を役割・仕事としているということである。

当時としては極めて斬新な、若い研究者を魅了する説であった。会計に、そうした積極的な力があるということを知るだけでも感動したものであった。

4　結果としての利害調整

しかし、少し冷静に考えてみると、ここでいう「利害調整」は、会計の機能・仕事というよりも、会計が生み出す効果、あるいは結果といった方がよいのではなかろうか。なぜなら、会計は、利害を調整しようとして利益を計算したり財産の評価を行っているのではなく、あくまでも「正しい利益」「当期に投下された資本が、当期において稼得した利益（当期純利益）」を計算しようとしているに過ぎないからである。

利害の調整ということを前面に押し出したら、株主と債権者の間で泥仕合が行われるのは必至で、現在の株主は自分の利益を最大化しようとするであろう。そうなると「正しい利益の計算」とか「正しい財産の評価」などは、二の次、三の次になりかねない。

そうではなくて、会計が正しい利益（当期の利益）を計算し、当期の株主はその利益の分配に与《あずか》る。当期の株主は、当期に稼いだ利益からの配当で満足しなければならないし、債権者は当期に稼いだ利益からの配当を不当だと主張することはできない。正しい利益を計算し、その利益を、その利益だけを配当の財源とする方法であれば、結果的に株主も債権者も納得するであろう。株主の利益も債権者の権利も侵害しないことから、これを「利害が対立しない」つまり「利害が調整された」と見るのである。あくまでも、結果としての利害調整でしかない。

5 経営者の実感と社会通念との一致

なお、ここで「正しい利益の計算」とか「正しい財産の評価」という表現を使っているが、本書第2章と第3章「日本はいかなる会計を目指すべきか(1)(2)」で詳しく述べたように、時代を超えて「正しい」とすることができるものは、社会科学にも自然科学にも、ない。どれだけ精緻な論理を展開しても、それは現在において知り得る情報を駆使して作り上げた「今日の正しい理論」であって、一〇年後、二〇年後に明らかになる知識・情報によって脆くも崩れ去るかも知れないのである。

利益の観念も資産の観念も、その時代の社会的文脈を反映して変遷する。奴隷をバランス・シートに「流動資産」として記載していた国・時代もある。その時代・社会では、奴隷は、家畜と同様に、いつでも高く売れる資産として位置づけられていたのである。保守主義の原則を理由に、費用を過大に計上したり資産を過小に評価したりして、バランス・シートに表れない資産(秘密積立金)を形成することが健全な会計処理と考えられた国・時代もある。その国・時代には、どこの企業もそうすることが「正しい」とする「社会の合意」があったのである。

利益概念や資産の概念が時代により変遷するにしても、いつの時代にも、その時代における利益計算や財産計算が依るべきものがあるはずである。本書では、それが「その時代の経営者の実感」であり、その時代の「社会通念」であるべきだということを書いてきた（第2章、第3章）。

会計が計算する利益や資産の金額が、経営者の実感と大きくかい離していたり、社会（投資家、株主、消費者、課税当局、会計専門職など）における一般常識から理解できないものであれば、いかにその利益観や資産観が理路整然とした論理構成の下に組み立てられていたり、特定の関係者（たとえば投資家）から見て首尾一貫したものになっていたとしても、「社会全体の合意」を得ることは困難であろう。

6　SECの最終スタッフ報告書とオバマ政権の思惑

そうした視点から今日の「IFRS騒動」を直視してみると、そこで展開されている利益（包括利益）も資産概念（フェア・バリューで評価される）も、「企業売買を目指す投機家」「ウォール街の住人」からは歓迎されても、世界中の経営者・中長期の投資家・労働者などからは受け入れられないのではなかろうか。

第5章「オバマ大統領の経済政策とIFRS」で紹介したように、今のアメリカは製造業の復活と輸出増強による雇用拡大ができなければ、「九九％の反乱」が再現してしまう。今のアメリカでは「ＩＦＲＳどころの騒ぎではない」ということもあろうが、「ＩＦＲＳではアメリカ企業の経営実態を把握できない」「ＩＦＲＳでは、ウォール街は潤っても、雇用の拡大にはつながらない」ということが分かるにつれて、ＩＦＲＳの採用を避ける方向に動いている。

二〇一二年七月一三日には、アメリカ証券取引委員会（ＳＥＣ）のスタッフが、二〇一〇年二月に公表したワークプランについての最終報告書「アメリカの発行企業の財務報告制度へＩＦＲＳを組み込むことを検討するためのワークプラン―最終スタッフ報告書」を公表している。

ＳＥＣスタッフによる初期の調査で、アメリカの資本市場における大多数の参加者がＩＦＲＳをそのままＵＳ―ＧＡＡＰとして指定することを支持していないこと、アメリカの投資家はＩＦＲＳの早期適用（任意適用）を認めるべきではないという見解で一致していることが明らかになり、そこでＩＦＲＳをアメリカの財務報告制度にどのように組み込むかに関して、コンバージェンスを継続する案、エンドースメント（承認）方式、さらにはコンバージェンスとエンドースメントを組み合わせたコンドースメント方式などが検討されてきた。しかし、最終報告書でも、ＩＦＲＳをアメリカの財務報告制度に組み込むべきかどうか、仮に組み込むとすればどういう方法がいいかといった、世界中が注目している事柄についてはまったく言及せず、適用の判断を先送りしている。最終報告書と言いながら何らの言及も示唆もないとすれば、おそらくは当分の間、何らの提案も行われないと見たほうがいい。

日本経済新聞社ニュー・ヨーク支局の川上穣氏は、「米企業にはもともとＩＦＲＳ導入に伴うシステム変更など、費用増への警戒感が強い。」（日本経済新聞、二〇一二年七月一八日）とレポートしている。

7 「企業会計原則のスピリッツ」に戻る

「金づくり」の会計（ＩＦＲＳ）は、「物づくり」の会計に適さないのである。それどころか、物づくりの企業・国（日本をはじめアジア諸国やヨーロッパの国々）にとっては、「金づくり」に狂奔する英米の金融界のためのＩＦＲＳを押し付けられて、「わが社の身売り価格」を計算させられるのは許しがたいことであろう。わが国の経済界を代表する企業群が、日本経済の崩壊、その結果としての雇用破壊が起こることを恐れて、宛先の書かれていない「要望」（「我が国のＩＦＲＳ対応に関する要望」二〇一一年五月二五日）を発表したとき、当時の自見庄三郎金融担当大臣がアクションを起こさなかったら、「要望」という連判状に名を連ねた人たちは討ち死にしたかもしれない。

幸いにして、その後の日本の議論は、ほぼ「要望」に書かれたストーリーの通りに進んでいると言ってよい。つまり、「連結先行」ではなく「連単分離」で、「全上場会社に強制適用」ではなく、ＩＦＲＳの「任意適用」を継続・発展するというストーリーである。このストーリーは、世界の主要国が採用してきたものであり、多分にアメリカも採用すると思われる。

では、そうなったときに、世界の会計は、日本の会計はどうあるべきか、何を目指すべきか、非常に重要なテーマが待っている。この課題については、すでに本書では「企業会計原則のスピリッツ」に戻ることを提案してきた。「企業会計原則に戻る」のではなく「企業会計原則のスピリッツに戻る」のである。企業会計原則のスピリッツは、日本固有のものではない。もともと企業会計原則はアメリカの会計観を輸入して作文されたものであるから、そのスピリッツもアメリカ生まれ・アメリカ育ちである。アメリカの会計も、日本に輸出した会計観を改めて学んでもよいのではなかろうか。

8 投資意思決定情報

先に紹介したように、財務会計には、上記の「利害調整機能」の他に、投資家が投資先の決定に必要な情報を提供する「投資意思決定情報提供機能」があるとも言われてきた。先にも書いたが、「機能」とは「役割」である。「役割」とは「仕事」である。一部の会計関係者（実は、多くの関係者であるが）は、会計の役割・仕事は、投資家が投資の意思決定をするときに使う情報を提供することだという。

果たして、そんなに大それたことを言ってもよいのだろうか。

投資家の意思決定がどういうものかは、財務論とか投資理論が専門とする領域の話であって、会計の世界の話ではない。会計と財務は、確かに隣接した領域であることは否定しない。私が2度の在外研究で滞在したロンドン大学経済学研究科（LSE）も、私が所属したのはAccounting & Finance部門であった。しかし、私が滞在中に毎週のように開催された研究会は会計の研究会には会計学者だけ、財務の研究会には財務論の学者だけしか出席していなかった。隣接科学といいながら、ほとんど交流は無かった。日本の大学も変わらないと思う。

私が日本のS大学とN大学の財務論の先生方と仕事をしていたとき、「財務論も投資理論もろくに勉強していない会計学者が、投資意思決定を口にするのは笑止千万だ」と言われた。その道の専門家からすれば、会計学（者）の投資意思決定論などは児戯に等しいということであろうか。

会計の情報が投資の意思決定に役立つことは分かる。企業の収益性、財務安定性、生産性などを判断するには、会計の情報が大いに役立つであろう。資本利益率などの比率が分かれば、同業他社との収益力比較や前年同期との比較もできる。流動比率からは、企業の債務返済能力を知ることができる。付加価値構成からは企業の社会的貢献の中身が分かる。会計情報は、投資家にとって意思決定情報の宝庫と言ってよいであろう。

ではなぜ、会計報告で、資本利益率や流動比率、売上高利益率、付加価値分析、損益分岐点などの、投資家が使う（とされている）データや分析結果を提供しないのだろうか。会計の役割（の一つ）が、投資意思決定に必要な情報の提供にあるというのであれば、当座比率もROEも負債比率も、さらには借入金の平均利子率なども計算・表示して当たり前ではなかろうか。アメリカの投資家の間では、EBITDA（earnings before interest, taxes, depreciation and amortization：支払利息、税金、減価償却費、減耗償却費控除前利益）やEVA®（economic value added：経済的付加価値。スターン　スチュアート社が開発）が使われているというのであれば、こうした投資意思決定に必要な情報を提供するのも会計の仕事になるのではなかろうか。

しかし、どこの企業も有価証券報告書やアンニュアル・リポートでは、そうした情報を提供しない。資本利益率や流動比率を計算することはきわめて簡単なことであるが、企業はそれを投資家や株主自身にやらせている。どうしてであろうか。

こうした計算の多くは、電卓さえあれば誰でも瞬時にできるから自分ですればよい、という人もいる。そうであろうか。付加価値の計算や損益分岐点の計算を算式も見ずに瞬時にできる投資家がそんなにたくさんいるとは思えないのだ。私も経営分析の本を書いたり教室で経営分析を教えているが、いまだに付加価値の計算は苦手であるし、損益分岐点の計算に使う固変分解（固定費と変動費の分解）は頭痛の種である。

また、こうした比率や数値は複式簿記のシステムからはアウトプットされないから、会計報告書にも記載しない、という人もいる。それならなぜ、複式簿記からアウトプットされないキャッシュ・フロー計算書や一株当たり利益を会計情報として公表するのであろうか。

今日の会計は、投資意思決定に必要な情報を提供することを機能とすると解釈すると、あちこち説明のつかないことに出くわすのだ。

9　出刃包丁の目的と使い道

誤解や批判を恐れずに言うと、会計は、もともと、投資意思決定に必要な情報を提供するといった機能を持っていないのである。会計の仕事は、こうした意思決定情報の提供にあるのではなく、あくまでも、その時代の経済感覚や社会通念を反映した「正しい利益」を計算して、これを関係者に報告することであり、その報告された情報を投資家が、自分の目的に合わせて利用している、これが実情ではなかろうか。

日本会計研究学会の元会長・森田哲彌教授の書いた一文を紹介する。この一文は、投資の意思決定に必要な情報を提供することは、もともとは会計の「職能」には含まれていなかったことを明らかにしている。

「受託責任の遂行結果の報告は、今日においても会計が果たすべき重要な職能の一つとして、すべての経済体の会計において認められるものであるが、企業会計に関しては、今日では、さらに広範な企業の利害関係者に対して、その意思決定に役立つ情報を提供するという職能が求められるようになっている。このような職能は、会計の職能として当初から予定されていたものをはるかに超えるものであろう。財産の管理に結びついた職能ではないからである。」（『会計学大辞典（第4版）』中央経済社（平成八年））

会計情報が投資の意思決定に使われるのは、あくまでも結果であって、会計の第一義的な目的は、意思決定情報の提供などではない。であるから、ときとして一部の財務論学者や投資家などから言われる、会計情報が投資の意思決定に役立たないという批判は的外れなのである。

小著『原点復帰の会計学―通説を読み直す（第二版）』（税務経理協会、二〇〇二年）でも書いたが、出刃包丁は、魚や鶏肉のあら切りをするための包丁である。でも、出刃で刺身をつくることもできるし、やわらかいパンを切ることもできる。しかし、刺身包丁やパンきりナイフのようにうまくは切れない。出刃包丁ではうまく切れないからといって、出刃は役に立たないとか、出刃の刃を薄くしろとかパン切りナイフのようにギザギザにしろなどと言う人はいない。

出刃の仕事・目的は、「あら切り」であって、刺身やパンを切ることができても、それは結果・効果なのである。「目的外の作用」と言ってもよいであろう。目的とその効果、あるいは、目的とその用途は、別物である。この道理は、出刃包丁の目的とその用途を考えると、誰でもわかる。会計も同じである。会計の目的と、その効果あるいは用途を混同してはならない。

本章は、第6章と第7章「『概念フレームワーク』と『ピースミール・アプローチ』(1)(2)」の続きとして、サブタイトルを大胆にも「概念フレームワークの大罪」とした。しかし、概念フレームワークにたどり着く前に紙幅が尽きてしまった。次章で、何が「大罪」なのかを書きたい。

第9章　会計学はどこで道を間違えたのか（4）

——概念フレームワークの大罪（2）

1 「真理は不変」は真理か

前章で、大胆にも「時代を超えて『正しい』とすることができるものは、社会科学にも自然科学にも、ない。」と書いた。続けて、「どれだけ精緻な論理を展開しても、それは現在において知り得る情報を駆使して作り上げた『今日の正しい理論』であって、一〇年後、二〇年後に明かになる知識・情報によって脆くも崩れ去るかも知れないのである。」と書いた。

これだけでは、言葉足らずな表現であったことをお詫びしなければならない。連載時に読者の方から「これはどういう意味か」というメールを頂いたこともあって、すこし遠回りになるが、社会科学と自然科学にまつわる誤解の一つを解いておきたい。

自然科学における「真理」「原理」と違って、社会科学における「原理・原則」は時代や宗教観、科学の発達度などによって変わることがあるといわれる。前章でも書いたように、奴隷をバランス・シートに「流動資産」として計上した国・時代の会計学（社会科学の一つ）では、家畜とともに人的資源（奴隷）を「流動性の高い」「高く売れる」ものとして企業価値に含めていたのである。そうすることが、その国・時代の原理原則であったのだ。

また、資産を過小に評価したり費用を過大計上して「秘密積立金（バランス・シートに表れない資産)」を形成することが、正しい会計処理として考えられた国・時代もある。そんな古い話ではなくても、会計の世界では、つい一〇数年前までは、資産・負債を時価で評価することは「会計の原理原則」から認められることはなかった。それがいまでは、「時価で評価することが原理原則」に変わっている。このように社会科学において原理原則とされるものは、時代によって変わるのである。

余談ながら、一言。その後の会計界で、「人的資源会計」なるものが話題になったことがあるが、そこでも経営者や従業員の現状や経済価値を金額的に評価するとされた。ただしバランス・シートに記載するという話ではない(『会計学大辞典(第五版)』「人的資源」に関する稿を参照)。そこでは残念ながら、奴隷の経済価値と経営者の経済価値が、どうして扱いが違うのか、奴隷ならバランス・シートに資産計上されるが、経営者(の能力、知名度、人柄など)は資産計上されないのはなぜか、ということまでは書かれていない。

2 地球は丸いか平面か

本題に戻る。上に記したような社会科学と違って、自然科学の「原理・原則」つまり「真理」は時代を超えて不変である、という人たちがいる。そうだろうか。

その昔、地球はたいらだと信じられていた。地球の上で生活している人たちにとっては、いまでも地球はたいらだと考えても特別の不都合はない。車を運転するときでも、地球はサッカーボールのごとく丸い形をしていると考えながら運転するだろうか。家を建てるときに水準器という道具が使われている。そろばんくらいの大きさの板の上に、アルコールを満たしたガラス管が置かれていて、板が水平になったときにアルコールの気泡が中央にくるようにしてあるもので、よく大工さんが使っている。地球が丸いと考えるのであれば水準器を使うのは矛盾している。しかし、近代科学の時代になっても、水準器は使われている。実生活においては、地球は平面なのである。

アリストテレスは、月が三日月状に欠けていくのを見て、地球が球形をしていることを確信したといわれている。漁に出る船を見送っている漁師の家族が、どういうわけか舳先《へさき》のほうから船が「海へ沈んでいく」のに気がついて、もしかしたら自分たちの陸地は平らではなさそうだといいはじめたのかもしれない。その証拠に、船が港に帰ってくるときには、やはり舳先の方から「海を登ってくる」。

いまどき、地球はたいらだとか、太陽が地球の周りを回っている……と本気で考えるひとは（文明国では）いないであろう。しかし、科学が進歩してそうした「真実」が明らかになるまでは、天動説も地球平面説も「真実」「真理」だったのである。

3　歴史的な真実と超歴史的な真実

そう考えると、「真実」には、現在において誰もが真実と考えるものと、歴史を超えて真実なるものがあるといえるであろう。つまり歴史的真実と超歴史的真実である。歴史的真実と超歴史的真実が異なるときは、いずれ歴史的真実の誤りが発見されて超歴史的真実に置き換えられるということになろうか。

しかし、その置き換えられた真実が後世において誤りであることが発見されることもあろう。そうだとすれば、いつまでたっても、誰も超歴史的真実を知ることはできない。現在、真実とされている地動説も、ニュートンが発見した万有引力の法則も、宇宙ビッグバンなどという説も、二〇年か三〇年後には魔女のたわごととされるかも知れないのである。

社会科学における「正しい」とされる理論も同じである。時代を超えた「正しい」理論を追及しようというのは、研究スタイルとして美しいかもしれないが、研究目的の設定を間違えている。会計でいうと、いつの時代にも通用する「正しい利益の概念」とか、「超歴史的な資産の概念」などは、仮に存在したとしても誰も知りようがないのである。

そうであるとすれば、超歴史的真実とかいつの時代にも正しいとされる利益概念などを考えず、歴史的な真実、つまり今日の社会が真実・正しいと認めるものを真実・正しいと考えるしかない。
経済学の佐和隆光教授はこう言っている。

「社会科学者にとって、長らく憧れの女神であった自然科学も、一皮むけば経済学や社会学と大差なく、その客観性は時代と社会の〈文脈〉に依存し、社会的〈文脈〉の変更によって改変を迫られる宿命にあるということが、いまや多くの科学史家によって主張されているのである。……一般に科学の理論は、その時代、その社会の大多数の人々がそれを〈支持〉している、というような状況のもとで、はじめて〈客観的〉であるとの社会的認知を授かるのである。」（佐和隆光『経済学とは何だろうか』岩波新書、一九八二年）

佐和教授が「客観性」とか「客観的」という言葉で表そうとしているのは、本章でいう「真理」であり「正しい」ということであろう。そう解釈できるとすれば、佐和教授が言わんとしていることは、その時代、その社会の大多数の人々が「真理」「正しい」と考えているものこそ（その時代、その社会における）「真理」であり「正しい」ことになる、ということであろう。だから、時代と社会が変われば、そこで真理とされるものも正しいとされるものも、新しい時代と社会の文脈に応じて変化する。

4 fictitious（虚構）を支えるのは経営者の実感

前章でも述べたが、利益概念や資産の概念が時代と社会により変遷するにしても、いつの時代にも、その時代における利益計算や財産計算が依るべき指標とでもいうべきものがあるはずである。それがなければ、その時代・社会において何が真実とされ何が正しいとされるべきなのかが分からなくなる。

現在行われている企業会計の利益や資産が、現在の時代において「正しい」とされるべきものかどうかは、その利益や資産の概念を現代の社会が「支持」しているかどうかによって判断されなければならない（私が長々と余談じみたことを書いてきた理由がここにある。先走って書けば、果たしてＩＦＲＳは、現在という時代と社会の支持を得られているのであろうか。英米の投資社会だけが現代社会ではないはずである）。

利益の金額はfictitious（仮想的な、虚構の）な量である。会計では、そのfictitiousな量を測定するために、いくつかの「方法的数量化」を組み合わせて使っている。たとえば、棚卸資産の評価には先入先出法、減価償却には定額法、収益の計上には実現主義……というようにである。

ここでfictitiousとみられる金額にしても単なるfictitiousであれば社会的な合意や認知は得られ

ない。利益のような実体のない（手に触れて確かめることができない）ものを計測するときには、その利益を生み出そうとして努力した経営者が肌で感じる「儲けの感覚」「どれくらい儲けたかの実感」と合っていなければ、産業界という社会からの合意や支持は得られない。

会計は、経営者が使うだけではない。資本を提供している現在株主や債権者、将来の投資者、課税当局、消費者、労働者、取引先、地域住民など多様な人たち（利害関係者）がそれぞれの目的で使う。そうした広い経済社会にも何をもって利益とするかということに関しては、ある程度の合意がある。社会通念とか社会常識といってもよい。会計は、そうした経営者の実感と経済社会の常識（社会通念）をベースとして理論構成して初めて、社会からの合意・承認が得られる。

会計学の仕事は、経営者の感覚や社会通念を論理的に構成することであり、会計の理論から利益の概念を導き出そうというのは本末転倒であろう（ＩＦＲＳが概念フレームワークを決めてから、資産・負債・収益・費用などの測定といったオペレーショナルなルールを導出しようとしているのは、本末転倒というしかない）。

5　ホプウッド教授の教え

もう一つ、余談をお許しいただきたい。私の気持ちとしては余談ではないのだが、読者の皆さんにとっては、なかなか本題に入らないのは苦痛かもしれない。上の話も、これから書く余談も、本論を書く「伏線」だと（善意に！）解釈していただきたい。

昨年の三月三〇日に、オックスフォード大学サイード・ビジネス・スクールのトモ　スズキ（鈴木智英）教授が「日本の経済社会に対するＩＦＲＳの影響に関する調査研究」（オックスフォード・レポート）を公表した（金融庁のＨＰで閲覧できる。日本語）。

スズキ教授とはまだオックスフォードの講師のころ（二〇〇六年三月）にも私が勤務する神奈川大学までご足労頂いて、日本の会計学者や会計士がなぜ時価会計やＩＦＲＳを問題にしないのかという話をしたことがある。そのとき、スズキ講師（当時）は、日本の会計学者や会計士が時価会計やＩＦＲＳをほとんど誰も問題にしないことに強い不安感と違和感を覚えていたようであった。

一昨年、教授が日本に取材に来たときには、当時の金融担当・自見庄三郎国務大臣や元国税庁長官の大武健一郎氏（金融庁企業会計審議会企画調整部会臨時委員）へのインタビューに合わせて私もお会いしようとしたが、教授のスケジュールが非常にタイトで、「飯田橋のホームで落ち合って、どこかの喫茶店で話を」といった予定も立てたが、慌ただしすぎることから、結局は、教授がホテルに戻ったところで電話で話をした次第である。

トモ　スズキ教授のことやこの報告書に関しては、いずれ別の機会に紹介したい。ここで紹介したいのは、報告書の冒頭（「序」）に載っている、アンソニー・ホプウッド教授の言葉である。ホプウッド教授は、一九四四年生まれで二〇一〇年に物故している（六六歳！の若さで）。世界の会計界にとって、今、本当に必要としている「自分の考えを持っている学者」であったと思う。欧州会計学会の創設者であり会長も務めた。スズキ教授が勤務するサイード・ビジネス・スクールの主任教授でもあった。

ホプウッド教授はスズキ教授のインタビュー（二〇〇七年一〇月）において、次のように述べている。スズキ教授の訳で紹介する。少し長いが、お許しいただきたい。

「……なぜ証券市場の効率性ばかりを前提にして話が進んでしまうのだろう。IFRSが他の多くのことに関係していることは自明ではないか。IFRSはビジネスそのものにかかわる、……オペレーション、企業統治、サプライチェーン、物づくり、顧客との関係、ペンション、従業員関係、税金、粉飾もあれば、農業や、エネルギー産業、その他いろいろな関係があるはずだ。それから、マクロ経済の管理についても。……おかしな話になっている。株式市場のことはほんの一部にすぎないにもかかわらず、このレトリックに席巻されてしまっている。……（この段階においては）主流派の統計的な研究手法によっては、IFRSに関する効率性とか透明性とかいったことのロバストな（robust：強固な）証拠は得られない。そんな方法は的外れだ。……（これ以上無駄な研究に努力を費やすのではなく）現場に出て事情を聴取することに務めなさい。彼らの言葉に基づいて、彼らにとってIFRSが何たるかを調べ上げないといけない。時間はかかるだろうが、それがスターティング・ポイントだ。」

6　「現場に戻れ！」

私がなぜ長々とホプウッド教授の話を紹介したのか、読者諸賢にはお分かりいただけたと思う。ホプウッド教授は言う。「株式市場のことはほんの一部にすぎない」「現場に出て事情を聴取すること……彼らにとってIFRSが何たるかを調べ上げないといけない」と。

IASBはIFRSの開発にあたって、「現場でどのような会計が行われているか」「現場でどのように会計が使われているか」「現場ではIFRSがどのように理解されているのか」……これを十分に調査したのだろうか。ここで「現場」とは、株式市場はもとより、ホプウッドの言葉を使えば「オペレーション、企業統治、サプライチェーン、物づくり、顧客との関係、ペンション、従業員関係、税金、粉飾もあれば、農業や、エネルギー産業、その他いろいろ……さらにマクロ経済の管理」の場を指している。

会計がその役割を果たしている「現場」は、株式市場だけではないのである。それがIFRS

の概念フレームワークでは、一般目的の財務報告の目的として「現在および将来の投資者、貸付者およびその他の債権者に対して、報告実体への資源提供についての意思決定に役立つような、報告実体に関する財務情報を提供すること」をあげている。ホップウッドが指摘しているのは、会計を使っている「現場」はそんな狭い世界ではない、ということである。

現場から遊離した基準を作っても、現場の実情を伝えることはできない。例をあげる。IFRSでは「基礎となる前提」として「継続企業」と「発生主義」を掲げている。「実現主義」の考え方は棄却されている。IFRSの二五〇〇頁のどこにも「実現」「実現主義」という言葉は出てこない。収益・利益は「発生した段階で計上」するのであって、「実現」していることは要件にならないのである。

「実現」の概念は、「対価を受け取っている」「財・サービスを提供済み」を条件として収益の計上を認めるもので、そこで計算される利益は、「キャッシュ・フローの裏付けがある」「分配しても資本を毀損しない」「公平な課税の基礎としての利益」、さらには「経営者の実感と一致した利益概念」といった非常に優れた特長を持っている。しかも、その測定・計上には、「現金収入」という上限のリミッターが付いているのである。

他方、「発生」という概念は、抽象的・主観的なものであり、たとえば、保有する資産のフェア・バリュー（時価）が上昇した（つまり、利益が発生した）として評価益を計上するものである。そこには、実現主義のときの「収入額」のような上限のリミッターなどは用意されていない。だから、資産価値が上昇したとして無制限に評価益を計上することも可能である。

会計を使っている「現場」では、ほとんど例外なく、「実現主義」をベースとした会計が行われてきた。ＩＦＲＳは、そうした現場の事実・実態を無視して、これまで、どこの国・時代にも実践したことのない「発生主義会計」を強行するのである。ホプウッドならずとも、「現場に戻れ！」と叫びたくなる。

ＩＦＲＳは、これまでどこの国でも実践されたことのない、現場の裏付けのない空理空論を、ＩＡＳＢという実験室でこねくり回してでてきた産物である。世界の会計と経済界を自分の思うように改変できるという、独裁者のような妄想主義者の描く世界であり、その妄想をうまく裏で糸を引いている英米の金融界にとっては都合のいい基準かも知れないが、企業の経営者や中長期の投資を考えている投資家、国家経済の発展や産業振興を図るために会計情報を使う人々などにとってはＩＦＲＳの会計はuselessを通り越してharmfulとしか言いようがない。

7　ＩＦＲＳは出発点から間違えている

ＩＡＳＢの概念フレームワークでは、上記のように、会計情報の利用者を、「現在および将来の投資家と債権者」と措定して、財務報告の目的は、彼らが企業に投資または与信するにあたっての意思決定に必要な財務情報を提供することにあるとするのである。

前章で私は、財務会計には「投資意思決定に必要な情報を提供する機能」などはない、と書いた。連載時に小稿を読んで下さった何人かの会計学者から賛同するメールを頂戴した。会計が投資の意思決定に役立つことは認めるが、それを目的として会計理論を組み立てたり会計基準を設定することは砂上に楼閣を建てようとするようなものである。

古い話になるが、財務論のロビチェックとマイヤーズが書いた本（A. A. Robichek & S. C. Myers, *Optimal Financing Decisions*, 1965. 別府祐弘・古川浩一訳『最適資本調達』東洋経済新報社）を元に、アメリカ会計学会（AAA）の「外部報告検討委員会」が発表した報告書がある。一九六九年のことである。私が大学院の博士課程に入ったばかりのころで、恩師の佐藤孝一先生から報告書をお借りして、むさぼるようにして読んだ記憶がある。

そこでは、何と、投資の意思決定に必要な情報は、キャッシュ・フローのタイミングと確実性に関する情報であり、会計上の利益に関する情報は不要である、ということが書いてあった。つまり、株主の場合、必要な情報は、各期の配当の流列と保有を終えた時の正味売却価格であり、そのキャッシュ・フローの確実性だという。報告書では、株主への配当額を予測するのに役立つ変数として、営業活動に起因するキャッシュ・フロー、異常事象に起因する正味キャッシュ・フローなどの八項目が列挙されているが、ここにも利益に関する情報は入っていない。

今でもロビチェックとマイヤーズの「投資モデル」が有効かどうかは知らないが、IASBの概念フレームワークでもアメリカの概念フレームワークでも、さらに日本の概念フレームワーク（討議資料）でも、会計が提供すべき情報は企業の将来キャッシュ・フローの金額と時期、その確実性だということが書いてある。そうだとすると、「投資意思決定情報の提供」を会計の目的に措定しても、投資家にとっては利益に関する情報（つまり、会計情報）は要らないか、二次的な情報にすぎないのかもしれない。

もっと重要なことは、会計の仕事を投資意思決定に必要な情報の提供だということにすれば、どんな情報でも意思決定に必要な情報だと主張することができるために、基準設定主体やそれを監督する官庁の思うとおりの基準を設定できるようになることである。

企業に開示させたい情報を先に決めて、後で適当な理由づけをすれば済む。現行の財務諸表で開示される利益、資産、負債の情報に不満があれば、開示させたい利益、資産、負債その他の情報を先に決めて、こうした情報こそ投資の意思決定に役に立つと主張すればよいのである。必要とする理由は簡単に付けられるが、そんな情報は役に立たないと証明することは極めて困難である。

表現を換えると、「役に立つ」とか「この情報は使われている」という証明は極めて簡単にできるが、その逆（反証）は極めて困難である。刑事事件でよくいわれることであるが、「被疑者が現場にいたことを証明するよりも、現場にいなかったことを証明するほうがはるかに難しい」という。被疑者が犯行現場にいたという証明なら、目撃者を見つけても、指紋を発見しても、それで済む。しかし、現場にいなかったということは、目撃者がいなくても、指紋が発見されなくても、遺留品がなくても、証明にはならない。アリバイの立証は格段に難しいという。

会計情報も同じである。ある情報が投資の意思決定に使われているという証明は簡単にできる。インタビューでもアンケートでも「この情報を使っていますか」「この情報は役に立っていますか」と問えば、賛成する投資家やアナリストをみつけることは簡単である。たとえ、その情報が複式簿記のシステムからはアウトプットされない情報でも、財務情報として必須であるはずの「金額表示」できない情報でも、「投資家が必要としている」という「神の声」で、開示すべき情報とすることができる。

8　FASBとIASBの「魔法の杖」

これで、IASBやFASBのような基準設定を担当する機関やその背後にある監督機関（アメリカのSECやイギリスの貿易産業省など）が投資意思決定情報の提供を会計の目的として措定することが、どれだけ危険なことかを理解していただけたのではなかろうか。そういう目的を優先すれば、どんな内容の基準でも設定できる。言い換えれば、ＩＡＳＢもＦＡＳＢも、どんな内容の基準を設定しようとしても、その理由付けをするのにはまったく困らない。

「投資意思決定に役立つ情報の提供」という大義名分は、今のＩＡＳＢやＦＡＳＢにとって「魔法の杖」みたいなものである。一振りすれば、「企業が保有する土地の売却時価」でも「企業が発行した社債の即時償還価額」でも「二〇年後に返還する借地の、二〇年後の除去債務」でも「明日、全社員を解雇したら、いくらの退職費用がかかるか」も、何でもかんでも情報開示させることができる。

わが国だけではなく、世界中が、ＩＡＳＢやＦＡＳＢは概念フレームワークを先に措定しておいて、それを「準拠枠」にして会計基準を開発してきたように理解してきたようであるが、その準拠枠たる概念フレームワークが、実は、どのような基準を設定しても合理的な説明が付けられる「魔法の杖」だったのではなかろうか。

第10章　国際会計基準の「出自」と現在

――「会計は政治」を実践する米欧

1 「歴史に学ぶ」ＩＦＲＳ

私は今、小さな地球儀を前にしている。世界を一望できる地球儀の上で日本列島から見ると朝鮮半島と中国大陸がいかに間近な存在であるか、一朝ことあるときには、どれだけ恐ろしい存在に変わるかがよく分かる。同じことは、福島の原発事故を目のあたりにした朝鮮半島・中国大陸の人たちにも言えるであろう。

同じ地球儀をクルリと回してみると、アメリカ大陸とヨーロッパ大陸が見える。海を挟んだパリとワシントンの距離は、東京とカンボジアの距離と変わらない。アメリカから見ると、ヨーロッパは手が届く距離なのである。

地球儀をクルリと回して世界を眺めると、私たちが普段感じているよりも、ヨーロッパとアメリカは距離的に近くの存在であることが分かる。近くの存在は、友好関係を保てる時代は頼もしいが、いつの時代もそうであるとは限らない。

ＩＦＲＳがなぜヨーロッパで誕生したのか、ヨーロッパ基準がなぜ世界基準を目指すようになったのか、さらに、ＩＦＲＳは何を目指しているのか、そして、ＩＦＲＳが世界統一会計基準の達成を目前にして何が起こっているのか……こうしたことを正しく理解するには「現代ヨーロッパの成り立ち」と「第二次世界大戦後の世界の政治・経済力学」を知らなければならないように思える。

言うのは簡単であるが、今日まで、このことを書きたい書きたいと思いつつ、書けないできた。一介の会計学徒には、こうしたテーマは荷が重い。薄っぺらい歴史の知識を振りかざせば、歴史家などの専門家から「だから会計学者は金勘定しかできないのだ」とか「会計学者の棲む世界は小さい」といった揶揄にあう（前者は的外れであるが、後者は当たっているから辛い）。

しかしＩＡＳ・ＩＦＲＳの「政治的・経済的」歴史を語らないと、「ＩＦＲＳ物語」は始まらないのだ。そうした歴史を語らずにＩＦＲＳを論じることはできるが、実に薄っぺらい「ＩＦＲＳ論」になってしまう。ＩＦＲＳの真の姿を知ってもらうために、本章では、あえて歴史を知らない会計学者が、薄っぺらい歴史観で、ＩＦＲＳの「政治力学的背景」を語ろうと思う。妄言多謝。乞う、ご叱正。

2　ヨーロッパは「小国」連合

ヨーロッパは、戦場の長い歴史を持つ。いや、ヨーロッパの誕生以来、平和であった時代のほうが短い。だからこそ、いつの時代も、それぞれの国が外敵・隣国から身を護ることに腐心してきた。少し前までの外敵は、まぎれもなくソビエトであったが、今の外敵はアメリカである。その話をする。

ヨーロッパは小国が多い。ふだん私たちはヨーロッパと言えば、イギリス、フランス、ドイツ、スペイン、イタリア……といった西ヨーロッパの「大国」をイメージしがちであるが、国土の面積において日本（三八万平方km）よりも大きいのはフランス（五五万平方km）とスペイン（五〇万平方km）くらいで、イギリス（二四万平方km）もドイツ（三五万平方km）も日本より小国である。

経済力は国土の広さに比例しない。国土が北にあるのか（農業は厳しい）南にあるのか（農業に向いている）、平地が多いか山岳地帯が多いか（工業化や輸送に有利かどうか）、石炭・石油・鉱物などの資源は豊富か、水資源（山からの水や川の水）が手に入るか、隣国との軍事的・経済的関係は安定しているか、自国の製品を買ってくれる国はどこか、そして決定的な要素は、消費者・労働者がどれだけいるか、である。

人口となったら、一億二千万人の日本に近いのはドイツ（八千万人）くらいで、イギリスもフランスもイタリアも六千万人、日本の半分しかいない。それだけヨーロッパ各国は小国の集まりで各国の消費市場も資本市場も小さいのである。

諸国の集合体であるヨーロッパだからこそ、各国はこれまで様々な同盟や協定を結びながら、資源を争い覇権と版図を争って戦ってきた。長い長い戦争の中から、絶対的な力を独占する国が現れなかったことが、ヨーロッパの不幸でもあり幸いでもあったのではなかろうか。一強が現れなかった不幸は戦争がいつ終わるとも知れず続いたことであり、一強が現れたときの不幸は、ナチス・ドイツによって支配されたヨーロッパか共産主義のソ連によって支配されたヨーロッパを想像してみるとわかる。

3　マーシャル・プラン

二度にわたる世界大戦はヨーロッパ全体を極度に疲弊させた。特に六年間にわたる第二次大戦は農工業生産に深刻な打撃を与えた。敗戦国のドイツにいたっては戦前の三割にまで落ち込んだといわれる（ソ連による占領区域を除く）。当時、軍事的にも経済的にも余力があったのはアメリカとソ連であった。

アメリカとしては、疲弊したヨーロッパを放置すれば、間違いなくヨーロッパが共産主義化されることを恐れた。自由主義を標榜し、それを国是として多民族をuniteするアメリカにとっては、共産主義という全体主義がヨーロッパ世界に蔓延することは、国家の理念として受け入れられない事態である。

アメリカは、ここで有名な「マーシャル・プラン」を打ち出すのである。マーシャル・プランは、第二次世界大戦で被災したヨーロッパ諸国を復興させるためにアメリカが計画した援助計画であった（正式名称は欧州復興計画、European Recovery Program : ERP）。マーシャル・プランは、アメリカの歴史上もっとも大きな成功を収めた対外政策とも言われているが、西ヨーロッパ諸国の復興に大きな貢献をし、またアメリカの企業にも巨大な消費市場を提供したといわれる。アメリカは一〇〇億ドルを超える援助をしたというが、経済的にはアメリカの企業をうるおし、政治・軍事的にはソビエトの西ヨーロッパ支配にブレーキをかけたのである。

この時代、ヨーロッパにとって、アメリカは守護神的な存在であったし、逆にアメリカにとってヨーロッパは、アメリカの生産物（軍需品や軍用品も含めて）を大量消費してくれる巨大マーケットでもあり、共産圏の侵略に対する防護壁でもあった。

4　EUの結成は「対米」戦略

アメリカとヨーロッパの「共存共栄」の時代は、東ヨーロッパの「ソ連からの解放」によって終わりを告げた。ベルリンの壁（全長一六五㎞）が、信じられないことに市民によって破壊されたのが一九八九年であった。共産圏の東ドイツと西欧国家の西ドイツが「一つのドイツ」として統合されたのが、翌年の一九九〇年であった。

ヨーロッパ諸国が最大の脅威としてきたソビエト連邦が解体したのは、ベルリンの壁が崩壊した二年後の一九九一年であった。その二年後に欧州連合（ＥＵ）が結成されるのである。ヨーロッパ、特に東ヨーロッパが、共産圏であるソ連からの解放の時代、「東欧の春」を迎えた時に、なぜ、ヨーロッパの政治・経済力を統合するようなＥＵを結成したのであろうか。この間に世界で何が起こったのであろうか。

戦後の復興期に西ヨーロッパの再建のために巨費を投入したアメリカも、その後は国家財政の面では軍事費や宇宙開発費がかさみ、国内産業の面では「物づくり」では稼ぐことができない国になり、もっぱら「物づくり」のわき役であったはずの「金融」に軸足を移してきた。

国内では中間層が「吸いつくされたスルメ」のごとく最下層に落ち、「吸いつくした金持ち」は「富豪」になった。貧者は職を失い、住む家を失い、車を売り払い、病気になっても治療は受けられず、この国の経済を支える力を失ってしまった。今のアメリカを見れば、「金持ち」はさらに「大金持ち」になり、「貧者」はさらに「大貧者」になりさがり、アメリカから中間層がいなくなったことがよくわかる。

アメリカの富が少数の勝者に偏在した結果、医療も保険も教育も少数の高額所得者のものとなった。さらにその結果、こうした産業は国内産業として成り立たなくなってきた。金持ちは医療・保険・教育は公的な制度を必要としない。公的制度を必要とする低所得者層は、医療・保険・教育に振り向けるだけの収入がない。国民全体が対象となるべき事業のマーケットが極端に縮小したのである。

稼ぐ力を失ったアメリカ企業には投資家も集まらない。しかし資本は世界中からアメリカに集まってくる。行き場を失ったアメリカの資本は、コンピュータ操作だけで荒稼ぎしようとして世界の経済を混乱に陥れている。向かう先は、資本の蓄積の大きいヨーロッパと巨額の金融資産を持っているアジア諸国である。

狙っているのは資金、有価証券などの金融資産を持っている国・国民だけではない。エネルギー（石油、ガスなど）を持っている国、米やトウモロコシ、麦、サトウキビなどの食糧（食用にしろエネルギー用にしろ）が採れる国、レアメタル・レアアースが採れる国、さらには水資源を持っている国までもターゲットにされている。戦後の長い間友好関係を築いてきた西ヨーロッパ諸国も例外ではない。

時代の流れが「小さな政府」に向かっているときに、経済力も宗教も言語も人種も歴史も違う国々が小異どころか大異までも捨てて、欧州連合（EU）という「大きな政府」で団結したのは、「対アメリカ」という「ヨーロッパの利害」で一致したからに他ならない。結成したばかりのE

Uでは、アメリカに対抗できるだけの政治力・経済力をつけるために、統一通貨（ユーロ）を発行し、アメリカに対抗できるだけの資本市場（ロンドン、フランクフルトなど）を強化し、さらに域内の市場で使う統一的な会計基準を整備する必要があった。そこで注目されたのが、国際会計基準委員会（IASC）が設定に取り組んでいた国際会計基準（当時はIASと呼んだ）であった。

IASCも、その仕事を引き継いだ国際会計基準審議会（IASB）も、最初から世界中で使う強制的な会計基準を設定しようという意図はなかった。IAS・IFRSの当初の狙いは、EU域内の企業が作成する連結財務諸表用の会計基準であった。そこでは「対アメリカ会計基準」が強く意識されていたはずである。基準に「国際」の名を冠したのはアメリカに対抗する必要があったからである。かくしてIFRSはEU二七か国で使う会計基準となったのである。

ただし、これだけは知っておいてほしい。EU諸国は、どの国もIFRSをそのまま適用しているわけではない。IFRSを域内の資本市場で採用することを決めた欧州委員会はIFRSの一部を不適用としている。この段階ですでにEUが採用するのは純粋IFRSではなくEU―IFRSだということである。

さらに、欧州委員会が採用すると決めたEU―IFRSを、加盟各国の会計基準設定機関がその適用範囲やIFRSと自国基準とのコンバージェンスの内容を決めるのである。したがってフランスが採用するのはフランス版EU―IFRSであり、ドイツが採用するのはドイツ版EU―IFRSである。各国ともIFRSに書いてあるように適用しているわけではない。各国は主権国家として、自国の企業に適用する会計基準は自分で決めているのである。

IFRSをそのまま採用しているのは、オーストラリア、ニュージーランド、香港地区という、昔のイギリス植民地だけである。いずれもイギリス会計を輸入した国々であり、原則主義に慣れている。細則主義の国がIFRSをそのまま適用している例はない。

5 「EU会計基準」から「世界統一基準」へ

「EUが域内で使う統一的会計基準」ということであれば、現在のEU資本市場の大きさを考えて、アメリカも一目置いた態度を取らざるを得ないはずである。ところが、IASBを事実上リードしてきたロンドンが、IFRSを「ヨーロッパ会計基準」に満足せず「世界統一会計基準」を目指す戦略に方針を変えたのである。

ロンドンは、まずコモン・ウエルス（英連邦）の国々（現在五八か国）にIFRSを採用するように働きかけた。コモン・ウエルス諸国はもともと法律の改正でも会計基準の設定でも、イギリスに倣ってきた。イギリスが新しい会計基準を作れば、コモン・ウエルスの国々も、特段の不都合がない限り、同じような会計基準を設定するのである。そうすることにより、各国の財務諸表が比較可能になるというメリットと、基準を設定するのに必要な時間・資金・人が少なくて済むというメリットもある。

コモン・ウエルス五八か国のうちパキスタン、シンガポール、バングラデッシュといったイスラム圏を除いた五五か国が、ＩＦＲＳを採用すると意思表示しているのである。ＥＵが二七か国、コモン・ウエルスが五五か国、これで八〇か国を超える国がＩＦＲＳを採用することになった。

これだけ多くの国がＩＦＲＳを採用しているということを喧伝しながら、ロンドンは、アメリカと日本に「ＩＦＲＳ採用国」になるように働きかけたのである。そこから先は、読者諸賢がご存じのとおり、東京合意が結ばれ、ノーウォーク合意が結ばれ、日本もアメリカも「世界統一会計基準」に向けた作業が進められた。

ノーウォーク合意は、これからのＩＦＲＳはロンドン（ＩＡＳＢ）とアメリカ（ＦＡＳＢ）で相談して決めようというものである。言外に日本や独仏を入れて相談してもまとまらないから、英米で決めようというのである。これほど世界を馬鹿にした話はないが、それをどこの国も問題にしないというのも馬鹿げた話である。

6　ヨーロッパから噴き出すＩＦＲＳ批判

ノーウォーク合意の後、アメリカはＩＦＲＳを自国色に染める戦略を採ってきた。自国色に染め切れなければ「ＩＦＲＳを採用するのをやめる」という切り札をちらつかせて、強引にアメリカに有利なようにＩＦＲＳを作りかえようというのである。

そうなると、先にＩＦＲＳを域内会計基準として採用してきたＥＵ諸国の利害と対立するようになってくる。フランスではサルコジ大統領（当時）がＩＦＲＳの時価会計を強く批判し、ＩＦＲＳをＩＡＳＢやＦＡＳＢ任せにせず、二〇か国・地域（Ｇ二〇）首脳会合（金融サミット）が関与することを主張した。規制機関からも「減損会計や時価会計に関してＩＡＳＢが採った対応は、フランスやヨーロッパが期待した方法とは違う」というメッセージが発せられている。

ヨーロッパ最大の経済国であるドイツでは、民間の基準設定組織であるドイツ会計基準委員会（ＡＳＣＧ）が、自分たちの意向がＥＵやＩＡＳＢに十分に伝えられないし、活動資金も枯渇してきたとして、法務大臣に、ドイツのスタンダード・セッターとしての役割をやめると通告している。

ＩＡＳＢの地元であるイギリスからもＩＡＳＢとＩＦＲＳに対する不信感が吹きだしている。

「アメリカのフェア・バリュー・ルールがコンバージェンスを紛糾させている」「コンバージェンスは、アメリカの基準を飲み込むものであってはならない」といった声である。

金融規制当局からも「USーGAAPとのコンバージェンスは不要」「コンバージェンスがIFRSを複雑化している」「世界はアメリカがIFRSをアドプションすることを必要としていない」という声が上がっている。

会計基準という、一見して政治や経済や各国の力学と無縁のようなものでも、今日のヨーロッパとアメリカのbalance of powerがIFRSの命運を左右していることに思いを致さなければならないであろう。ヨーロッパが生み出し、世界中に伝播した観のあるIFRSであるが、この「平和的武器」を我がものにしようとしてアメリカは躍起になっている。ヨーロッパにとって「世界統一会計基準」構想にアメリカが乗ってきたのは大誤算であったはずである。

7　アドプションの馬鹿さ加減

世界の多くの国がIFRSを採用すると言い出したのは、アメリカが採用するかのような姿勢を二〇〇八年のロードマップ案で示したたからであった。アメリカは世界の資金源である。そのアメリカがUSーGAAPからIFRSに移行するかのような動きをみせたことから、アメリカの投資家から見放されないためにＩＦＲＳ採用に踏みきったのである。

しかしアメリカは「場合によってはＩＦＲＳに移行する可能性もある」と言っただけで、それ以降、ずるずると時間ばかり稼ぎ、果ては「コンドースメント（コンバージェンスとエンドースメントの複合）」を示唆したり、ＵＳ―ＧＡＡＰを残してＩＦＲＳとの併存をにおわせたり、自国企業への早期適用を禁止したり、アドプションの話はどこかへ飛んでしまった感がある。

目下、ＩＡＳＢとＦＡＳＢが進めているのは、ＩＦＲＳとＵＳ―ＧＡＡＰのコンバージェンスである。その作業が終わったら、つまり、ＵＳ―ＧＡＡＰがＩＦＲＳと同じ内容になったら、何と、コンバージェンスされたＵＳ―ＧＡＡＰを捨ててＩＦＲＳに移行するというのである。しかもそれに要する巨費と時間と学習という負担に耐えて、である。誰が考えても、これ以上ばかげた話はない。これ以上ばかげた話はない……ということに、アメリカの産業界も規制機関も投資家も気がついてきた。

日本も同じことをするのである。目下、日本の会計基準（Ｊ―ＧＡＡＰ）とＩＦＲＳのコンバージェンスを進めているというが、実際には日本基準をＩＦＲＳに合うように直しているところである。日本基準をＩＦＲＳに合わせるコンバージェンスをいくら進めても、日本基準は日本基準でありＩＦＲＳとは呼べない。したがって実際に「ＩＦＲＳ採用」となったら、せっかく手直ししたＪ―ＧＡＡＰを捨てて、ＩＦＲＳに移行するしかないのだ。それがＩＡＳＢの条件なのである。……この馬鹿さ加減にいつ日本は気がつくのだろうか。

8　国際会計基準を巡る誤解

国際会計基準に関しては、数えきれないくらいの論文と何冊もの本を書いてきた。最初に国際会計基準の問題点を指摘したのは、一九九八年の『時価主義を考える』（中央経済社、その後九八年に第2版、二〇〇二年に第3版）であった。この本は、書名のとおり、時価会計・時価主義を「考える」つまり「批判的に検討する」ことを主眼とした。

しかし、先にも書いたように、当時は一部のメディアが誤報を繰り返し報道し、多くの会計学者も会計士も、自分で調べることも考えることもなく報道に追随したことから、日本は世界にもまれな「時価会計実験国」「時価会計被災国」になってしまった。

国際会計基準も、日本では誤報・誤解がまかり通ってきた。私にもしばしばＩＦＲＳに関する講演の依頼がくるが、最近の講演では、最初に、「日本に流布している『ＩＦＲＳ像』―あなたも『誤解』していないか―」として、次のようなチェック・リストを読んでいただくことにしている。

「1. 世界中がIFRSを採用している
2. アメリカはIFRSを使うと決めている
3. ヨーロッパ（特にEU二七か国）ではIFRSを適用している
4. 日本も二〇一五年からIFRSを使うことに決まっている
5. 世界の会計基準を一つにすると財務諸表の比較性が高まる
6. IFRSは「高品質」な基準である
7. IFRSは論理的で全体が首尾一貫している
8. IFRSの「原則主義」なら自社の思う通りに決算できる
9. 投資家がIFRSを求めている
10. IFRSにしないと世界から見放される
11. 日本の産業界もIFRSに大賛成している
12. 当期純利益よりも包括利益のほうが投資に役立つ
13. 当期純利益は今後も表示される
14. IFRSは連結にも単体にも適用する
15. フェア・バリューは公明正大である
16. 時価会計は財務諸表の透明性を高める」

2と3については、後で紹介するように事情が変わっている。しかしその他のことは依然として「誤解」がまかり通っているのではなかろうか。そうした誤解が解けない原因・理由はいくつかありそうであるが、特に「IFRSの出自」「IFRSの政治的背景」に関する正しい知識が欠落していることが「IFRSの正体」を見えなくしているように思われる。

そこで本章では、IFRSの誕生に遡って、いやもう少し先の、第二次世界大戦後のヨーロッパにおける経済・政治事情から説き起こして、「なぜIFRSがヨーロッパに誕生したのか」「IFRSの真の狙い（目的）は何であったのか」「なぜIFRSを採用したはずのEUからIFRS批判が噴出するのか」「なぜアメリカはIFRSの採用に足踏みするようになったのか」を解き明かしたつもりである。他の誤解については、おいおい検討していきたい。

第11章 IFRSの「原則主義」とはどんな会計か

――資産・負債アプローチとは両立せず

1　ＩＦＲＳのベースとなるコンセプト

ＩＦＲＳの世界を理解するためには、いくつかのカギとなるバックグラウンドやコンセプトを知っていなければならない。さらに、そうしたバックグラウンドやコンセプト同士の結びつき（関係）を知らなければ、ＩＦＲＳの文言や解説本を何回読んでもＩＦＲＳの世界は理解できない。

前章はそうしたベースの一つとして、「ＩＦＲＳの出自」と「道を踏み外したロンドン（ＩＡＳＢ）」を紹介した。そこで指摘したように、ＩＦＲＳもその前身のＩＡＳも、世界で一つの会計基準を目指していたわけではない。最初は、エスペラント語的なものとして、その後は証券監督者国際機構（ＩＯＳＣＯ）の支持を得たこととＥＵの結成によって「ヨーロッパのための会計基準」、つまり、「アメリカに対抗しうる資本市場のための会計基準」として編成されてきたものである。それが、ＩＡＳＢ（中でもツィーディー前議長）が日本とアメリカをも巻き込んで「世界統一会計基準」を目指したことが、今日の世界的な混乱を招いているのである。そのことを理解していないと、最近のアメリカの動向もヨーロッパのＩＦＲＳ批判も、何が原因で何をしようとしているのかが分からないであろう。

本章では、もう一つの重要なコンセプトであり、ＩＦＲＳの特徴とされている「原則主義」を取り上げる。原則主義だけを取り上げて理解しようとしても表面的な理解しかできない。原則主義が実際にどのように運用されるのか、本当に数少ない原則だけで企業の経理ができるのか、基準に書いてないときはどうしたらいいのか……数多くの疑問が湧いてくるであろう。

2　原則主義だけでは会計ができない

実は原則主義（だけ）では財務報告はできない。原則主義による会計を成り立たせるためには、これを支えるいくつものコンセプトが必要なのである。原則主義の母国イギリスの会計にも、それを受け継いだＩＦＲＳの会計にも、そうした原則主義を支えるコンセプトとして、例えば、実質優先原則、離脱規定などを用意している。ＩＦＲＳにはさらに資産・負債法（資産・負債アプローチ）が組み込まれている。

では、これらのコンセプトと原則主義を組み合わせたとき、全体としてうまく機能するであろうか。ＩＦＲＳに関する論文や著書を読むと、これらのコンセプトを別々に説明したものはたまに見かけるが、有機的な関係を説明したものは（私の不勉強なのか）これまで見たことがない。

ＩＦＲＳの採否を検討している企業会計審議会でも、議事録で見る限り、こうした問題を取り上げた形跡はない。

しかし、以下に述べるように、原則主義は他のコンセプトと深く結びついて機能するものであり、しかも、それらが結びつくと、これまで言われてきたような「会計実務の統一」とか「比較可能性の確保」を保証するものではなくなり、むしろ、世界の会計実務はバラバラになりかねない。

3 なぜ原則主義なのか

原則主義とは、会計基準を作るときに（くどいようであるが、ここで言う「会計基準」は連結財務諸表に適用される基準を言う）、細かなルールを決めずに、基本的な原理原則（プリンシプル）だけを定め、それを実務に適用する場合には、各企業集団（以下、単に企業と言う）が自らが置かれている状況に応じて、設定された基準の趣旨に即して解釈するという考え方を言うとされる。

原則主義では、成文化される会社法や会計基準は、守るべき最低限のルールであって、そこに書かれているルールを守っただけでは必ずしも法や基準の目的が達成できるわけではない、といった考え方をする。企業が置かれている状況に応じて、必要なその他のルールや細則を自ら作り出すことが必要であったり、まれなケースでは、成文化されている法や基準の規定から「離脱」することさえ要求されることがあるのである。

原則主義はイギリスでは伝統的な会計観であるのに対して、アメリカや日本の会計は細則主義を取ってきたために、原則主義にはなじみがない。

ＩＦＲＳが原則主義を採用するのは、ＩＡＳＢをイギリスがリードしてきたからだけではない。宗教も経済力も政治の枠組みも違う多くの国々に採用させるには、大枠（原則）だけを定めて国際的な汎用性を持たせるしか方法がないからであった。細かいルールを作れば、「総論（原則）賛成、各論（細則）反対」という国が増える。そこで、各国が賛成できる部分だけを切り取って基準とするしか、他に方法がなかったのである。

日本やアメリカは、「法や基準に書いてあることをすべて順守すれば財務報告の目的は達成される」といった理解をする。細則主義である。細則主義をとると、いきおい、法や基準には細かなことまで書かざるを得ない。日本の会計規範は、書物にして五〇〇〇頁程度に収まっているが、同じ細則主義をとるアメリカのＵＳ－ＧＡＡＰは二万五〇〇〇頁にもなるという。その点、原則主義のＩＦＲＳは、書物にして二五〇〇頁程度（薄手の紙なら一冊に収まる）にしかならない。日本語訳にしても、二五〇〇頁程度である。

現在、何らかの形でＩＦＲＳを採用・許容する国が一一〇にも上るという。その理由の一つは、

ＩＦＲＳの原則主義にある。原則主義であれば、国ごとの特殊性を残すことができる、と各国は考えるであろう。多くの国がＩＦＲＳを採用・許容するのは、こうした原則主義の「自由度の高さ」にある。しかもＩＦＲＳには、個々の会計基準が自社の実態開示にそぐわないと判断されるときには「個々のルールを順守してはいけない」という「離脱規定」が盛り込まれている。各国・各企業にとって「受け入れることができる」基準なのである。

しかし原則主義による会計には、いくつもの問題が潜んでいる。そのいくつかを、以下に紹介しよう。

4　「グレーな財務報告」

原則主義と離脱規定によって経理の自由度が高まれば、各企業は、自らが置かれた実態にそぐわない細かなルールに縛られることなく、自らが置かれた状況に合わせた財務報告ができるようになる。その反面、必ずしも適切とは言い難い、むしろグレーといえるような報告が行われる可能性が高まるであろう。

日本を代表する企業の経営者の集まりでの講演会でのことであった。そこで「ＩＦＲＳは原則主義」「状況によっては離脱規定を適用」という話をしたところ、何人かの経営者から「原則主義になれば、金融庁や会計士からいちいち『箸の上げ下げ』まで指図されることはなくなる」とか「これで経営者の実感に合った経理ができる」「今の会計基準は細かいことまで書いてあるが、それに従わなくていいのは大歓迎だ」といった（喜びの）声が上がった。

ＩＡＳＢが、そしてＩＦＲＳが想定しているのは、「好き勝手な経理の世界」ではない。上に、原則主義は、それだけで機能するコンセプトではないと書いた。原則主義の母国、イギリスでは、原則主義に立脚する会計基準（ルールブック）を適用するにあたっては、ルールをそのまま適用しても経営者の責任を全うしたことにはならず、経営者が自分の会社の実態を正しく表示する処理方法を自分の判断で選択することが求められている。これを「実質優先原則」と言う。

つまり、会社法や会計基準の規定するとおりに会計処理すれば自社の経営成績や財政状態の「真実かつ公正な概観」を確保できないと判断するときは、会社法や会計基準の規定を適用してはならず、これから離脱して自社が最も適切と考えるルールを適用しなければならないのである。これを「離脱規定」と言う。

5　イギリス会計の知恵

イギリスが細則主義を採らない理由がここにある。こと細かいルールブックを作れば、その細かい規定をかいくぐった会計処理が横行しかねない。例えば、細かい数値基準を設けて規制しようとすれば、その数値基準をすり抜ける実務が行われ、そうした実務を抑え込むために新たな数値基準を設けるというイタチゴッコの世界になる。そこで基準を設定するときには、細かな規定を設けるよりも、規則の趣旨や目的を理解して、自分に最も適した方法を考えることを要求するのである。そこで選択される方法は、必ずしもルールブックを作ったとすれば列挙されるはずの方法とは限らない。

イギリスでは、会社法が禁止するものを会計基準が要求（許容）したり、会社法が要求するものを基準が禁止したりすることがある。例えば会社法では後入先出法の採用が認められているが会計基準（SSAP九）では後入先出法の採用を認めていない。また、会社法では有限の耐用年数を持つ固定資産はすべて減価償却することになっているが、会計基準（SSAP一九）では投資を目的として所有する不動産の償却を禁止している。明らかに会計基準が会社法に違反しているのである。こうした場合、わが国であれば強行法規たる会社法の規定が優先されて会計基準を修正することになろうが、イギリスでは必ずしもそうはならない。会計基準が会社法に違反していることを認めた上で、「真実かつ公正な概観」という会社法の最優先原則を盾に、会社法からの離脱を要求するのである。

イギリスの（そしてIFRSの）会計思考の根幹に流れるのは、コモンローの法思考である。

この国では立法者も会計基準設定者も、成文化されるルールというものは必ずしも完全なものでも網羅的なものでもなく、状況と時代の変化によって不適切となることもあることを十分に認識している。したがって、規定を適用するに当たっては、個々の要件を現時点の当該状況に適用することが適切であるかどうか、もっと適切な方法がないかどうか、法が定める開示情報だけで十分かどうか、もし不十分とすればどういう追加情報を開示すべきか、などの点を「真実かつ公正な概観」という法の目的に照らして慎重に検討しなければならない。

ＩＦＲＳは、こうしたイギリスの会計観をベースとしたものである。ＩＦＲＳの根底に流れる「原則主義」とは、これほどに奥深いのである。アメリカや日本は、こと細かなルールが定められていなければ決算ができない細則主義の国である。果たして、細則主義しか経験のない日本やアメリカの企業（会計士も）がＩＦＲＳの精神に則った会計実務ができるであろうか。

先走って言えば、心配はいらない。日本もアメリカも、「ＩＦＲＳの精神」はともかくも、「表面的にＩＦＲＳに準拠した財務報告」はできる。詳しいことは後で述べる。

6　禁止されたはずの「後入先出法」を採用する

第二の問題は、ＩＦＲＳのスピリッツに則った経理を行うとした場合にも生じる「解釈論争」

の問題である。原則主義では「基準の適用」よりも「基準の解釈」「基準のスピリッツの理解」が重視される。IFRSには「原理・原則」「考え方」しか書いてないとすると、それを具体的に自社に適用するとなれば、「自社の置かれた状況に最も適切な解釈」をしなければならない。そうなると、同じ業界に属する企業同士でも異なる解釈をする可能性はある。いや、きっとその可能性は高いのであろう。

これまで日本では、新しい会計基準ができたり基準が改正されると、最初の適用年度だけは各社の実務がばらつくことがあっても、適用二年目からはほぼ全社が、各業界のリーダー的存在の企業が採用する実務に合わせてきた。それが無難だからである。

原則主義になると、そうした「リーダーに倣え」は通用しなくなる。IFRSの世界では、同業他社と同じ会計処理をしているというだけでは「自社の置かれている状況に最も適した会計処理」を採用していることを証明できないからである。

そこで各社の経営者は、自社が置かれている状況をよく分析して、書かれているIFRSをそのまま適用するか、IFRSに書かれている会計処理のどれを採用するか、それともIFRSから離脱するか、……を判断しなければならない。ときには会計士・監査法人と違う判断をすることもあろう。

例えば、IFRS（IAS2）でも日本基準でも、棚卸資産の評価方法として「後入先出法」

の採用を禁止している。理由として挙げられているのは、「後入先出法は実際のモノの流れに合っていない」とか「ほとんど利用されていない」といったことであるが、これらは後入先出法を禁止する口実に過ぎない。モノが後入先出的に流れる棚卸資産もあれば（例えば建材としての砂、備蓄が必要な石油など）、石油業界のように長年にわたってこの方法を採用してきた業界もある。

ＩＡＳＢは、後入先出法を適用すれば、バランス・シートの棚卸資産が時価を表さなくなることを嫌っているのである。後入先出法は、収益・費用アプローチに立つ会計手法である。そこでは売上原価は比較的最後に仕入れたモノの原価（つまり期末の時価に相当）で計算される。その分、バランス・シートの金額は昔に仕入れたときの原価（時価を表さない）とされる。ＩＦＲＳは「企業の売却価値」をバランス・シートに表示する会計（これを「会計」と呼ぶとすればの話であるが）であるから、後入先出法のように棚卸資産をバランス・シートに古い金額で記載するのは目的に合わないのである。そこでＩＦＲＳでは（日本基準も）後入先出法を禁止している。

余談ながら、日本の会計基準が後入先出法を禁止するのとＩＦＲＳ（ＩＡＳ）が禁止するのとでは、意味・影響がまるで違う。ＩＦＲＳのような原則主義と実質優先原則と離脱規定の世界では、禁止している後入先出法を採用することも可能である。というよりは、「禁止」は一般的な企業を想定している話であるから、例えば、一定量の備蓄が強制されている日本の石油業界の場合には、「実質優先原則」と「離脱規定」を使って、堂々と後入先出法を採用することができる。日本のスタンダード・セッターはこのことに気がついていたであろうか。

7 「ゴルフのルールは三つだけ」……でプレイできるか

上で、原則主義は日本やアメリカにはなじみがないということを書いた。多くの日本人にとって分かりやすい例を挙げて原則主義（と、細則主義の国々が採るはずの対応）を紹介する。ゴルフには詳細なルールブックがある。テニスにも野球にもルールブックがある。「公平」とか「公正」が求められる世界では、決まって詳細な約束がある。「あ・うんの呼吸」とか「紳士協定」というわけにはいかない。詳細な約束がないと、公平とか公正の判断ができないからである。

いま、ゴルフのルールが三つしかないとしよう。原則主義である。それもノーウォーク合意によって英米に有利なように、第一のルールは「ゴルフクラブはアメリカ製を使うこと」、第二のルールは「ゴルフボールはイギリス製を使うこと」とでも決められかねない。最後のルールは「ルールにないことは（英米流の）フェア・プレイの精神でプレイすること」であろうか。この三つのルールしかないとしたら、皆さんはどのようにプレイするであろうか。

「フェア」「アンフェア」の概念がない国々の会計は、しばしば英米から「アンフェア」だとして指弾されてきた。ことは会計に限らない。スポーツの世界も同じである。夏のオリンピックで日本人が「潜水（バサロ）泳法」で金メダルを取れば、次回からは「潜水できる距離」を制限され、冬のオリンピックで「日の丸飛行隊」が表彰台を独占すれば、次の大会では背の低い日本人に不利なルールを新設する。ノルディックの複合でも、ジャンプが得意な日本が優勝できないようにルールが変更された。すべての理由は「（欧米人が勝てないのは）アンフェアだから」である。「どっちがアンフェアだ」と言いたい。

英米の「フェア」「アンフェア」が我々の観念と違う例をもう一つ挙げる。マリナーズ時代のイチロー選手の話である。ある試合で一塁にいたイチローが二塁へ盗塁したところ、アンパイアから一塁に戻るように指示されたことがある。ご記憶の方も多いことであろう。その試合はマリナーズがかなりの点差でリードしていた。アンパイアは「点差の開いている試合で盗塁するのはアンフェアだ」というのである。そんなことを言われたら日本の高校野球はアンフェアの塊みたいなものではないか。

ゴルフのルールが三つしかないとすれば、ショットするたびに、スコアを数えるたびに、何がフェアか、どうすれば同伴プレーヤーからアンフェアだと言われないかを考えなければならないであろう。しかし、フェア・アンフェアの観念の薄い日本人がいくら考えても、どうすればフェアになるかは、正直に言って分からない。

ではどうすればよいか。答えは簡単である。アンフェアと言われないようにするには、「昔のとおりに」「昔使ったルールブックのとおりに」プレイし、昔と同じようにスコアを数えればよいのである。そうすれば同伴プレーヤーもアンフェアだとは言わないであろう。きっと同伴プレーヤーも、昔のルールに従ってプレイするはずである。

8　やっとアメリカが気づいた！

世界の会計も同じであろう。アメリカはUS—GAAPをIFRSに近づけるために自国の基準を大幅に削減するはずであった。しかし、アメリカの、二万五〇〇〇頁にも上る会計基準はどれ一つとっても「必要があって設定した基準」である。不要な基準などはない。もともとアメリカは、US—GAAPとIFRSとをコンバージェンスする作業が進むにつれてUS—GAAPを大幅に削減することを約束していた。しかし、US—GAAPを削減する作業はほとんど進んでいない。原則主義のIFRSに書いてないことがあれば、US—GAAPを参照するとすれば削減することはできないのだ。アメリカは、経営者も会計士もSECも、仮にIFRSに移行したとしてもUS—GAAPが必要になることに気がついたのだ。信じられないくらいに、鈍感な国である。では、日本はどうか。

日本も同じであろう。日本基準を捨ててＩＦＲＳに移行したとしても、原則だけのＩＦＲＳでは実務ができない。いきおい、アメリカと同様に、「昔はどうしていたか」「昔のルールブックにはどう書いてあったか」を思い出し、昔のように（つまり今と同様に）会計処理・報告するであろう。そうなったら、ＩＦＲＳに準拠したような顔をして自国基準（Ｊ－ＧＡＡＰ）でいくことになるであろう。

すでに細かなルールを持っている細則主義の国には、原則主義は根付かないであろう。仮にＩＦＲＳを採用したとしても、字面の会計基準は変わるだろうが、会計実務は変わらないと考えておかしくはない。

アメリカの会計基準を設定する法的権限を持っているのは、ＳＥＣである。ＳＥＣは二〇一一年中にＩＦＲＳをアメリカ企業に強制適用するかどうかを決めると言ってきた。しかし、二〇一一年五月下旬に公表したＳＥＣの実務者レベルの素案では、実際にアメリカがＩＦＲＳを採用するにしても五－七年の移行期間が必要であることと、ＩＦＲＳとともにアメリカ会計基準（ＵＳ－ＧＡＡＰ）も併存させていくという折衷案が示されていた。この案はＳＥＣのシャピロ委員長（当時）も追認している。

どうやらアメリカは、自国基準を残したまま、ＵＳ－ＧＡＡＰにＩＦＲＳを取り込んで、それによって作成した財務諸表を「ＩＦＲＳに準拠して作成したもの」と主張できるようにしたいと考えているようである。賢明である。アメリカがそうした賢明な会計戦略を取るとすれば、世界の多くの国が追随するのではなかろうか。そうなればアメリカの尻馬に乗るのを特技とする日本は、躊躇なく、追随すればよい。アメリカは日本が尻馬に乗ることを大歓迎するはずである。

9　原則主義と資産・負債アプローチは両立しない

資産・負債アプローチは、用語としては新しい装いをしているが、実は、七〇年程前までヨーロッパでもアメリカでも支配的な会計方式であり、わが国の会計学テキストでは「純財産増加説」として紹介されてきた考え方と基本的に同じである。

ところが、貸借対照表を重視する資産・負債アプローチは、中長期的な企業収益力を測定する用具として不適切であるということから、次第に損益計算書を重視する収益・費用アプローチに移行し、一九三〇年代以降、世界の会計は収益・費用アプローチを採用してきたのである。

ところが、最近、アメリカの会計が収益・費用アプローチから、資産・負債アプローチに軸足を移してきた。会計の世界は、経済先進国であるアメリカにリードされてきたこともあって、アメリカの会計が資産・負債アプローチ（古典的な用語を使えば、静態論）に移行するにつれて、そうした古典的な会計観が改めて世界中の会計界に広まってきている。

わが国でも、時価会計、減損会計、退職給付会計、企業結合会計など、近年の会計ビッグバンの下で新たに導入された基準は、こうした資産・負債アプローチに立ったものであると言われている。

この資産・負債アプローチには、会計学から見て、重大な欠陥がいくつかある。一つは、静態的貸借対照表を作成するには、会計の専門的知識も複式簿記による継続的な記録も要らない、ということである。会計学が要らないのである。期首と期末に、財産を棚卸しすれば貸借対照表ができるのであるから、「門前の小僧」ではないが、しろうとでも財産計算ができる。

世界中の会計（学）は、伝統的に資産・負債の「評価」を避けて理論を組み、実務を積み上げてきた。資産の原価主義も収益実現主義も、「評価」を避けて作られた理論の成果である。そのために、世界中の会計界には、資産負債の評価に関する専門知識もなければ、技術や実務の積み上げもない。

資産・負債アプローチのもう一つの欠陥は、資産・負債アプローチにとって致命的である。それは、静態的貸借対照表からは企業の収益力が読めない、ということである。

確かに、自分の取り分なり財産が増加すれば利益、取り分・財産が減少すれば損失というのは、会計（学）を知らない者にも簡単に説明できる。収益・費用アプローチのように、「期間の収益を実現主義で測定し、その収益を獲得するのに要した費用を発生主義で測定し、差額として期間損益を計算する」と言われても、会計（学）の知識がなければ何のことを言っているのか理解できないが、「期首に持っていた財産（お金）が期末までに増えていれば利益（もうけ）」というのは、小学生にでも理解できる。資産・負債アプローチは、誰をも納得させることができる「考え方」なのである。資産・負債アプローチに立った会計基準を設定すれば、経営者もＳＥＣも納得させることができるであろう。

かくして、資産・負債アプローチの目指すところは、評価論にならざるを得ない。世界の会計界がこれまで避けてきた、会計がもっとも苦手とする「評価」を、核となる手法とせざるを得ないことになった。

ところで資産・負債アプローチを徹底するには「資産・負債の評価に関する細則」が必要になる。収益・費用アプローチの場合には、「収益の上限はキャッシュ・インフロー」「費用の上限はキャッシュ・アウトフロー」という厳格な枠があるために、不正とか会計操作には限界がある。収益の計上も費用の計上も「キャッシュ・フロー」が伴わない限り計上できないのだ。だから、収益費用アプローチを取る限り、基本的な原則は少なくて済む。原則主義が合っているのである。

ところが、資産・負債アプローチを取ると、資産・負債の評価に関する詳細なルールが必要になる。世界の会計界にとっては、キャッシュ・フローを離れた資産・負債の評価は「未知の世界」「未体験の世界」に近い。会計士も経営者も会計学者も経験したことのない世界である。「会計」が「評価論」に変わるのである。

これからの経営者や会計士は、資産・負債の評価が仕事になるのであるから、不動産鑑定士やアクチュアリー（保険数理の資格を持つ専門家）の資格か専門知識を持たないと仕事にならないのではないだろうか。

いや、そんな脅かしめいたことを言いたいのではない。言いたいことは、ＩＦＲＳの原則主義と資産・負債アプローチは両立しないということである。

第12章　「同等性評価」が世界を救う

——なぜIASBは世界基準化を目指したのか

1　「健全な」日本の会計基準
2　進まないコンバージェンス
3　IFRS全面時価会計の源流
4　怨念の全面時価会計
5　「EUの会計基準」から「世界統一基準」へ
6　EUの相互承認
7　相互承認の前提としての「同等性評価」
8　多様性が進歩と改善を生む
9　コンバージェンスへの逆回転

1 「健全な」日本の会計基準

ＩＡＳＣが開発を進めたＩＡＳも、それをＩＡＳＢが受け継いだＩＦＲＳも、初めから世界中の企業が採用するような「国際的統一基準」を目指していたわけではない。それがなぜか、世界中で強制適用する国際基準とする方向に暴走してしまった。それも、わずかに数年前のことである。本章では、なぜＩＡＳＢがＥＵ域内で強制適用される会計基準（ＥＵ－ＩＦＲＳ）に満足せずに、日本やアメリカを巻き込んで「世界統一会計基準」という「バベルの塔」（黒澤利武氏の表現）を目指して暴走し始めたのかを明らかにしたい。

ただしここで問題とするのは、多くのＩＦＲＳ解説書などが説明しているような表向きの話ではない。ＩＡＳやＩＦＲＳの「開発」とその「布教」には、「理論」とか「合理性」とか「規範性」「合意の高さ」「説明力」「意思決定有用性」……といったことはほぼ無縁である。ましてやＩＡＳ・ＩＦＲＳが「高品質」であるとか、「論理的に導き出された」などというのは、ＩＡＳＢの「手前味噌」的な話としか言いようがない。

ＩＦＲＳがもし、アメリカの会計基準よりも日本の会計基準よりも「高品質」であるなら、コンバージェンスという作業などは必要ないはずである。さっさとＩＦＲＳに乗り移ればよい。Ｉ

郵 便 は が き

料金受取人払郵便

落合支店承認

4079

差出有効期間
2017年２月12日

（期限後は切手を おはりください）

161－8780

東京都新宿区下落合2-5-13

㈱ 税務経理協会

社長室行

お名前	フリガナ	性別	男 · 女
		年齢	歳
ご住所	□□□-□□□□ TEL （ ）		
E-mail			
ご職業	1．会社経営者・役員 2．会社員 3．教員 4．公務員 5．自営業 6．自由業 7．学生 8．主婦 9．無職 10．公認会計士 11．税理士 12．その他（ ）		
ご勤務先・学校名			
部署		役職	

ご記入の感想等は，匿名で書籍のＰＲ等に使用させていただくことがございます。
使用許可をいただけない場合は，右の□内にレをご記入ください。 □許可しない

ご購入ありがとうございました。ぜひ、ご意見・ご感想などをお聞かせください。
また、正誤表やリコール情報等をお送りさせて頂く場合もございますので、
E-mail アドレスとご購入書名をご記入ください。

この本のタイトル	

Q1　お買い上げ日　　　年　　月　　日

ご購入方法
1．書店･ネット書店で購入（書店名　　　　　　　　　）
2．当社から直接購入
3．その他（　　　　　　　　　　　　　　　　　　　）

Q2　本書のご購入になった動機はなんですか？（複数回答可）
1．店頭でタイトルにひかれたから　2．店頭で内容にひかれたから
3．店頭で目立っていたから　4．著者のファンだから
5．新聞・雑誌で紹介されていたから（誌名　　　　　　　）
6．人から薦められたから
7．その他（　　　　　　　　　　　　　　　　　　　）

Q3　本書をお読み頂いてのご意見・ご感想をお聞かせください。

Q4　ご興味のある分野をお聞かせください。
1．経営　2．経済・金融　3．財務・会計
4．流通・マーケティング　5．株式・資産運用
6．知的財産・権利ビジネス　7．情報・コンピュータ
8．その他（　　　　　　　　　　　　　　　　　　　）

Q5　カバーやデザイン、値段についてお聞かせください

①タイトル	1良い	2目立つ	3普通	4悪い
②カバーデザイン	1良い	2目立つ	3普通	4悪い
③本文レイアウト	1良い	2目立つ	3普通	4悪い
④値段	1安い	2普通	3高い	

Q6　今後、どのようなテーマ・内容の本をお読みになりたいですか？

FRSについて言えることは、せいぜい、US―GAAPよりもルールの数が少ない、つまり原則主義に近いということと、J―GAAPよりも全面時価会計に近いということくらいであろう。決して基準の品質の話ではない。

基準の質という点では、IFRSやUS―GAAPとの無理なコンバージェンスによって少し行き過ぎたところを元に戻せば、日本の会計基準は、現在のヨーロッパの会計基準よりもアメリカの会計基準よりも、はるかに健全な会計観で構成されているといえる。

2　進まないコンバージェンス

もしもIFRSが世界で最も高い品質で、世界が合意する基礎的な概念から「論理的に導きだされた」ものであるならば、日本もアメリカもとっくの昔にIFRSに全面移行していたはずである。「世界で最も厳格」とか「世界で一番進んでいる」と自負するアメリカがIASBとの間で「ノーウォーク合意」（二〇〇二年）を結んでから、すでに一〇年になる。日本の会計基準をIFRSとコンバージェンスすることを約束（東京合意。二〇〇七年）してから、すでに五年経った。いまだに日本基準とIFRSには解消できないいくつかの差異が残っているし、US―GAAPとの間には「乗り越えられない」とも評される差異（というより、自国の国益・産業の生き残りをかけた駆け引き）が残っている。

これらの差異をどういう形で解消するかは、アメリカにとってもIASBあるいはEUにとっても一歩も退けない駆け引きなのである。こうした駆け引きを見ていると、「会計は政治」「国・産業を興すも滅ぼすも、会計次第」というのが国際社会の常識だということがよくわかる。それに引き換え、日本では、政治家が会計問題に介入すると、途端に経済音痴の新聞やメディアが「政治が会計に口を挟むとはけしからん」と書きたてる。自見庄三郎金融担当大臣（当時）が「政治的決断」によって、「自己目的化した会計の国際化（IFRSの適用）」を白紙に戻したときも、一部のメディアから同様の反応が見られた。

妙ではないか。恐らく日本の新聞やメディアは、世界中で会計問題が政治問題として取り上げられていることを知らないのか、それとも、会計問題はその方面の専門家に任せておくべきことで政治が介入すると「汚れる」とでも誤解しているのではなかろうか。

もしも政治が会計問題に口を挟んではならないということであれば、アメリカのブッシュ前大統領もフランスのシラク元大統領、サルコジ前大統領も指弾されるべきであろう。また、会計問題に政治家が口を挟むなということであれば、「教育」「医療」「原子力」「歴史」などの専門家が大勢いる領域の問題に政治家が介入することを、日本の新聞・メディアはどうして批判しないのであろうか。

3 IFRS全面時価会計の源流

最初に、なぜ、IASCもIASBも金融商品だけではなく棚卸資産も事業用固定資産もすべて時価評価する「全面時価会計」を目指してきたのであろうか、このことを書く。

時代は三〇年ほど遡るが、一九七〇年代から八〇年代の初め、イギリスは深刻なインフレに見舞われた。一九七四年は前年比一六%の上昇、七五年は二四%、七六年と七七年は一六%、八〇年は一八%も上昇したのである(小売物価指数)。

それまで会計の世界では、インフレが進行すると報告利益に架空利益(インフレ利益、ペーパー・プロフィットともいう)が入り込み、貸借対照表も資産の実態から大きく遊離するために、「物価変動会計」(インフレ会計ともいう)という物価指数を使って会計数値を修正する会計が工夫されてきた。簡単に言うと、物価が一〇%上昇すれば利益も一〇%上昇するのであるが、それが単なるインフレの結果とすれば利益の一〇%は実質がない、と考えるのである。

ところが、この物価指数を使う会計は、高いインフレを抑制できない政府にとって都合が悪い。インフレ率は、ある意味で、政府の成績簿でもあるからである。年率一六%とか一八%を超えるインフレとなれば、政府の無策、失政と批判されかねない。そのインフレ率を、会計士と企業が、公然と報告利益の数値修正に使うというのは政府として黙認できることではなかった。

そこで、イギリス政府は、独自の委員会（サンディランズ委員会）を作って「インフレというものは実在しない。あるのは個々の価格の変動だけである」という理屈からインフレ会計を排除し、個々の価格変動を反映したカレント・コスト会計（CCA）という時価会計を強制的に導入した。政府主導のもとで棚卸資産も固定資産も時価評価の対象とする全面時価会計が採用されたのであった。

このとき、時価会計の理論的バックボーンを提供したのが、ロンドン大学のカーズバーグ教授（その後、IASC事務総長）とエジンバラ大学のスタンプ教授（故人）であった。

さらにもう二人、学界と会計士業界に籍を置く時価主義者が、時価会計を後押しした。ブリストル大学のウィッティントン教授（後に、IASB理事）と、トムスン・マクリントック会計事務所のリサーチ・パートナーであったトゥイーディー氏（前IASB議長）である。二人も、カーズバーグやスタンプに負けず、狂信的な時価主義信奉者であった。

CCAという全面時価会計は、その後、燎原のごとくアメリカ、オーストラリア、カナダ、ニュージーランドなどの英語圏に広く採用されたことから、一時はトゥイーディーやカーズバーグは絶頂期にあった。しかし、多くの英語国が各国政府主導のもとで時価会計を採用したとたんに、各国の産業界や会計士界・投資社会から一斉に「時価会計は使えない」「時価会計では投資意思決定ができない」という批判が噴出し、わずか二年半かそこらで、どこの国の時価会計も「強制終了」となった。トゥイーディーやカーズバーグは、わずか二―三年で絶頂期から奈落の底に突き落とされたようなものであった。彼らの落胆はどれほどであったろうか。それが原因であったかどうかはわからないが、カーズバーグはその後ロンドン大学を辞めて、ブリッテッシュ・テレコム（ＢＴ）に移っている。

その後、しばらくしてトゥイーディーはイギリスの会計基準審議会の議長として、カーズバーグはＩＡＳＣの事務総長として再び会計界の表舞台に顔を出してくるのである。ＩＡＳＢの時代になるとトゥイーディーはＩＡＳＢの議長として、ウィッティントンはＩＡＳＢのリエゾン理事として時価会計の復活に奔走するのである。

4　怨念の全面時価会計

ＩＡＳＣ・ＩＡＳＢになってからトゥイーディーやカーズバーグが時価会計を強引に推し進める裏には、こうした背景があったのである。ＣＣＡは棚卸資産も固定資産も時価評価するという全面時価会計であった。トゥイーディーやカーズバーグがＩＡＳＣとＩＡＳＢを通じて、金融商品だけでなく資産と負債を全部時価評価することを目指してきたのは、自分たちの名誉回復を狙ってのことであることは間違いない。三〇年ほど昔に絶頂期から叩き落とされた怨念と遺恨を、今、国際会計基準を舞台に晴らそうというのである。トゥイーディーからしてみると、IFRSの時価会計をEU諸国だけに振りまくのでは気が済まない。三〇年前の怨念を晴らすためには、世界中に時価会計、それも棚卸資産も固定資産もすべて時価評価するという（三〇年前と同じ）全面時価会計を押し付ける必要があるのだ。

IASCとIASBの人脈を紹介すると、トゥイーディーは、エジンバラ大学卒でPhDもエジンバラで取得している。エジンバラ大学には時価論者のスタンプ教授がいた。カーズバーグがマンチェスター大学で教えていたときの弟子が、IASB理事からFASBに送り込まれたハーズFASB前議長であった。ハーズは師であるカーズバーグの言うとおりに行動しているといわれていた。IASCもIASBも、時価主義者の集まりだったのである。

IASCが、そしてIASBが全面時価会計に強くこだわる理由も、その全面時価会計をIFRSを通して世界中に押し付けようとする理由も、ここにあるとみてよい。要するに、IFRSの全面時価会計も世界統一会計基準構想も、トゥイーディーたちの遺恨晴らしなのである。そうした事情を知れば、IASBがアメリカのごり押しや無理難題を飲み込んででも、アメリカにIFRSを採用させようとしてアメリカにすり寄る動きがよく理解できるであろう。

ただし、幸いにも（時価主義者にとっては不幸にも）、ここで名を挙げた狂信的ともいうべき時価主義者たちは、今ではＩＡＳＢからもＦＡＳＢからもリタイアしている（トゥイーディーがＩＡＳＢ議長を辞めたのは一昨年の六月三〇日であった）。これからもＩＦＲＳの全面時価会計を強引に推進するパワーがＩＡＳＢに残っているかどうかはつまびらかではないが、全面時価会計の旗を振るリーダーを失ったことは間違いない。

5 「ＥＵの会計基準」から「世界統一基準」へ

ＥＵは、一九九三年の結成後、域内の金融市場をアメリカの市場に対抗できるだけのものにするために、規制の統一を急いでいた。しかし、ＥＵ諸国にはイギリス、フランス、ドイツなどの会計先進国がそれぞれ独自の会計観と会計制度・会計基準を持っており、それらを統合して新たに「ＥＵ統一会計基準」を編成するというのは極めて困難であることは明白であった。

それに比べると、すでにＩＡＳＣ時代のＩＡＳを引き継いだＩＦＲＳを利用することは非常に現実的であった。ＩＡＳもＩＦＲＳも、特定の国、特にアメリカの影響をあまり強く受けていなかったこともＥＵとしては受け入れやすい基準であった。

前章「国際会計基準の『出自』と現在」でも書いたように、ＩＦＲＳを「ＥＵが域内で統一的に使う会計基準」として使うということであれば、現在のＥＵの市場の大きさ（構成国二七か国、人口五億人、GDP名目一八兆四千億米ドル）からして、アメリカも一目置いた態度を取らざるを得ないはずであった。

ところが、ロンドン（IASB）が「EU二七か国の会計基準」に満足せず（満足しない理由は上に述べた）、コモン・ウエルス（英連邦。現在五八か国）の国々にIFRSを採用するように働きかけた。その結果、イスラム圏の三か国を除く五五か国がIFRS採用国に仲間入りをしたのである。EU二七か国とコモン・ウエルス五五か国で八〇か国を超える。

ロンドンは、これだけ多くの国・地域がIFRSを採用していることを喧伝しながら、アメリカと日本に「IFRS採用国」となるように働きかけたのである。主役を演じたのは、もちろんのこと、トゥイーディーであった。その後、世界中の国々がIFRSを採用しているという宣伝文句につられ、さらにアメリカも採用しそうだという噂に踊らされてIFRS採用国の仲間入りした国を加えると、一一〇か国を超えるという。

ただし、これらの国々が本当にIFRSを使っているのかを誰も調査したことはない。それ以前に、これらの国に果たして産業はあるのか、資本市場があるのか、上場会社があるのか、会計士はいるのか、監査は行われているのか、IFRSは順守されているのか……IASBも調べようとはしない。もしも調べてみたら、「実際にはIFRSは使っていない国」「自国流に勝手に直して使っている国」「上場会社のない国」「会計士による監査が行われていない国」「連結するだけの企業集団がない国」……がぞろぞろ出てきたら、IASBとIFRSへの信頼は一気に地に墜ちるかもしれないのである。だから、といっては語弊があるかもしれないが、IASBは各国の実情をまったく調査していない。

こんな素姓のIFRSである。とても「高品質」とか「健全な会計（sound accounting）」とは縁のない話である。IFRSがこんな狂信的時価主義者たちの怨念と遺恨を引きずったものであることを知れば、一国の経済や個々の企業経営を左右する「公器としての会計基準」としての適格性がないことは明らかであろう。

では、日本は、世界はどうすればよいであろうか。次に、その解決策としての「ヨーロッパの知恵」を紹介したい。

6　EUの相互承認

話は、会計から少し離れる。EU諸国は、域内の制度を平準化しようとするときに、これまでしばしば「相互承認（mutual recognition）」という考え方を持ち込んできた。EUは、文化も歴史も宗教も経済力も政治体制も異にする国々の集合体である。一時は、憲法はじめ多くの法律を統一する計画を立て、経済関係は比較的統一しやすいと考えて、手始めに会社法の統一を図ったが、いまだにEU諸国のすべての企業に適用する統一会社法はできていない。EUの基本理念を宣言するはずであった欧州憲法の制定はフランスやデンマークが拒否した。その理由は、EUの存在意義は、アメリカの政治力、経済力、軍事力に対抗することにあり、必ずしも、EU域内の国々を同じ理念や制度で縛り付ける必要はない、と考えたからではなかろうか。

EUの「相互承認」という考えは、「グローバル・スタンダードとして制度の平準化を一律に推進するのではなく、各国の固有の制度を残したままそれをお互いに認め合おうという考え方」である（中谷巌、二〇〇八年）。文化も歴史も宗教も経済力も違うヨーロッパ諸国が、アメリカに対抗できるだけの経済圏を形成しようと思えば、時間もかかれば摩擦を生むような「域内の統一」を求めるよりも、相手の立場や考え方を承認する見返りとして自分の立場や考え方を認めてもらう方式（相互承認）のほうが理にかなっていたのである。

そうした考えは、会計基準においても採用されている。日本は、かねてよりEU企業が採用するIFRSを調整措置（日本基準による決算との違いを示す調整表を作成する）なしで、受け入れてきた。EUも、日本企業や米国企業に対しては同様の扱いであった。これが「相互承認」である。表面的な「違い」を強調するよりも、実質的な「同質性」を評価し、「違い」は「違い」としてお互いに認め合おうというものである。「分煙」に近い考え方といえば身近に感じられるかもしれない。

7 相互承認の前提としての「同等性評価」

その後EUは、二〇〇五年に域内企業の連結財務諸表にIFRS（EU－IFRS）を適用することを義務づけたが、それを契機として、域外の企業に対しても、EU資本市場で資金調達する場合には、EU－IFRSかそれと同等と認められる会計基準を適用することを求めることとした。「同等性評価」である。

それまでEUは、日本やアメリカとは、会計基準に関しては「相互承認」という立場を取ってきたが、相互承認の前提として「同等性評価」を行うことにしたのである。

ここで「同等性」とは、EU域外の国の会計基準に従って作成した連結財務諸表でも、EU－IFRSを使って作成した連結財務諸表と類似した投資判断が可能なことを指す。基準自体が同じでなくてもかまわない。ある国の会計基準全体としてEU－IFRSと同等だと評価する方式を「ホーリスティック・アプローチ（Holistic Approach）」と呼ぶが、単純に日本やアメリカの基準とIFRSのパーツを並べて（atomism）評価するのではなく、仮に基準間に重要な差異があったとしても、それらの差異を解消することを目的とした合理的なコンバージェンス・プログラムがあり、かつ、そのプログラムが確実に実行されていれば、IFRSと同等とするものである。同等と評価されれば、ヨーロッパの市場で資金調達する外国企業には連結財務諸表に補正措置を取ることが要求されなくなる。

日本は、二〇〇八年一二月に、アメリカとともに、EUの行政府であるEC（欧州委員会）から、会計基準がUE基準（EU—IFRS）と同等であるとの最終評価を受けた。

EUは、自分たちが使っているEU—IFRSも、日本の会計基準も、アメリカの会計基準も、それらを適用して作成した連結財務諸表からは類似した投資判断が可能なので、いずれの会計基準もEU—IFRSと「同等である」と認定したのである。ここでは、それぞれの基準がまちまちであっても精粗に差があってもかまわないとした。書物にして五〇〇〇頁の日本の基準と、二万五〇〇〇頁という詳細な規定をもつアメリカの基準と、二千五〇〇頁にしかならないEU—IFRSとでは、基準の内容や具体性、指標とされる数値などは相当違うであろう。

EUは、そうした表面的あるいは文章上の相違を問題とするのではなく、違った基準を適用しても「同等の投資判断」が可能かどうかを「ものさし」として各国の会計基準を評価したのである。EUの「同等性評価」は、他国の会計基準を採点しようというものであり、考えようによっては「傲慢」ともいえるが、しかし、このEUの対応は、自分たちの会計基準を外国企業に押し付けることをせず、外国で作られた会計基準を「尊重」するものであり、実に「大人」である。

8　多様性が進歩と改善を生む

ＥＵ方式を採れば、「同等」と評価される会計基準が世界にいくつか並存することになる。いずれかの会計基準に問題が発生すれば、他の基準を参考にして改善することもできるし、どの基準を適用した連結財務諸表がより投資判断に適切かということも分かるようになる。

わかりやすい例を挙げる。世界中の車が一種類しかない状態を想像してみればよく分かることである。車が一種類しかなければ乗り比べて優劣を比較することもできず、仮に問題や不具合があっても、その一種類の車でやり繰りするしかなくなる。進歩とか改善とかを工夫する余地も必要もない。その車に不備があることさえ気がつかないかもしれない。

このことは会計基準も同じである。今、世界中の会計基準をＩＦＲＳに一本化しようとしているが、世界中の企業がＩＦＲＳに準拠して財務諸表を作成するようになれば、ＩＦＲＳが（ＩＡＳＢが喧伝するとおりに）「高品質」の基準なのかどうかを検証することもできない。ＩＦＲＳにいかなる不備があろうとも（会計基準が一つしかなければ、不備があることさえ気が付かないかも知れない）、想定していない事態が起きようとも、唯一の基準で対応するしかない。

そうなると、世界の各企業の財務報告は「ルールどおりに行われている」が「企業の実態を表していない」ものになるか、「赤信号、みんなで渡れば……」とばかり世界中がＩＦＲＳを無視するか、「政治的解決」か、いずれかの道を進むことになりかねない。

アメリカもつい数年前までアメリカの会計基準が「世界で最も厳格かつ進歩的」であるという自負から、アメリカの資本市場に上場する外国企業にはＵＳ－ＧＡＡＰに準拠した財務諸表の作成を要求してきた。それがヨーロッパとイギリス連邦（コモン・ウエルス）諸国を中心にＩＦＲＳが幅広く採用されてきたことから、戦略を変えて、二〇〇七年一一月、ＳＥＣは、海外企業がアメリカ市場で資金調達する際にＩＦＲＳに準拠した財務諸表を差異調整なしに受け入れることを正式に決定している（ただし、ＳＥＣは純粋ＩＦＲＳ（完全版ＩＦＲＳ）に準拠することを条件としており、この点がＩＦＲＳから一部カーブアウトしているＥＵにとって課題となっている）。

9　コンバージェンスへの逆回転

ＩＦＲＳとのコンバージェンスがこれほどに進められた以上、ＩＦＲＳと日本基準の間には、特別に比較障害を起こすほどのデコボコはないはずである。そうであれば、黒澤利武氏が言うように、「コンバージェンスが進展すれば、日本基準も十分に高品質で国際的に整合的になるわけであり、それをＩＦＲＳにスイッチする限界効用は限定的となる。他方、投資家は、……ＩＦＲ

Sに合わせて自らを再教育する必要があり、限界費用は大きく感じられるであろう。」(黒澤利武、二〇〇八年)

黒澤氏が言いたいことは、ここまでコンバージェンスが進められたのであれば、日本基準と国際基準は大きな相違がなくなったのであるから、それをあえて、日本基準を捨ててIFRSを全面採用するというのは、投資家に負担をかけるだけで、特段のメリットはない、ということであろう。負担は投資家ばかりではない。もっとも大きいのはIFRSが適用される企業であろう。

アメリカが長い年月(ノーウォーク合意から一〇年)を掛けてIFRSとのコンバージェンスを進めた結果、IFRSとUS―GAAPとの間には、財務諸表の比較障害を起こすほどの大きな相違が無くなってきた。日本もコンバージェンスの結果、US―GAAPやEU―GAAPとほとんど変わらなくなった。アメリカの財務情報の利用者(主に、投資家)やSECは、それに気がついたからこそ、これまで慣れ親しんできたUS―GAAPを捨てて、未経験のIFRSに移ることに、むしろ、失うものの大きさや、変わるために使うエネルギーを考えると、「何もUS―GAAPを捨てて、IFRSに乗り換える必要はない」と感じ始めたのではないかと思われる。

いかなる「素性」「出自」のものであれ、IFRSはEU二七か国を初め、多くの国で使われている(ことになっている)。今すぐにIFRSをやめることは現実的ではない。しかし、現在の、「資産負債アプローチ」「全面時価会計」「企業売買情報」を特徴とするＩＦＲＳが長続きするとはとても思えない。

ここしばらくは、ＥＵの「大人の知恵」を借りて、アメリカ、ＥＵ、日本の三大資本市場で使う会計基準の「同等性評価」をベースとした「相互承認」を目指すべきであろう。

第13章　暴走する資産・負債アプローチ

――アメリカの後始末を押し付けられる世界

1　原因はいつもアメリカの会計不正
2　資産負債アプローチの「補完的機能」
3　資産負債アプローチの「政治的な暴走」
4　静態論から動態論へ
5　アメリカ会計の静態化――ギャンブラーのための会計報告
6　アメリカ会計の政治的背景――「嵐の60年代」
7　アメリカ会計の静態化――「監督会計」
8　国際会計基準のマクロ政策

1　原因はいつもアメリカの会計不正

アメリカの会計が「静態化」してきたといわれて久しい。ここで、「会計の静態化」とは、会計の中心が「損益計算書から貸借対照表へ」、会計の課題が「利益の計算から財産の計算へ」と、移行してきたことをいっている。会計観が、動態論から静態論へ逆戻りし始めたのである。古い表現を使えば、「損益法」から「財産法」への重心移動であり、最近の表現を使えば、「収益・費用アプローチ」から「資産・負債アプローチ」への傾斜である。

以下に明らかにするように、会計の静態化はアメリカに特有の現象であった。それも、いつものことであるが、アメリカの産業界が会計を悪用したり不正な会計を続けたことに対する「対策」「対症療法」として採用されたものである。アメリカ以外の会計先進国には見られない現象であった。

新しい静態論（資産・負債アプローチ）は「アメリカ病の治療に使う薬」であったが、ＩＦＲＳとＵＳ－ＧＡＡＰのコンバージェンスの過程で別段の理論的検証もなくＩＦＲＳに全面的に取り込まれ、アメリカ病とは何らの関係のない国々に「投与」されることになるのである。

最近の会計に関する限り、アメリカは、繰り返し自国に発生した会計不正の対症療法・消火基準を、あたかも先進的な会計であるかのように世界中に振りまいてきた。時価会計しかり、減損会計しかり、持分プーリング法の禁止しかり、退職給付しかり、リース会計しかり、である。

2　資産・負債アプローチの「補完的機能」

世界の会計は、伝統的に「損益法」(収益・費用アプローチ)をベースとして理論構築されてきたが、収益と費用という目に見えないフローの計算には恣意性が入り込みやすいことや、貸借対照表に記載される金額と企業が保有する資産の実態の間に乖離が生まれるという欠点がある。そのために、損益法の行き過ぎを是正するために、財産法(資産・負債アプローチ)によるストックの計算を取りこんできた。

こうした考え方は、アメリカの会計界でも共有されていた。辻山栄子教授は、FASBの討議資料(一九七六年)などを分析したうえで、次のように述べている。

「資産負債アプローチは本来、収益費用アプローチに依拠して利益計算を行う場合の収益や費用の期間配分の恣意性を極力小さくするために、経済的資源ではないものを無制限に将来に繰り延べたり、経済的義務ではないものを無制限に見越し計上することに歯止めをかける意味で、収益費用アプローチの補完的な役割を担わされていたという理解が成り立つ。」(辻山栄子、

二〇〇七年）

3　資産・負債アプローチの「政治的な暴走」

ところが、最近では、資産・負債アプローチと収益・費用アプローチは対立するものとして、あるいは二者択一の方式として捉えられるようになってきた。その傾向は、IFRSとUS－GAAPとのコンバージェンスの過程において強く打ち出され、その結果、「誰の目にも望ましいインフラの共通化を超えて、イデオロギーと化した資産・負債アプローチによる世界統合への政治的な暴走」（斎藤静樹、二〇〇八年）を許し始めたのである。

本章では、なぜ、アメリカの会計観が静態化してきたのかを問うと共に、そうした会計観の逆戻りが、アメリカの会計と会計学を「論理なき世界」に迷い込ませてきたこと、さらには、そうしたアメリカの会計観の変化を「丸飲み」した国際会計基準（IFRS）がどのように「変節」し、その結果、「アメリカ会計観のゆらぎ」が世界中の会計界に不必要な変更とコストを強いていることを明らかにしようとするものである。

上に紹介した斎藤教授の論文ではアメリカの会計がなぜ「政治的暴走」したのかについては具体的な説明をしていないが、私なりの解釈は前章「『同等性評価』が世界を救う—なぜIASB

は世界基準化を目指したのか」で示したつもりである。以下に述べる話は、資産・負債アプローチが「会計の論理」から逸脱して「政治的暴走」する背景や原因である。

4　静態論から動態論へ

会計は、歴史的にみると、財産を計算する手段として利用されていた時期がある。一九二〇年代までのアメリカでは、企業が銀行から資金を借りようとすれば、財産目録的な貸借対照表を提出するように求められたし、投資家に提供する情報も企業の財産とその時価がメインであった。この時代には、会計は、財産の計算と表示を役割としていたのである。

この時代の貸借対照表は、ある特定の日の財産を計算・表示するのであるから、スチール写真（静止画像）のように、企業財産の静止した状態を示すのが役割とされた。主たる財務諸表が企業財産の「静止した状態」を示すことから、こうした財産計算を目的とした会計を、「静態論」とか「静的観」という。今風の表現では「資産・負債アプローチ」である。

ところが、この静態論には、会計「学」から見て、重大な欠陥が二つある。一つは、静態的貸借対照表を作成するには、会計の専門的知識も複式簿記による継続的な記録も要らない、ということである。会計学が要らないのである。期首と期末に財産を棚卸しすれば貸借対照表ができるのであるから、「門前の小僧」ではないが、しろうとでも財産計算ができる。これは「学」とは呼べない。

もう一つの欠陥は、静態論にとって致命的である。それは、静態的貸借対照表からは企業の収益力が読めない、ということである。アメリカの経済は、一九三〇年代以降、直接金融を通して急速に証券の民主化（数多くの国民が有価証券に投資するようになること）が進み、会計に、こうした一般投資家に企業の収益力情報を知らせる役割が課されるようになってきた。

企業の収益力は、損益計算書によって表示される。損益計算書は、期首から期末までの期間の、収益の流れと費用の流れを比較表示して、その期間の成果（収益力）を示すものである。期中における活動量（フロー）を示すところから、損益計算書を重視した会計を、そのダイナミズムを含意して「動態論」とか「動的観」と呼んでいる。

今日の会計は、世界中どこでも動態論に立脚している。そうした証拠は、たとえば、損益計算の側では、不動産の評価益を計上しないこと、収益・費用の計上に実現主義・発生主義を適用していること、貸借対照表の側では、のれんや繰延資産を計上すること、資産を原価で評価すること、固定資産を定額法等の方法で減価償却したり、棚卸資産の原価を先入先出法などの方法で期間配分したりしていること、など、枚挙にいとまがない。

何よりの立派な証拠は、われわれが手にしうる会計学のテキストはすべて動態論で書かれていることである。会計の理論と実務を静態論（資産・負債アプローチ）で書きとおしたテキストは、静態化したといわれるアメリカにもないし、おそらく世界中を探しても一冊もないであろう。

5　アメリカ会計の静態化――ギャンブラーのための会計報告

アメリカの会計が静態化し始めたのは四〇年以上も昔である。一気に静態化したわけではない。以下に述べるように、いくつかの事情が重なって、次第に静態化の度合いを深めてきた。最近では、エンロンやワールド・コムの会計不正の反省から、アメリカ証券取引委員会（ＳＥＣ）が「資産・負債アプローチによる会計基準の強化」を打ち出したことから、アメリカの会計基準の静態化は加速度が高まっている。

その静態化した会計基準が、ＩＦＲＳにまともに直輸入されているのである。ここでも、ＩＦＲＳは、アメリカに発生した問題を解決するために編み出された対症療法的な「火消し基準」を取り込んでいる。対症療法的な「火消し基準」には、さしたる「論理性」とか「合理性」などは期待できないにも拘わらず、である。

では、アメリカの会計が静態化することになった理由・原因の話をする。理由・原因は、いくつもあるが、その一つは、まぎれもなく、アメリカの企業が、四半期（三か月）ごとの短期的目標によって経営され、成果も四半期ごとに計算・報告されることにある。

投資家は、投資の意思決定に必要な会計情報を、半年後、一年後ではなく、もっとタイムリーに手に入れたいとして、企業にもっと頻繁に情報を開示するように求める。企業はその求めに応じて、現在、三か月ごとに会計報告をするようになった。その結果、投資家は四半期ごとの会計情報を使って投資の決定をするようになり、企業は、四半期ごとに経営成果を出そうとして、わずか三か月間で成果の出る事業を好むようになる。M＆Aが盛んに行われるのも、デリバティブに手を染めるのも、短期的に利益をひねり出せるからである。

かくして、投資家の意思決定も、三か月後、半年後に企業がどうなっているか、を重視するようになり、会計の役割も、三か月後、半年後の企業を評価できるような情報を提供することに高い比重がおかれてきた。これまでの期間損益計算を重視した会計は、中・長期（一年から数年）的な企業評価には役に立ったが、三か月や半年のような短期の評価には向かないと考えられるようになってきたのである。

アメリカの経営者は、かくして四半期ごとにその業績が評価される。投資家は、四半期ごとの会計数値を見て、株を買ったり売ったりする。アメリカの投資家は、次第に短期的な投資観しかもたなくなり、アメリカの経営者は、そうした短期的な投資家の情報ニーズに合わせた経営と会計報告をするようになってきた。

三か月かそこらでは、本業の利益の額が大きく変動することはない。短期的に変わるとすれば、財産の金額、とくに、価格変動にさらされている金融商品やデリバティブの価値である。かくして、アメリカの四半期報告でもっとも重視されるのは、価格変動の大きい資産、たとえば金融商品の時価、つまり、静態的情報である。アメリカの会計は、こうした事情から、「中長期の投資家」とか、「健全な投資家」のための会計報告から、「ギャンブラーのための会計報告」と化してきたのである。

6 アメリカ会計の政治的背景――「嵐の六〇年代」

アメリカ会計が静態化してきたのは、政治的な理由もある。その話に入る前に、アメリカ会計がいかなる政治的背景を持っているかを書いておきたい。

アメリカの企業行動をモニタリングしてきたのは、この国の証券取引委員会（ＳＥＣ）である。ただし、ＳＥＣは企業の経理については直接的に介入することはせず、財務会計基準審議会（ＦＡＳＢ）に任せている。任せられているからといって、ＦＡＳＢが自由に会計基準を設定できるわけではない。常に、ＳＥＣの意向を受けて、ＳＥＣの掌の中で、基準作りをしているのである。

ところでそのＦＡＳＢであるが、ＦＡＳＢが誕生する事情を語らないとアメリカの会計基準がどのようにして設定されるか、特に「US−GAAPの政治的背景」が分からないし、なぜFASBが「資産・負債アプローチ」を採用するに至ったかが分からない。そのことを書く。

アメリカの基準設定主体が、アメリカ公認会計士協会（AICPA）の会計原則審議会（APB）からFASBに変わった背景には、一九六〇年代に吹き荒れた会計基準に対する批判と会計基準からの離脱が多発した事情がある。後に「嵐の六〇年代（Stormy '60）」と呼ばれたほどアメリカの会計基準と実務が乖離したのである。

それまでアメリカの会計基準（当時は「会計原則」と呼ばれた）は、同国の会計士の団体であるAICPAの中に設置されていたAPBが決めていた。ところがAPBは会計士の集まりであることから、（監査の顧客である）産業界の意向を無視できず、産業界に甘い基準を設定しがちであった。アメリカの会計基準を設定する法的権限を持っているのはSECであるが、SECは、そうした産業界寄りの基準設定をするAPBに対して、厳格な基準作りを求めたのである。

APBが厳格な基準を設定するようになると、産業界や各企業が反発して基準の順守度が落ちたり、各産業・各企業の身勝手な解釈を許してしまうことになった。それまでは原価主義と実現概念をベースとした動態論（収益・費用アプローチ）が基準設定の理論的バックボーンであった。動態論は理論的な精緻さを高く評価されながらも、操作されやすかったり、しばしば基準設定の趣旨から外れた処理、さらには公然とルールに反する処理をする企業が後を絶たなかった。

SECは、AICPAの指導力が低下し、基準を設定する能力に問題があると判断した。AICPAが、各方面から寄せられる基準批判をかわし強力な基準を設定することができなければ、会計基準の設定にSECが乗りだしてくる可能性があった。SECが乗り出してくるようなことになれば、会計プロフェッションにとってこれ以上の屈辱はない。いわば、当事者能力が疑われるのである。かくして、SECの直接介入を避けるために、それまでの会計士を中心としたAPBから、会計士業界からも産業界からも一定の距離を置いた中立的な機関としてFASBを設立し、そこに会計基準の設定をゆだねることにしたのである。

こうした背景のもとに創設されたFASBには、強力なリーダーシップとともに、(1)解釈の余地の少ない基準を設定すること、(2)会計士業界からも産業界からも一定の距離を置いた公平かつ中立的な基準を作ること、(3)SECの要求を満たすこと、という三つの使命が与えられた。

FASBは、SECの「暗黙の了解」の下に「資産・負債アプローチ」を軸とした概念フレームワークを作り、会計基準が客観的・理論的に形成されるものであり、いずれかの団体や利害関係者集団の利益によって誘導されるものではないことを示そうとした。

FASBが「資産・負債アプローチ」を採用したのは、二つの理由からであった。一つは、それまでの「収益・費用アプローチ」に比べて操作されにくいと考えられたことである。収益・費用アプローチは、実現とか期間配分といった、解釈と操作の余地が大きいコンセプトが理論構成の中心に置かれていた。そこでは、一つの会計的事実に対していくつもの原価配分法（当期にいくらの費用を計上するか）や期間帰属（いつの収益・費用とするか）の考え方が認められ、そのうちのどれを採用するかによって貸借対照表の金額も損益計算書の利益額も大きく相違した。また、実現の概念も、ときには広く、ときには狭く解釈され、損益計算をゆがめているとみられたのである。

その点、資産・負債アプローチは、（測定の問題を除けば―これが、このアプローチのアキレス腱であるが）解釈や操作の余地が少なく、利害関係が対立するような問題でも公平で客観的な処理基準を設定できると考えられたのである。かくして、FASBが志向する会計は、資産・負債アプローチをベースとすることになった。

資産・負債アプローチからは、半ば当然のごとく、「時価評価」という思考がでてくる。資産・負債の時価評価は、SECの「監督会計」にぴったり適合する。FASBが資産・負債アプローチを取る二番目の理由が、この「監督会計」である。このことを次に書く。

7　アメリカ会計の静態化――「監督会計」

SECにしろ、日本の金融庁にしろ、監督官庁であるから、産業界や企業を監督（モニタリング）する道具として会計を使う。そうした目的で行われる会計を、「監督会計」という。「企業会計」とは、違うのだ。

わが国でいえば、銀行が銀行法という法律の下に「銀行会計」を行うのも、保険会社が保険業法という法律の下で「保険会計」を行うのも、監督官庁に報告するための会計、つまり、監督会計なのである。この他にも、公益事業を営む企業を監督するための、鉄道業会計、航空運送業会計、建設業会計、電気通信事業会計、自動車運送業会計、海運業会計、電力・ガス事業会計などがある。

監督官庁は、企業活動をモニタリングするとき、マクロ経済への影響を見るのは当然であるが、個々の企業については、かなり短期的な見方をする。「この企業は、あと一年もつかどうか、半年以内に倒れることはないかどうか」、そういうことに関心を持つ。わが国の金融庁でも、一番の関心事は、モニタリングしている証券会社、銀行、保険会社が、この先、半年、一年、やってゆけるかどうかである。まともと見える決算報告をしていながら、その数か月後に破綻した保険会社や銀行が相次いだが、そうしたことを目の当たりにすれば、監督官庁としてこうした短期的なモニタリングがいかに重要かはよくわかる。

あと半年もつか一年もつかどうかは、企業の原価データや損益データを見てもわからない。原価データや損益データは企業の中長期的な収益性や安定性を読むのには適しているが、短期の企業評価には向かない。短期の企業評価のためには企業の財産の情報（債務超過に陥らないかどうかの判断とキャッシュがショートする危険がないかどうかの判断に必要な情報）が必要だと考えられている。

そうしたことから、SECは、企業に対して時価情報、つまり、企業の静態的情報を出させることに熱心なのである。それも、「投資家は、投資意思決定のために時価情報を必要としている」という大義名分の下に、「監督会計」としての情報要求であることをなかば秘して、時価情報を出させようとしてきた。そうしたSECの意向を受けて、FASBは、投資意思決定情報の提供ということを表立った理由に、企業に対して、時価情報、現在情報を要求しているのである。

アメリカの会計、いやFASBの会計は、こうしたSECの「監督会計」をもう一つの背景に、次第に静態化してきたのである。

会計が静態化するということは、貸借対照表が復権するということであり、損益計算書の役割よりも、財産計算が重視されるということである。現在の貸借対照表を考えてみよう。資産は、取得原価主義が採られていることから、貸借対照表の価額が現在の価値を示すとは限らない。有価証券のように時価の変動が激しい資産の場合や土地のように保有が長期に及ぶ資産は、貸借対照表の価額は時価から大きく離れるのが普通である。その結果、時価が上昇すれば、保有する資産に含み益が発生し、時価が下落すれば含み損が発生する。

含み損や含み益は、企業が資産を売却すれば実現するので、いつでも都合のいいときに損益計算書に計上できることから、利益操作の道具として使われる。このため、動態論をベースとする原価主義会計は、利益操作の宝庫と見られた。

こうした利益操作を排除するために、有価証券などの市場性のある資産については、時価で貸借対照表に掲記するのがよいとされた。部分時価評価である。会計の静態化は、こうして有価証券から始まり、金融商品全体へ、そして負債項目へ、さらに土地などの不動産へと拡大する傾向にある。

アメリカの会計が静態化してきたのは、以上に述べたような背景がある。会計の静態化は、決して、会計の理論が進化した結果ではない。同国の会計不正が多発した結果である。

8 国際会計基準のマクロ政策

マクロ政策などというと分かりにくいかも知れない。これは、国の立場からして、個別の企業が破綻するのと、産業界全体、いや国家が破綻するのと、どちらを選ぶかということである。言わずもがなのことであるが、個別企業が犠牲になっても、国家が危険にさらされない政策が優先されなければならない。それがマクロ政策である。

村上陽一郎教授が、『安全学』という書物の中で、こんな話を紹介している。ライオンに追われたシマウマの集団は、その集団の中で最も弱い個体をわざと逃げ遅れさせ、ライオンのエサとすることによって、集団の「安全」を図る、と（村上陽一郎、一九九八年）。

また、こんな話もしている。インフルエンザなどの感染症を予防するためにワクチンを打つが、それは、個人の安全を図ることだけが目的ではなく、むしろ、社会の多くの成員に接種することをとおして、大規模な感染を予防するのだ、と（村上陽一郎、同上）。

シマウマの話も、ワクチンの話も、社会・集団の安全、国家の存続を優先するマクロ政策と同じである。国家としての立場からは、「国破れて山河あり」というわけにはゆかない。私企業の決算といえども、マクロ政策が優先されるのはこのためである。

そこで、気になるのは、国際会計基準である。国際会計基準は、建前としては国家という枠を持たない基準である。しかし、国際会計基準といえども、マクロ的な視点を欠くことはできない。なぜなら、国際会計基準は、いくらマクロ政策から中立的に設定しようとも、その基準が各国で適用される以上、適用国のマクロ政策と無関係でいられないからである。そうであればこそ、国際会計基準は、自国のマクロ政策に貢献するような形のものにしようという誘因によって、つまり、各国の力関係によって歪められてもおかしくはない。

現在の国際会計基準も、これから決められる国際会計基準も、各国の利害を下にした綱引きによって改正や設定が行われるようになるであろう。当分の間は、アメリカとEUとの間で綱引きが行われ、いずれは、欧米とその他の地区との間で綱引きが行われ、さらには、文化を異にする地域間で、また、宗教を異にする地域間での綱引きが行われるようになるであろう。

そうであるとすれば、イギリス（IASB）とアメリカ（FASB）が手を結んで推進している「会計の静態化＝資産・負債アプローチの強化」が、世界の各国のマクロ政策に寄与するものであるかどうかが、「IFRSの存亡」を決めるキー・ファクターであることがよく分かる。しかし、IFRSを許容・採用する国・地域が一一〇を超えると喧伝される今日、「IFRSは自国のマクロ政策に合わない」と考える国が出てきてもおかしくはない。それも、会計先進国でもあり経済大国でもあるEU圏からでてくることにでもなれば、IFRSは根底から崩れ落ちる危険がある。

ましてや最近のEU・ユーロ圏は、各国政府の債務問題を原因として、イギリスがEUから離脱する可能性が取りざたされたり、南欧を中心とする問題国、キリギリスと揶揄されるPIIGS（ポルトガル、イタリア、アイルランド、ギリシャ、スペイン）の債務問題をドイツ、オランダといった北部のアリの国（財政健全国）、がどこまで支えられるのか、そうした政策をアリの各国の国民がどこまで寛容に受け入れるかが深刻化すればユーロ圏一七か国の問題に収まらず、EU自体の存亡にかかわる事態に発展する危険性がある。

ＩＦＲＳは、もともとヨーロッパがアメリカの経済侵略に対抗するために考案された、ヨーロッパ資本市場のための会計基準である。それが、前章で紹介したような狂信的時価主義者が支配するＩＡＳＢによって、「ヨーロッパの会計基準」に満足せずに、「世界基準化」を目指したのである。狂信的時価主義者にとって、アメリカ会計の「静態化」「資産・負債アプローチの強化」は、実に都合のいいことに、自分たちが最終目標とする「資産・負債の全面的時価評価」にぴったり適合する。

かくして世界の会計基準を目指したＩＦＲＳは、アメリカを抱き込むためにアメリカの「静態化した会計基準」を無批判に取り込み、それを世界の各国・各企業に、「アメリカがいいと言っているのだから」「アメリカが採用しているのだから」「すでにアメリカでワクチンが打たれているのだから」とばかり、売りこんでいるのである。

第14章　遠ざかるＩＦＲＳ

1　「おとぎの国の会計基準」
2　失速するＩＦＲＳ
3　「連結先行」から「連単分離」へ
4　「強制適用」から「任意適用の継続」へ
5　先走った日本
6　「紺屋の白袴」か「試薬」か
7　逆転し始めたＩＦＲＳ
8　企業会計審議会の「中間的論点整理」
9　ＳＥＣの最終スタッフ報告書とオバマ政権の思惑
10　現実味を帯びてきた「ＩＦＲＳ崩壊」

1　「おとぎの国の会計基準」

第6章から第9章にかけては、IFRSそのものよりも、IFRSが基礎をおいてきたとされる「概念フレームワーク」を取り上げて、その問題点を、もっと正直にいうと概念フレームワークが今日の世界の会計を大混乱に陥れた張本人ではないかということを書いてきた。

アメリカやIASBの「概念フレームワーク」は、各国の会計実務や会計経験の積み重ねをベースとせずに、どちらかというと「実験室」か「空理空論の世界」で作られた「おとぎの国の会計基準」なのである。

ところで二〇一二年の夏から秋にかけて、実は、国際会計基準の命運を左右するほどの動きがあった。本章では、そうした、IFRSを巡る最新の国際的動向と日本の動向をお伝えすることにしたい。

2　失速するIFRS

国際会計基準を巡る世界の駆け引きが激しくなってきた。数年前までは、世界中の企業が採用する「世界でただ一組の高品質でグローバルな会計基準」として資本主義経済圏を席巻する勢いがあったが、この一年間ほどの間に急速に失速し始めている。

特に、日本とアメリカという経済大国の規制機関から、ほぼ時を同じくして、ＩＦＲＳに対する消極的意見が公表されたのである。日本の金融庁企業会計審議会からは、一年間にわたる議論の論点を整理する形で、二〇一二年七月二日付で「国際会計基準（ＩＦＲＳ）への対応のありかたについてのこれまでの議論（中間的論点整理）」が公表され、アメリカ証券取引委員会（ＳＥＣ）からは、同年七月一三日付で「アメリカ発行企業の財務報告制度へＩＦＲＳを組み込むことを検討するためのワークプラン―最終スタッフ報告書」が公表された。

いずれの報告書も、「世界でただ一組のグローバルな会計基準」というＩＦＲＳの謳い文句から距離を置いた姿勢を見せており、「世界の流れはＩＦＲＳ」「全上場会社に強制適用」といった勇ましい意見は影を潜めている。

3 「連結先行」から「連単分離」へ

わが国が、いつものごとく「世界の流れ」に遅れるなとばかり、ＩＦＲＳが何ものかをよく確かめもせずに「連結先行」と「上場企業強制適用」を謳いあげたのは、平成二一（二〇〇九）年六月のことであった（企業会計審議会中間報告「我が国における国際会計基準の取扱いについて」）。

この中間報告では、IFRSの受け入れについて「連結先行」で対応する考えを示した。連結先行とは、連結財務諸表の会計と個別財務諸表（単体ともいう）の会計との間で整合性が失われない範囲で前者（連結）の会計を後者（単体）の会計に先行して改訂していくという考え方を言うとされた。

この「連結先行」論は、あたかも世界の常識かのようにわが国の実務界に流布した観があるが、その後次第に明らかになってきたのは、連結も個別もIFRSで対応しているのはイタリアなど少数の国であり、ほとんどの主要国は連結にIFRSを適用していても個別財務諸表には自国の会計基準を適用しているということであった。ドイツやフランスのように確定決算主義をとる国はむしろ個別にIFRSを適用することを禁止している。独仏に倣えば、同じ確定決算主義をとる日本も、税への影響の大きさを考えて、最初から個別へのIFRSの適用を禁止してもよかったのである。そうした知恵があれば、日本の会計界にこれほどの大混乱を巻き起こさずに済んだはずである。

4 「強制適用」から「任意適用の継続」へ

また、中間報告は、「欧州連合（EU）が全上場会社に強制適用している」という情報を重要な判断材料として、わが国でも「全ての上場企業」に適用することが適当であるという強いシナリオで書かれていた。

しかし、この情報も正確ではなかった。EUには、資本市場を統合することから統一的な会計ルールが適用される「規制市場」と、各国が自由に制度を設計できる「非規制市場」が存在していて、規制市場に上場するか非規制市場に上場するかは企業の任意であり、規制市場を選択した企業だけにIFRSが強制適用されるのである。さらにまた、いったん規制市場に上場してIFRSを適用された企業が、IFRSが適用されない非規制市場に移ることも、その逆も、可能である。

何のことはない、EUでは、IFRSは実質「任意適用」なのである。それなら日本と同じではないか。いや、日本が任意適用しているのは「純粋IFRS」であり、EUが適用しているのは基準の一部、それもIFRSの心臓部ともいうべき時価会計基準（IFRS第9号）を適用除外（カーブアウト）したEU版IFRSである。制度だけでいうと日本こそが「IFRS採用国」である。蛇足ながら、EUでいう強制適用とか任意適用が対象とするのは、連結財務諸表だけである。個別財務諸表にIFRSを適用するべきだといった議論は、EUにはない。

企業会計審議会企画調整部会臨時委員の佐藤行弘氏（三菱電機株式会社常任顧問）は言う。「日本の場合、企業を対象に強制適用議論がなされているが、欧州の場合は、市場を対象に強制適用か否かが規定されており」「（規制市場と非規制市場）それぞれの市場からの退出、変更も一定の条件のもとで自由であることから、既に任意適用の考え方を実践している」。「仮に、わが国がIFRS（を適用する）市場を形成した場合…市場からの退出入や日本基準市場への変更等を原則的に自由に認めることが市場の活性化につながる」と（佐藤行弘、二〇一二年）。

5　先走った日本

中間報告では、上で紹介したような誤解や不正確な情報が含まれていたが、金融庁の審議会から出された報告ということから、経済界も会計士業界も、「天の声」と受け止めた観があった。その結果、わが国では、「連結にも単体にもIFRSを適用」「全上場会社に強制適用」というシナリオが既定方針であるかのごとく広まり、IFRSの中身をよく検討もしないまま、形だけIFRSに合わせた財務諸表を作ろうとして、会計システムの変更や会計ソフトの入れ替え、IF

RS対策室の創設や経理課スタッフの増員などの対応に追われたようである。

システム変更やスタッフ増員には巨額の金がかかる。実は、IFRSへの対応ができる人材は極めて少数である。英米の会計に精通していて英語が堪能な会計士やコンサルタントは、日本国内にはほとんどいない。筆者のところへも、関西や九州・四国の上場会社などから「IFRS対応ができる会計士を紹介・派遣して欲しい」というリクエストがくることもある。しかし、関東でも見つけるのが難しい人材を紹介・派遣することなど極めて困難と言ってよい。地方では、監査法人やコンサル会社の「IFRSセミナー」「IFRS対応講座」などが開かれることは少ないし、あっても東京会場からのライブ放送などが多く、講師に質問することさえできない。

6 「紺屋《こんや》の白袴」か「試薬」か

中間報告を受けて日本の経済界に「IFRS強制適用の対応」を売り込んだのは、一部のコンピュータ会社、会計ソフト・情報処理の会社、コンサル会社、そして大手の監査法人であったといわれる。しかしながら、不思議なことに、IFRSを猛烈な営業で売りこんだコンピュータの会社も情報処理の会社もコンサル会社も、どこもIFRSを採用していないのである。妙ではないか。それほど素晴らしい効果のある薬（IFRS）であるなら、まずは自分が服用（適用）して、その効果を確認して、それから他人に勧めるというのが順序であろう。自分は服用しないけど他人には猛烈に勧めるというのは、まっとうなビジネスとは言えない気がするのだが。

もっと疑問なのは、英米の会計事務所と提携関係にある日本の監査法人はともかく、日本のコンサル会社や情報処理会社に、果たして、ＩＦＲＳの専門家がどれだけいるのであろうか。不思議でもあり不安でもある。

もう少し余計な心配ごとを書く。監査法人などが盛んにＩＦＲＳセミナーとか研修会を開いているが、講師の皆さんは英語版の（つまりオリジナルな）ＩＦＲＳで理解し、それをセミナーなどで教えているのであろうか、それとも日本語訳版（これには各監査法人ごとの訳書と公式訳がある）で理解して講師を務めているのであろうか。前者だとすれば、ちょっと驚きであるし、後者だとすれば大いに不安である。

私の研究室にも、ＩＦＲＳ公式訳（『国際財務報告基準』企業会計基準委員会訳、中央経済社刊）の他に、監査法人などが書いた分厚い「ＩＦＲＳ解説書」が少なくとも四〇―五〇冊はある。ＩＦＲＳを「解説」する部分は解釈が入るだけに、本によって（監査法人によって）違うことがあってもおかしくはないが、同じＩＦＲＳを「紹介」している部分が本によって違うのである。これでは、本を読んでこれからの実務に備えようという企業にとって迷惑この上ない。

一例をあげる。ＩＦＲＳは原則主義に立っている。しかし原則だけでは決算ができない。実務は細則（ルール）を適用して行われるものだからである。ゴルフでも野球でも、いかにフェアな精神でプレーしろと言われても、どういう場面で、どうすることがフェアになるのか、つまり、具体的な場面場面に適用するルールが明らかにされないと、ゴルフも野球もできないのと同じである。そこでＩＦＲＳでは、原理原則（スピリッツ）を示した上で、これで会計を行うためのコンセプトとして「実質優先原則」と「離脱規定」を置いている。ＩＦＲＳだけではなく、英語圏の国には、何らかの形で（法に盛り込んだり基準化したり、会計士協会の倫理規定としたり）実質優先原則と離脱規定が置かれている。

その離脱規定であるが、公式訳では次のように訳されている。

「ＩＦＲＳの中にある定めに従うことが、フレームワークに示されている財務諸表の目的に反するほどの誤解を招くと経営者が判断する極めて稀なケースにおいては、関連する規制上の枠組みがその離脱を要求しているか又はそのような離脱を禁じていない場合には、企業は・・・当該ＩＦＲＳの定めから離脱しなければならない。」

一読して意味が取れる文章ではないが、何度か読むと、「ある規定に従うと誤解を招く財務諸表になる場合は、その規定から離脱して適正表示しなければならない」と言っていることが分かる。これが離脱規定である。該当する場合には「離脱してもよい」というのではなく、「離脱しなければならない」のである。規定から離脱して何をやってもよいということではない。ここに実質優先原則が機能する。離脱規定と実質優先原則は、ＩＦＲＳの原則主義を支える非常に重要なコンセプトであり、これが機能して初めてＩＦＲＳがワークするのである。

ＩＦＲＳの解説書に話を戻す。多くの解説書の中には、これほど重要な離脱規定に関する記述がないものも多い。ある解説書では「基準から逸脱することが認められる」と書かれている。オリジナル版では「離脱しなければならない」と書いてあるのが、紹介本・解説本では、「紹介なし」か「離脱してもよい」と変化するのである。あくまでも一例である。

会計の専門家集団である監査法人でさえ、こうした誤訳・誤解をするのである。ＩＦＲＳの日本語訳も企業会計基準委員会という民間組織が担当しているが、誤解・誤訳が皆無というわけにはいかない。ＩＦＲＳの翻訳という作業は解釈を伴うのであるから、実は、法律を作るのと変わらない。わが国では、法律を設定するのと同じ作業を企業会計基準委員会という民間団体に任せている。今はこれに、基準設定の法的権限を持つ金融庁が関与していない。誤解や誤訳が表面化して、投資家などから訴えられたとき、基準委員会は民間団体なのでその責めを負う準備も態勢もないであろう。では、どうしたらよいか。「(日本企業に適用される)国際会計基準の翻訳は法律作りと同じ」ということを認識して、国(日本なら金融庁)の管理の下でおこなうべきである。

英語圏以外の各国がいかなる翻訳態勢をとっているかは知らないが、中国語に訳したIFRSと韓国語に訳したIFRSが日本語訳と、同じなのかどうか、ドイツで解釈されているIFRSとフランスで解釈されているIFRSが、スピリッツにおいて同じなのかどうか、まだ誰も、どこも、検証していない。

7 逆転し始めたIFRS

この一年か二年で世界の流れが大きく変わった理由は二つある。一つは、世界最大の資本市場を持つアメリカがIFRSの採用に対して極めて消極的になってきたことである（詳しいことは後述する）。もう一つは、IFRSの内容が知られるようになってきて、国際会計基準審議会（IASB）が喧伝してきたほどのものではなく、むしろ「公正価値会計」といった、伝統的な会計観からかけ離れた財務報告が（金融界はともかく）製造業には向かないことが分かるにつれて、世界の主要国もIFRSに対して極めて慎重に、どちらかというと、IFRSが自国の経済に与えるマイナスの影響を考えて対応するように変化してきていることである。

とりわけIFRSが「売り」としてきた、財務報告の透明性や比較性が高まるという点に関しては、IFRSが時価＝フェア・バリューという主観性の強い評価基準をベースとしていることと、ＩＦＲＳが原則主義（原理原則やルールの趣旨を記すにとどめ、細かな規定を設けない）に立脚することから、理念とは逆に、各国・各企業は同じ取引や状況であってもバラバラな会計処理をする恐れが高い、ということが理解されてきた。ＩＦＲＳでは会計の透明性も比較可能性もまったく期待できないのである。

8　企業会計審議会の「中間的論点整理」

上に紹介したように、わが国では、個別財務諸表と連結財務諸表の両方にＩＦＲＳを適用する予定であったが、この一年間における企業会計審議会や財界の議論を見ていると、個別財務諸表に国際基準を適用するという話はほぼ消えてなくなったといってよいであろう。ＩＦＲＳを適用するにしても、連結だけにしようではないかというのが支配的な意見として集約されてきたと思われる。

二〇一二年六月四日、金融担当国務大臣の自見庄三郎氏が臨時閣議で辞表を提出し、その後の記者会見で、次のように「任意適用拡大」路線をとることが日本の国益に適うことを明らかにしている。「ＩＦＲＳについては…一年にわたる精力的な議論を得て、一定のコンセンサスが見え始めており…一方で、アメリカをはじめとする国際情勢が不透明な中で、今や日本金融について、

EUの同等性評価も得て、国際的にも遜色なく、これをまず対外的に強調し、その上で連単分離を前提に、日本がアメリカ等に先駆けてIFRSの任意適用をいたしております。アメリカはしておりません。任意適用の拡大をしっかり進めていくことが会計基準の国際的ルール作りに、より一層積極的に貢献していく方針を主要な関係者を交えて話をしており…（松下）新大臣に、私が敷いた路線をしっかり継承して欲しい」（金融庁のHPから）。

同じ年の七月二日に企業会計審議会から発表された中間的論点整理でも、「連単分離を前提に、任意適用の積み上げ」を図ることが謳われている。中間的論点整理では、IFRSの強制適用に関する直接的な記述はない。「国際会計基準の適用のあり方について、その目的やわが国の経済や制度などにもたらす影響を十分に勘案し、最もふさわしい対応を検討」すべきだと述べているにとどまる。

しかし、「IFRS強制適用」論が消えたわけではない。自見大臣の後を引き継いだ松下忠洋大臣は六月一九日の記者会見で、「国際会計基準の適用については（企業会計審議会で）中間的論点整理が行われたが、連結財務諸表に絞って議論する、いわゆる連単分離、これが議論された。任意適用の積み上げを図るということ、といった点については、一定の整理がされたものと理解している。ただ、強制適用の是非を含めて、その他の論点については結論が出ているわけではなく、…強制適用を行う方針が決まっている事実はない。」とくぎを刺している（金融庁のHPから）。

日本企業へ強制適用するというシナリオが残っているとすれば、次の議論は、ＩＦＲＳを連結だけに適用するとしたらどこの会社に適用するかという話であろう。これは線引きが難しい。たとえば外国人の持ち株比率が何％以上とか、資本金がどれだけ以上などという区別をしたら、もしかしたら会社によっては資本金を減らすかもしれない。持ち株比率を下げるために、日本のほかの会社に持ち合ってもらうかもしれない。上場をやめる会社が出てきてもおかしくはないであろう。そういう無理なことをする必要がないのは、「ＩＦＲＳを使いたいところだけが使う」つまり「任意適用の継続」または「ＩＦＲＳ適用を希望する企業のための市場を創設」するということではないだろうか。

9　ＳＥＣの最終スタッフ報告書とオバマ政権の思惑

アメリカの最近の動向を紹介する。今のアメリカは製造業の復活と輸出増強による雇用拡大ができなければ、再び「ウォール街占拠」「九九％の反乱」が実現してしまう可能性がある。「ＩＦＲＳではアメリカ企業の経営実態を把握できない」「ＩＦＲＳでは、ウォール街は潤っても、雇用の拡大にはつながらない」ということが分かるにつれて、ＩＦＲＳの採用を避ける方向に動いているようである。

二〇一二年の七月一三日には、アメリカ証券取引委員会（SEC）のスタッフが、二〇一〇年二月に公表したワークプランについての最終報告書「アメリカ発行企業の財務報告制度へIFRSを組み込むことを検討するためのワークプラン―最終スタッフ報告書」を公表した。

SECスタッフによる初期の調査で、アメリカの資本市場における大多数の参加者がIFRSをそのままアメリカ基準（US―GAAP）として指定することを支持していないこと、アメリカの投資家はIFRSの早期適用（任意適用）を認めるべきではないという見解で一致していることが明らかになり、そこでIFRSをアメリカの財務報告制度にどのように組み込むかに関して、コンバージェンス（IFRSとUS―GAAPの大きな差異を均す方式）を継続する案、エンドースメント（承認）方式、さらにはコンバージェンスとエンドースメントを組み合わせたコンドースメント方式などが検討されてきた。四年前にSECが出したロードマップ案では強制適用（アドプション）の可能性が示唆されていたが、最近ではまったく話題にされなくなっている。

しかし、最終スタッフ報告書でも、IFRSをアメリカの財務報告制度に組み込むべきかどうか、仮に組み込むとすればどういう方法がいいかといった、世界中が注目している事柄についてはまったく言及せず、適用の判断を先送りしているのである。最終報告書と言いながら何らの言及も示唆もないとすれば、おそらく近いうちに何らかの提案が行われることはないであろうと思われる。

日本経済新聞社ニュー・ヨーク支局の川上穣氏は、「米企業にはもともとＩＦＲＳ導入に伴うシステム変更など、費用増への警戒感が強い。オバマ政権も一一月の大統領選挙を控え、賛否が割れる会計基準を巡る判断は先送りした方が賢明と考えた可能性がある。」（日本経済新聞、二〇一二年七月一八日）とレポートしている。

10　現実味を帯びてきた「ＩＦＲＳ崩壊」

次第に浮き彫りになってきたのは、ロンドン（ＩＡＳＢ）はＩＦＲＳで世界の会計界を制覇しようとしているのに対して、アメリカは自国の企業や資本市場に向かない基準だということを理由に「世界最大の資本市場における会計基準」を死守しようと躍起になっている姿である。

ＩＦＲＳのおひざ元である欧州では、時価会計の基準（ＩＦＲＳ第九号）を巡ってＥＵとＩＡＳＢとの間で激しい応酬が続き、結局はこの基準をＥＵが承認しないという事態に発展している。一部の国や金融機関が経済危機に直面している欧州では、いま不良債権を時価評価すれば破綻する銀行が相次ぐことが予想され、とても受け入れることはできないであろう。ＥＵがＩＦＲＳ第九号を拒否したことから、「もうＥＵはＩＦＲＳを適用していない」という声も出ている。ＥＵ

がＩＡＳＢとＩＦＲＳから距離を置くようになれば、ＩＦＲＳはおひざ元から支持を失う可能性もあり、また、自国基準を捨ててＩＦＲＳに移行するかのような姿勢を見せてきたアメリカがＩＦＲＳの採用を見送る公算が高まるにつれて、「ＩＦＲＳ崩壊」が現実味を帯びてきた。

第15章　IFRSを超えて

1　連載を終えるにあたって
2　「実験室の会計基準」
3　宙に浮くIFRS
4　「会計学はどこへ行くのか」
5　会計学者の「つまみ食い」
6　概念フレームワークの「CHERRY PICKING」
7　東京市場は何のためにあるのか
8　日経新聞は何を報道したいのか
9　翻訳は解釈

1　連載を終えるにあたって

本書は「会計学の黙示録」というテーマで、二年間、二四回にわたって雑文を書いてきたものに加筆修正して単行本にしたものである。このテーマでの連載は二四回を最終回として、二〇一三年一月号からは別のテーマでの連載を書いている。二年間にわたってお読み下さった読者諸賢には心から御礼申し上げるとともに、新しい連載「会計学はどこへ行くのか」にもお目通し下さることを切にお願いしたい。

「会計学の黙示録」は、主として、その前の連載「複眼思考の会計学」（全三〇回）で書き足りないこと、書き残したことを書いたものである。「複眼思考の会計学」の連載（加筆修正して、同じ書名で二〇一一年に税務経理協会から出版）でも、アメリカの国際会計戦略、国際会計基準審議会（ＩＡＳＢ）の「当期純利益廃止論」に隠された意図、国際会計基準（ＩＡＳ・ＩＦＲＳ）や時価会計を巡る誤解や誤報、利益は本当に発生するのか、などなどの「覆い隠されていること」を明るみに出してきたつもりである。

それに続く「会計学の黙示録」では、ＩＦＲＳの採否を巡る国内の動向が次第に「強制適用」から「任意適用」に傾いてきたことを中心に、ＩＦＲＳの命運を握るアメリカが「ＩＦＲＳ回避」とも取れる動きを見せてきたことなどを紹介し、さらに、そうしたＩＦＲＳ失速の根本的な原因が、「原則主義」「資産・負債アプローチ」といったＩＡＳＢの姿勢や、さらにはＩＦＲＳの立脚基盤というべき「概念フレームワーク」の「誤解」「誤用」にあることを指摘してきた。

もとよりそうした主張や指摘が、ひろく共有されているわけではない。私の独りよがりもあろうし、誤解も的外れもあろう。しかし、ここ二年ほど前までは、ＩＦＲＳは世界中の企業が採用する「世界でただ一組の高品質でグローバルな会計基準」として資本主義経済圏を席巻する勢いがあったが、いま、その影響力・浸透力が急激に失速してきたのである。政治的な駆け引きによる「失速」もあろうが、ＩＡＳＢ・ＩＦＲＳ体制の限界が見えてきたように思われる。

そうした段階を迎えたので、ＩＦＲＳを主たるテーマとしてきた連載をいったん終えて、ＩＦＲＳの先を見据えた議論を始めたいと考え、次の連載を書くことにした次第である。

2 「実験室の会計基準」

「黙示録」として書きたいこと・書き残したことは山ほどある。もともと「黙示」は「象徴などにより暗黙の中に意思・秘儀を表示すること」であり、「黙示録」は、the Revelationと言ったり、the Apocalypseと書いたりする。普通名詞のrevelationなら「新発見」「新事実」といった意味もあれば、「すっぱ抜き」「暴露」という意味もあり、「(神の) お告げ」さらには「聖書」を意味する言葉としても使われている。固有名詞としてのRevelationは聖書の「ヨハネの黙示録(Apocalypse)」を指すそうである。

私が書こうとしてきた「黙示録」は、そんな大それたものではなく、「会計と会計学の世界にある天動説や地球平面説」を読者のみなさんと一緒に考える素材を提供しようとするものであった。会計の理論とか会計基準とか言っても、これまでの多くは実務をルーツとしたものであり、実務は当面の問題を解決しなければならないことから、しばしば付け焼刃・場当たり的に対応してきたところがある。困ったことに、一度、実務が定着すると、その実務に合わせて、つまり、実務を正当化する理論（会計理論や会計基準）が組み立てられるのである。

逆にまた、最近のＩＦＲＳなどの国際的基準は、一度も実務の洗礼を受けたこともない「実験室で編み出された空想的な産物」にすぎないが、そうした「おとぎの国の会計基準」が世界中の企業経営と会計実務を大混乱に陥れてきた。世界の歴史は、権限を握った者が暴走したときの恐ろしさを教えてくれるが、いままさに、世界中が使う会計基準を決める権限を手中にしたＩＡＳＢが暴走しているのである。

これまでの会計実務もＩＦＲＳの会計基準も、少し冷静になって考えてみると、その論拠も怪しげであったり、あちこち矛盾するものであったり、それ以上に経済の実態や企業活動の成果をうまく反映することができないものであったり、とても信頼して使える理論・基準と言えないものが多いようである。

3　宙に浮くＩＦＲＳ

幸いにして、ＩＦＲＳが急激に失速してきたために、わが国は「連結先行」（先に連結にＩＦＲＳを適用して、遅れて個別財務諸表に適用）と「強制適用」（すべての上場会社に強制適用）というシナリオから、「連単分離」（仮に連結にＩＦＲＳを適用することがあっても、個別には日本基準を適用）と「任意適用」（ＩＦＲＳを使いたい企業だけが適用）というシナリオに大きく姿勢を転換してきた。二〇一二年七月二日に金融庁企業会計審議会が取り纏めた論点整理（「国際会計基準（ＩＦＲＳ）への対応の在り方についてのこれまでの議論（中間的論点整理）」では「連単分離を前提」に「任意適用の積み上げ」を図ることが謳われており、そこには「強制適用」に関する直接的な記述はなかった。

追い打ちをかけるように、二週間後の七月一三日には、アメリカの証券取引委員会（ＳＥＣ）から「アメリカの発行企業の財務報告制度へのＩＦＲＳの組み込みに関する検討のためのワークプラン─最終スタッフ報告書」が公表されたが、この期に及んでもＩＦＲＳの採否に関する判断は先送りされている。

同年一〇月一二日にも、ＳＥＣのコミッショナーであるエリス・ウオルター氏（同年一二月に退任するシャピロ委員長の後任として指名された）は、アメリカがＩＦＲＳの採否などに関する判断をいつするかについて、「コンバージェンスされた基準書が、アメリカの投資家に十分に貢献するものであることが確信できるようになるまでは、ＩＦＲＳをアメリカの基準に組み込むことはできない」と述べ、仮にＩＦＲＳをどんな形であれアメリカ基準に反映させることがあるとしても、相当先の話になることを示唆している。

ウオルター氏の発言を言葉通りに受け取れば、二つのことが言える。一つは、アメリカがＩＦＲＳを何らかの形で「使う」ことがあったとしても、自国基準（ＵＳ─ＧＡＡＰ）を捨ててＩＦＲＳを全面採用することはなく、せいぜい何らかの形で「組み込む」ことを考えているということである。もう一つは、「ＩＦＲＳがアメリカの投資家に十分に貢献するかどうか」を判断することは、今のアメリカのＩＦＲＳ対応からすれば、「無い物ねだり」にすぎない点である。

アメリカは自国企業がＩＦＲＳを任意適用・早期適用することを認めていないためにＩＦＲＳを採用した場合の実績が積みあがらない。それではいつまでたっても、投資家への役立ちなどを判断することはできないであろう。ウオルター氏の発言を裏読みすれば、単なる「判断の先送り」ではなく、「そうだから、ＩＦＲＳを採用することはない」というメッセージのように思える。

4　「会計学はどこへ行くのか」

かくして、この四―五年間にわたって日本の産業界や会計界を大混乱に陥れてきた国際会計基準騒動も、どうやら「着地点」が見えてきたのではなかろうか。連載の一つの目的は、ＩＦＲＳの真の狙いや問題点を明らかにすることと、連結先行論や強制適用論の誤りを正すことであった。ほぼその目的は達せられたように思える。

次の連載に何を書くかであるが、実は何も決まっていない。書きたいことはたくさんある。かといって、その「書きたいこと」の正体というか中心的なコンセプトを一言で表すのが難しいのである。いまのところ、次の連載のメイン・タイトルを「会計学はどこへ行くのか」として、会計学の存亡を問題とした記事を書きたいと考えている。「会計学の存亡」などと言うと大げさな話と思われるかもしれないが、会計界の現在の状況が続けば、間違いなく「学としての会計」は消滅し、「技術としての会計」か「伝統芸能としての会計」にとって代わられるであろう。

以下、新しい連載で取り上げたいと考えているテーマのいくつかを簡単に紹介しておきたい。どれもこれも、何度か書こうとして書けなかったテーマである。あえて「予告編」を書くことによって、わが身に「有言実行」を課したいと思う。

5　会計学者の「つまみ食い」

J・R・ヒックスの書いた名著に『価値と資本（*Value and Capital*）』がある。初版は一九三九年に出版されている。同書で展開された所得概念は、現在でも会計学の論文や著書にしばしば引用や参照されている。私が会計学を学び始めたころは、インフレーション会計論や時価会計論がもてはやされていたこともあって、時価会計論や実体資本維持論の論拠として、ヒックスの所得概念が援用されることが多かった。

わたしがヒックスの訳本（岩波現代叢書）を手にしたのが、たぶん、大学院生のころであった。

原書は非常に高くて手に入らない。何とか手に入れたのが神田か早稲田の古本屋で売っていた翻訳書であった。今でもこの本は書斎にある。貧乏学生であった私が、院生時代に手に入れて、住まいを駒沢（兄が勤めていた厚生省の施設）から、新宿・早稲田（大学から五分）、就職して名古屋、さらに転職して今の横須賀、たびたびの転居で大半の蔵書（そんなに大げさなものはなかった）は捨ててしまったが、この本はなぜか手放せなかった。

よかったと思う。四〇年以上経っても、何度か原稿を書くときに役に立ってくれた。自分が書く本も、これくらい賞味期限が長いと嬉しいのであるが、残念である。

訳本を手にして、まず、多くの会計学者が引用する第一四章を読んだ。訳書にして一七頁ほどである。最初の七頁ほどは、確かに多くの会計学者が引用・参照する事柄が書かれている。つまり、「ある人の所得とは、彼が一週間のうちに消費し得て、しかもなお週末における経済状態が週初と同一であることを期待し得るような最大額」という中心的意味に近似する所得概念第一号から第三号である。

びっくりしたのは、その後を読んだときである。何とヒックスは、こうした所得概念を「分析に堪えない」「悪い用具」であり、「経済動学では避ける方が得策」だと言っているのである。ヒックスの所説として多くの会計学者が援用したのは、実は、ヒックス自身が否定した所得概念だったのである。何のことはない、ヒックスの本をちゃんと読まず（訳書をあと二―三頁も読めば、ヒックスが否定している部分にたどり着くのだが）、つまみ食いのような読み方をして、自分に都合のいいところだけを引用・参照したのである。

6　概念フレームワークの「CHERRY PICKING」

ヒックスをつまみ食いしたのは日本の学者だけではない。世界中の多くの会計学者も同様であった。海外の会計学文献も、「ヒックスの所得概念」とか「経済学的利益概念」として、ヒックスが否定した概念を援用しているものが多い。

個々の会計学者が自説の展開にあたって「誤用」「誤解」したという話で終わったのであれば、「学者のつまみ食い」で済まされるかもしれない。ところが、ヒックスという超一流の経済学者が否定する所得（利益）概念をベースに会計基準が設定されているとなったら、単なる誤解・誤用では済まないであろう。

ＦＡＳＢとＩＡＳＢは、それぞれ独自の「概念フレームワーク」を開発してきたが、最近になって両者のフレームワークの違いがＩＦＲＳの開発の妨げになることがあることから、共同で、「概念フレームワーク」を収斂（コンバージェンス）する作業に取り組んできた。ところが、ＦＡＳＢとＩＡＳＢは、あろうことか、ヒックスの否定する所得概念を根底に据えて概念フレームワークを展開しようとしているのである。

実は、ここでもIASBとFASBはヒックスの本をちゃんと読まずに、自説の展開に都合のいいところだけを読んで（本当に読んだかどうか、疑わしいところがあるが）、国際会計基準の立脚基盤とも言うべき概念フレームワークで援用しているのである。

悲しいことに会計学（者）は、法律学（者）や経済学（者）に気後れするところがあるらしく、何かと言えば法律学や経済学の言うことを無批判に受け入れてきた面を否定できない。IASBもFASBも、経済学の「威光」を当てにしたつもりであろうが、不勉強を露呈しただけであった。

会計学者も気後れせずに「会計学は使えるけど経済学なんか使えない」「偉そうなことを言ってもノーベル法律学賞はないじゃないか」と言うくらいの気概があってもよいではないか。気概だけでは役に立たないので、ここは「使える会計学」の実力と評価を身につけたいところである。

7　東京市場は何のためにあるのか

会計基準を国際的に統一しようとか、国際基準に合わせろというのは、ニュー・ヨークなどの市場に上場している企業に対しては合理性があるかもしれないが、日本の市場にしか上場していない会社（日本のほとんどの上場会社）にＩＦＲＳを適用させようというのはなぜであろうか。

表向きでは、日本企業がＩＦＲＳを適用しなければ海外の投資家からの資金が集まらないとか、日本企業の財務報告が信頼されなくなるとか、財務諸表の透明性や比較性が低下するといった話を聞くことが多い。しかし二〇〇五年からＩＦＲＳを採用しているヨーロッパに資金が集中しているという話も聞かないし、ＩＦＲＳを採用していないアメリカや任意適用しかしていない日本から資金が引き上げられたという話も聞かない。逆に、韓国では、ＩＦＲＳを導入した後、予想を裏切って外国人投資家が減少したという話である。

証券市場が平穏で株価も安定しているならば、投資家も証券会社も出番がない。株価が上下、できれば乱高下するときが投資家や証券会社の稼ぎ時である。原価・実現主義による伝統的な財務報告では、経済が安定している時期には営業利益や経常利益が四半期ごとに大きく変動するなどということは少ない。きっとそれでは株価にも影響は少なく、投資家や証券会社、さらには証券取引所にとって稼ぐ場がないということであろう。その点、企業がＩＦＲＳを導入して包括利益を報道するようになれば、四半期ごとに評価差額を含んだ包括利益が変動し、それに応じて株価が変動すれば証券会社も証券取引所も稼ぐことができるであろう。企業会計審議会などで証券会社や証券取引所の関係者が声高にＩＦＲＳを推奨するのも、こうした事情があるからではなかろうか。

改めて問いたい。東京市場が存在するのはなぜか。それは日本企業の資金調達のためではないのか。日本で資金を調達する企業なら日本の会計基準を適用するのが当然であろう。それでは外国の投資家に不便というのであれば、自身が勉強するか日本のアナリストの力を借りればよい。海外で資金調達する日本企業はそうしてきたのである。九九・九％の外国企業は東京市場に上場していない。日本の九九・九％の会社もニュー・ヨークには上場していない。海外から資金を調達したい企業だけが、ＩＦＲＳを採用するなりＳＥＣ基準を使うなりの努力をすればよいのであって、国内の資金調達で間に合うと考える企業までも巻き添えにすることはなかろう。

8　日経新聞は何を報道したいのか

経済新聞を読むと各期の業績と業績予想（見通し）を報道している。その報道が、何ともちぐはぐに見えるのである。ある会社については純利益が報道され、別の会社については営業利益が、さらに別の会社の場合は経常利益が報道されている。同紙は、何をもって業績の指標と考えているのだろうか。

有価証券の時価評価が導入される以前は、経済新聞が報道するのは間違いなく「経常利益」であった。過去の業績も今後の業績予想も、経常利益が報道された。ところが、売買目的で保有する有価証券が期末の市場価格で評価され、評価損益が営業外損益の区分に計上されるようになってからは、経常利益レベルでの業績の予想が困難になった。なぜなら、有価証券の評価損益は期末になるまで確定しないし、期末近くになって株価が大きく変動すれば営業外損益も大きく変動し、結局、経常利益に跳ね返ってくるからである。

かくして有価証券の時価評価が導入されて以来、業績予想が立てられなくなったのである。それ以来、経常利益ではなく営業利益が報道されることが多くなった。営業利益は本業の業績を表す重要な金額ではあるが、野球で言えば六回の裏あたりの途中経過を報道するようなもので、何とも歯がゆい。最近では、上に書いたように、会社によって営業利益が報道されたり、経常利益や当期純利益が報道されたり、まちまちである。

新聞であるから、「前年同期と同じ」とか「平年並み」というのでは記事にならないのかもしれない。「〇〇億円増」とか「〇〇％減」とか、変化の出た数値を強調しようとする結果、会社ごとに違う利益が報道されるのであろう。読者が知りたい情報とはすこし違うのではなかろうか。

9 翻訳は解釈

財務諸表の透明性や比較性が高まるというが、許容幅の大きい時価を多用するＩＦＲＳでは透明性が期待できないことや、原則主義に立つＩＦＲＳでは各国各企業の実務が多様化し、同じ取引や事象にまったく異なる会計処理が行われる結果、比較性も期待できないことは容易に想像がつく。

聞くところによれば、中国でＩＦＲＳを「企業会計準則」に盛り込むにあたって、「フェア・バリュー」を「公正価値」と訳したところ、公正価値測定の自由度の高さを悪用した会計不正が頻発したという。そこで中国では、「公正価値」に代えて「公允《こういん》価値」という訳語を使うようになった。中国語でいう「公正」は「フェア」「公平」を意味するが、「公允」は「公認」の意味であり、「フェア・バリュー」の中身を中国財政部のような公的機関が認めるものに限ろうとしているようである。

ＩＦＲＳを適用するというとき、それを日本語（中国語でもフランス語でも同じであるが）に翻訳したＩＦＲＳを適用するのと英語バージョンを適用するのとでは、実務上、つまり会計処理や報告においてまったく違いはない。ＩＦＲＳの理念からして違いがあってはならない。仮に両者の適用において何らかの違いがあるとすれば、それは日本がＩＦＲＳを誤訳したか誤解したか、あるいはＩＡＳＢが誤解を招くような英文で基準を設定したか……ではなかろうか。

要するに、英語バージョンを適用しようが各国バージョンを適用しようが、一〇〇％同じ会計処理・会計報告でなければならないはずである。各国語に翻訳して適用するか英語バージョンを適用するかは、「IFRSの適用」ということではまったく関係がない話である。それはあたかも買い物の代金をポンドで払うか日本円で払うかを選択するようなものであって、換算（翻訳）に誤りがなければ、支払う金額は同額（同価値）になるのと同じである。

しかし現実には、上の「公允価値」の例にみるように、IFRSを自国語に翻訳して適用する国々では、(1)翻訳の段階で、(2)翻訳されたIFRSを各企業が解釈する段階で、(3)さらにその翻訳バージョンを各企業が適用する段階で、ダイバージェンス（ばらつき）が起きるであろう。基準が英語で統一されても実務まで世界統一される保証はないのである。

今は、英語から日本語へ、英語から中国語へ、という一方通行の作業であるが、それだけでは正規の英語版IFRSが適切に各国語に翻訳されているかどうか分からない。日本語訳と中国語訳を照らし合わせてみる、フランス語版をドイツ語に訳してみる、逆に、ドイツ語版をフランス語に訳してみる、そうした作業を繰り返して初めて、世界の各国がIFRSを同じように解釈しているのか、それとも異なる解釈をしているのかが分かる。言葉としての会計基準だけではなく会計実務を世界統一しようとするなら、そうした地道な作業が必要ではなかろうか。

今はIFRSの採否に議論が集中しているが、「万が一」IFRSを採用（強制適用でも任意適用でも）するということになれば、翻訳は解釈を伴うのであるから、「法律制定と同じ」という認識を持たなければならない。各国政府は、そうした認識のもとにIFRSの導入には自国の

「法律制定と同様の手続き」を取っている。日本では、ＩＦＲＳの導入に関して、そうした法的な手続きは取られていない。と言うより、そうした認識、つまり、「ＩＦＲＳの翻訳は法律を作るのと同じ作業」という認識がないようである。

第2部

ＩＦＲＳを巡る国内の議論と動向

第16章　ＩＦＲＳを巡る「連単問題」のゆくえ

1 Japan, where are you going ?

世界の会計界はかなり混迷を深めている。ＩＦＲＳをすぐにでも採用することを決めるかに見えたアメリカは、ここにきて一層慎重な姿勢を見せてきているし、欧州では、時価会計の基準とＩＡＳＢのガバナンスをめぐって各国政府とＩＡＳＢがつばぜり合いを演じている。アメリカも欧州も、自分たちに有利に働くのであればＩＦＲＳを採用するが、不利になるようならＩＦＲＳを忌避するというメッセージをそれとなく世界に送信しているところがあるようである。

こうした国際的な動向については本書の第1部で紹介したので、本章から数章はわが国の動向を紹介する。ただし、わが国の場合、国際的な動向とは多少違って、ＩＦＲＳを適用することは避けられないこととして（要は、ＩＦＲＳの中身を問題とせずに）、「鎖国を避ける」ためにＩＦＲＳを受容するが、個別財務諸表への適用をどうするかといった点で、世界にもまれな混迷を続けてきた。世界にもまれな「不思議な国」である。

2 原則主義は「ザル」か

ＩＦＲＳは、連結財務諸表だけに適用することを想定して作られている基準である。ＩＡＳＢはＩＦＲＳを個別財務諸表に適用することは考えていない。そのこともＩＦＲＳに書いてある。

理由はいくつかある。一つは、世界中で「財務諸表」といえば「連結財務諸表」を指すのが普通で、多くの先進国では（つまり、他の国々のことはよく分からないから、情報のある先進国のことだけを書く）、個別財務諸表は株主総会で株主に配布されるだけで、一般の投資家（将来、その会社の株を買うことを検討している投資家を含む）に公開することはない。それは、世界中の大手企業が公表する「アニュアル・リポート（英文財務諸表）」には連結財務諸表しか掲載されていないことからも分かる（ただし、イギリスの会社は、アニュアル・リポートに「親会社の貸借対照表」を記載している）。

もう一つの理由は、ＩＦＲＳが原則主義を採用していることである。個別財務諸表は決算書であるから、そこで計算された利益に課税され、残りの利益から配当される。個別財務諸表は企業財産に変動をもたらすと言う意味で「切れば血が出る」財務諸表である。そうであるから個別財務諸表を作成するには、非常に細かいルールが必要である。課税や配当によって企業財産に直接に変動をもたらす決算をするのに、原則だけでやれるわけがない。ＩＦＲＳが原則主義を取るのは、これが連結財務諸表にしか適用されないからである。

そうはいっても、連結財務諸表を作成するにも細かなルールは必要であろう。それでもＩＦＲＳが原則主義をとるのはなぜか、その理由はいくつかあるが（詳しくは、田中、二〇一〇年、第4章を参照）、主たる理由は、原則主義の「自由度の高さ」にある。

ＩＡＳＢは、解釈指針とか実務ガイドラインといったものはほとんど作成・公表していない。解釈指針を出す組織（国際財務報告解釈指針委員会。ＩＦＲＩＣ）はあるが、これまでに出した解釈指針は非常に少ない（三六〇頁ほど）。解釈指針が膨大な分量になれば、原則主義とはいえなくなるからである。かといって、各国が解釈指針を作ることはＩＡＳＢが許さない。各国がバラバラに解釈指針を出せば、基準が統一されても肝心の実務が国により多様化してしまい、基準を統一する意味が失われるからである。

ＩＦＲＳが原則主義を採用するのは、細かなことは各国の企業の主体的な判断に任せ、世界的な解釈の統一は行わないようにしたいからである。細かなことまでＩＦＲＳに書かれると、国ごとの経済、政治、宗教、歴史、財産の形成度、民度、資本の集積度……などが違うことから準拠・順守できないルールも出てくるであろう。そうなると、ＩＦＲＳに関しては「原則賛成」「各論反対」という話になりかねない。原則主義であれば国ごとの特殊性、各国の産業の特殊性などを許容することができるというのである。

多くの国がＩＦＲＳを採用・許容するのは、こうした原則主義の「自由度の高さ」にある。経理の自由度が高まれば、各企業は、それぞれが置かれた状況や実態にそぐわない細かなルールに縛られることなく、自らの状況に合わせた決算と財務報告ができるようになる、と考えるであろう。その結果、一部の企業が、いや多数の企業になるかもしれないが「グレーな会計報告」をするようになったとしてもおかしくはない。

結局のところ、ＩＦＲＳが採用する原則主義では、考え方とか基準の「文言」を統一できても、世界の「会計実務」を統一する保証はほとんどないのである。第15章でも紹介したが、中国でＩＦＲＳを「企業会計準則」に盛り込むにあたって、「フェア・バリュー」を「公正価値」と訳したところ、公正価値測定の自由度の高さを悪用した会計不正が頻発したという。中国語で「公正」は「フェア」「公平」を意味するが、フェアの概念がない国（日本も同じ）では英米流の解釈を知らないから、好き勝手に近い解釈が横行する危険がある。そこで中国では、「公正価値」に代えて「公允《こういん》価値」という訳語を使うようになったという。「公允」は「公認」の意味であり、「フェア・バリュー」の中身を中国財政部のような公的機関が認めるものに限ろうとしているようである。

日本もアメリカも細則主義の国である。IFRSが本にして二五〇〇頁（原文の英語版も日本語訳版も。解釈指針を含む）程度なのに対して、日本の会計基準は会社法などの法規も含めて、二倍近い四八〇〇頁ほどである。アメリカの会計基準（US―GAAPと呼ばれる）は、IFRSの一〇倍、二万五〇〇〇頁になるという。

IFRSは、すでに述べたように原則主義を採用するので、基準には細かいことが書いていない（IFRSの個々の基準を見ると、原則主義とはいえないくらい詳細な規定を盛り込んだ基準もあるが）。一部の経営者は、原則主義の自由度の高さを高く評価する。今後は、箸の上げ下げまでも金融庁や公認会計士にうるさく言われなくて済む……と考えるようである。

しかし、原則主義のIFRSには細かなことが書かれていないとすると、その細かなことは今後、誰が決めるのであろうか。IASBは、原則主義のIFRSの下では、ルールの解釈は各企業の経営者が第一次的な責任を持つとしている。そのとき、当企業を監査する公認会計士・監査法人が、その経営者の解釈が原則主義の範囲を超えると判断するときにどうするかという問題が生じるであろう。

3　US―GAAPに戻るアメリカの実務

アメリカ企業にIFRSが強制適用されることになったとしよう。アメリカの経営者は、原則主義の解釈を要するとき、どうするであろうか。IFRSの精神（立法の趣旨と同じように、会計ルールの設定の趣旨）を重視する経営者もいるであろうし、その会計問題を、「昔はどうやっていたか」を探し出して、昔のルールを適用しようとする経営者もいるであろう。

きっと、後者の経営者の方が多数派であろうと思われる。つまり、IFRSに何と書いてあろうが、解釈に幅が許されるのであれば、経営者がいちいち頭を悩ますことなく、これまで（US—GAAPで）やってきた会計方法を踏襲すればよいはずである。それを選べば、監査人である会計士・監査法人も、「これまでUS—GAAPで認められてきた方法であり、かつ、IFRSの許容範囲に入る会計処理」として認めるであろう。昔のルール通りにやれば、投資家もSECも異を唱えることはないはずである。

これが現実味が高いとすれば、アメリカの企業は、仮にIFRSに移行することになっても、IFRSを採用するといいながら、現実には、US—GAAPで決算を継続することになるであろう。そうなったら、IFRSとは一体何であったのかということになろう。

4　中間報告の「連結先行」の波紋

二〇一〇年六月に金融庁企業会計審議会から「我が国における国際会計基準の取扱いについて」と題する中間報告が出され、ＩＦＲＳの受け入れに関しては、コンバージェンスを加速化するにあたって「連結先行」（その後、金融庁はこれをダイナミック・アプローチと命名している）で対応する考えが示された。ダイナミック・アプローチとは、連結財務諸表の会計と個別財務諸表の会計との間の整合性が失われない範囲で前者の会計が後者の会計に先行して改訂されていくという考え方を言うとされる。

中間報告では「今後のコンバージェンスを確実にするための実務上の工夫として、連結財務諸表と個別財務諸表の関係を少し緩め、連結財務諸表に係る会計基準については、情報提供機能の強化及び国際的な比較可能性の向上の観点から、我が国固有の商慣行や伝統的な会計実務に関連の深い個別財務諸表に先行して機動的に改訂する考え方（いわゆる「連結先行」の考え方）で対応していくことが考えられる。」と述べられている。

5　余談ながら

あえて余談を書く。

政府系の審議会とか委員会では、討議・討論・議論しないのが暗黙の約束である。各委員は意見を言う機会を与えられるが、他の委員の意見に（名指しで）反対の意見を述べたり、他の委員に質問したり、ある問題について委員同士が討論したり……することはない（他の委員に賛成の意見を述べることはかまわない）。どちらかというと「意見を陳述する（だけの）会」というのが実態である。

そうしたことを言うと、遠まわしに「おまえは審議会の委員などになったことがないから、想像で言うのだろう」といった指摘を受けることもある。私のような者でも、これまでに、大蔵省（現・財務省）、郵政省（現・総務省）、総務省、金融監督庁（現・金融庁）などの審議会や委員会で委員や座長・委員長を務めてきた。横浜市の委員会でも委員や副委員長を務めてきた。

上の話は、決して私の想像ではない。私が経験した多くの審議会や委員会では、委員同士が討論・議論するといったことは滅多になかった。私自身、ある会議で、ある参考人が報告した内容が事実と違ったときに、やむを得ず報告者の間違いを指摘したことがあったが、主催者（官庁）

が「予定したレールから外れた」ことに慌てふためき、また、当の報告者も「想定外の質問・指摘」がでたことで、ややパニックに陥ったようであった。その時に学んだことは、審議会や委員会というのは、審議したり議論する場ではなく、各委員がそれぞれの意見を陳述する「儀式」の場だということであった。

私はなぜその報告が事実と違うかを知っていたかというと、その報告のテーマ（大蔵省がある基準を決めたときの内容）を検討したときの責任者（委員会の座長）が私であったからである。私も若かったこともあって、自分が座長として決めた内容と報告者の内容があまりにも違っていたので、ついつい、報告者の間違いを指摘してしまったのである。

後知恵ながら、その委員会は、くだんの報告は会議が時間的に余裕があるので「単なる報告」ということで時間を稼ごうとしていたことが分かり、決して、事実を究明したり、議論することを予定していなかったことを知ったのである。

6 審議会・委員会の議事録

最近では、審議会や委員会の議事録（各委員の発言の速記録）が公表されるようになってきた。企業会計審議会の議事録と会議の時に配られた資料も、金融庁のホームページにおいて公開されている。そうした議事録をつぶさに読むと、審議会・委員会の実態が「意見交換会」ではなく「意見陳述会」であることがよく分かる。

「意見陳述会」の審議会などで、委員が誰に向かって意見を述べているのかは、議事録や速記録を読んでもよく分からない。審議会の委員長（会長）に向かって意見を述べているとはとても思えない。なぜなら、審議会や委員会の会長・委員長は、議事進行が役目であって、自分の考えるように議事を進行できるわけではない。ましてや自分の意見を述べたくても、議事進行係りの会長や委員長にそんなチャンスはない。会長や委員長には、事前に事務局との打ち合わせがあれば意見を言う機会はあるが、そんなチャンスも滅多にない。

では誰が審議会や委員会の方向・方針を決めているのであろうか。私の経験から言わせてもらうと、審議会や委員会の方向や方針は、ほぼ間違いなく官庁の役人が決めるのである。中間報告も、金融庁が事前に関係する機関等の意見を聴取して（あるいは関係団体からの意向を受けて）、金融庁としての腹をほぼ固めてから審議会に原案を出したものと思われる。

7　さらに余談ながら

上に紹介した中間報告では、連結の基準に関しては、「個別財務諸表に先行して機動的に改訂する考え方（いわゆる「連結先行」の考え方）で対応していくことが考えられる。」と述べられていた。

「考えられる」という表現はあいまいであるが、官僚の用語法としては「……とする。」「……としたい。」「……と考える。」と同義語であることが多い（政府の審議会や委員会などで学者が「考えられる」と発言するときも同じである）。だから、ここでは金融庁あるいは企業会計審議会としては「連結先行でいく」と意志表明したものと取ってよいであろう。実際にも、その後の金融庁や審議会の動きは「連結先行」を前提としたものとなっている。

8 「連結先行」論の浮上

この中間報告を受けて、企業会計基準委員会（ASBJ）は、具体的な会計基準の検討に入った。「連結先行」というアプローチであれば、連結の基準に関してはIASBとの「東京合意」に基づき、また、EUとの同等性評価の条件を満たすために、IFRSと日本基準のコンバージェンスを期限内に達成することが重要な仕事になる。

先行する連結の会計基準を単体（個別）の会計基準がどのように追いかけるか、追いつくか、こうしたことに関しては「中間報告」ではほとんど何も述べられていない。せいぜい「連結財務諸表と個別財務諸表の関係を少し緩め」と述べている程度である。

金融庁の三井秀範企業開示課長（当時）は「連結財務諸表の会計と個別財務諸表の会計との間の整合性が失われない範囲で前者の会計が後者の会計に先行して改訂されていくという基本的な考え方で対応される限り、連結財務諸表は個別財務諸表を『基礎として』作成されるものと解することに支障はないものと解される」（三井秀範、二〇〇九年）と述べている。

また、ＡＳＢＪの西川委員長も「連結財務諸表と単体財務諸表における会計処理は……基本的に一致するものであるが、その厳格な適用を一時的に緩め、ＡＳＢＪがコンバージェンスを加速継続するにあたって、単体財務諸表にはすぐにはコンバージェンスしにくい処理もあるだろうから、コンバージェンスが急がれる環境下で、連結でのコンバージェンスを優先して進めるという考え方」（西川郁生、二〇一〇年）であると説明している。

9 「連単一致」は世界の非常識

この「連結先行」論は、あたかも世界の常識かのようにわが国の実務界に流布した観がある。

ここでは「個別財務諸表あっての連結財務諸表」「個別財務諸表がなければ連結財務諸表は作れない」という理解がまさしく先行している。

連結も単体もＩＦＲＳで対応しているのはイタリアなどの少数の国だけであり、ほとんどの国は連結にＩＦＲＳを適用していても単体には自国の会計基準を適用している。

わが国の連結先行論は、「連結財務諸表は個別財務諸表を積み上げないと作成できない」といった先入観に囚われているのではなかろうか。わが国の企業でもニュー・ヨークに上場してきた企業は、これまで個別財務諸表は日本の会計基準で作成し、連結財務諸表はアメリカの基準で作成してきた。それは、わが国において連結財務諸表制度が導入された当初（一九七七年）からの実務であり、これまでの間、こうした「連単分離」が投資家の判断を誤らせたといったことは聞いたことがない（経済産業省の企業財務委員会が発表した「企業財務委員会中間報告書　会計基準の国際的調和を踏まえた我が国経済および企業の持続的な成長に向けた会計・開示制度のあり方について」二〇一〇年四月、を参照）。

10　経済産業省企業財務委員会の報告書

この企業財務委員会は、経済産業省の経済産業政策局企業行動課を事務局として、わが国主要企業の財務担当役員（ＣＦＯ）等をメンバーとして設置されたものである（委員長・佐藤行弘三菱電機常任顧問）。ここで表明された意見は、わが国産業界、とりわけ「物づくり」の産業界を代表する意見と言ってよく、「技術立国」「物づくり」を標榜するわが国にとって適切な会計とはどうあるべきかを示している。

この中間報告書は、連単問題について、次のような問題を提起する。

「我が国固有の商慣習や伝統的な会計実務に関連の深い単体に適用される会計基準について『なぜ単体を連結に合わせないか』ということではなく、『なぜ（国内制度に係る）単体基準を（国際ルールに係る）連結基準に合わせるのか』という視点において、『連結先行』の本来の意義を明確化する必要がある。」

「単体にどこまでIFRSを取り込むかについては、会社法や税法との関係や日本的経営の有り様等、国家戦略として国内体制がどのようにあるべかという観点から、幅広い利害関係者が一体となった枠組みの下で総合的に検討された上で結論づけられるべきである。」

こうした認識の下、企業財務委員会報告書では、「国際的な要請として、コンバージェンスについては連結のみが対象となっていること、IASBの作業計画に整合する形で加速的な検討が求められていることを前提とした上で、単体についてのコンバージェンスの議論と連結の議論をいったん分離する、手続き的な意味においての『連単分離』を確立することが必要ではないか」

と提言している（「必要ではないか」という表現が「必要である」と同義であることは、「考えられる」の話から類推できるであろう）。

企業会計審議会が「連結先行」を打ち出したのに対して、産業界がこれほど明確に「連単分離」を表明したのであるから、その波紋は大きい。次章においては、企業財務員会報告の内容と、その波紋を紹介したい。

第17章 「物づくりの国」「技術立国」に適した会計を求めて

1　企業会計審議会の立ち位置

前章では、金融庁企業会計審議会が公表した中間報告「我が国における国際会計基準の取扱いについて」(平成二一(二〇〇九)年六月)の立ち位置、つまり、わが国がIFRSを受け入れる準備としてコンバージェンスを加速化するために「連結財務諸表の会計と個別財務諸表の会計との間の整合性が失われない範囲で前者の会計が後者の会計に先行して改定」するという、いわゆる「連結先行」論を紹介した。

中間報告では、「なぜ単体の財務諸表にIFRSを適用するのか」については詳しい記述はなかった。企業会計基準委員会(ASBJ)の西川郁生委員長は、連結先行の考えを説明して、次のように述べている。

「連結財務諸表と単体財務諸表における会計処理は、……基本的に一致するものであるが、その厳格な適用を一時的に緩め、ASBJがコンバージェンスを加速継続するにあたって、単体財務諸表にはすぐにコンバージェンスしにくい処理もあるだろうから、コンバージェンスが急がれる環境下で、連結でのコンバージェンスを優先して進めるという考え方と理解している。」

(西川、二〇一〇年)

不思議なことに、企業会計審議会の中間報告でも西川委員長のペーパーでも、なぜ連結と単体の会計基準が同じでなければならないのか、なぜ連結と単体の会計処理が一致するものであるのかは説明がない。そこには「個別財務諸表の数値を集計したのが連結財務諸表の数値」といった素朴な理解が支配していて、連結財務諸表と個別財務諸表が異なる役割を担っている（担ってきた）ことを忘れたかのようである。

2 「連単一致」は世界の非常識

もしも、「連結先行」の意味することが「連単一致」ということであれば世界的に極めてまれな対応である。何らかの形でＩＦＲＳを採用する世界中の国々はほぼ間違いなく「連単分離」、つまり、連結財務諸表にＩＦＲＳを適用し、個別財務諸表には自国の会計基準を適用しているのである。単体にＩＦＲＳを適用することを禁止している国もあれば許容している国もあるが、連結と単体の両方にＩＦＲＳを強制適用している国は経済大国にはない。

わが国の会計界は、時価会計のときも、内部統制のときも、減損処理のときもそうであったが、アメリカの表面的な動きに追随しようとして、日本の経済を衰退に追い込んできた面を否定できない。日本の会計界をリードしている人たちは、日本の産業界に、ＩＦＲＳでも同じ悪夢を見させようというのであろうか。

3 企業財務委員会の「連単分離」論

経済産業省の企業財務委員会が公表した報告書「会計基準の国際的調和を踏まえた我が国経済および企業の持続的な成長に向けた会計・開示制度のあり方について」(二〇一〇年四月)は、わが国産業界、とりわけ「物づくり」の産業界を代表する意見と言ってよく、「技術立国」「物づくり」を標榜するわが国にとって適切な会計とはどうあるべきかを示している。

この報告書は、連単問題について、次のような問題を提起する。

「我が国固有の商慣習や伝統的な会計実務に関連の深い単体に適用される会計基準について『なぜ単体を連結に合わせないか』ということではなく、『なぜ(国内制度に係る)単体基準を(国際ルールに係る)連結基準に合わせるのか』という視点において、『連結先行』の本来の意義を明確化する必要がある。」

「単体にどこまでIFRSを取り込むかについては、会社法や税法との関係や日本的経営の有り様等、国家戦略として国内体制がどのようにあるべきかという観点から、幅広い利害関係者が一体となった枠組みの下で総合的に検討された上で結論づけられるべきである。」

こうした認識の下、この報告書では、「国際的な要請として、コンバージェンスについては連結のみが対象となっていること、IASBの作業計画に整合する形で加速的な検討が求められていることを前提とした上で、単体についてのコンバージェンスの議論と連結の議論をいったん分離する、手続き的な意味においての『連単分離』を確立することが必要ではないか」と提言している（前章に書いたように、「必要ではないか」という表現は「必要である」と同義である）。

報告書では「手続き的な意味での連単分離」という表現を使っているが、報告書の内容に即して言えば「事実上の連単分離」あるいは「実質的な連単分離」を主張している。

企業会計審議会が「連結先行」を打ち出したのに対して、産業界がこれほど明確に「連単分離」を表明したのであるから、その波紋は大きい。

4　一枚岩ではなかった産業界

金融庁企業会計審議会や企業会計基準委員会が、この報告書の後、非常にあわただしい動きをしたのは、審議会も委員会もこの報告書が発端・原因だとは言っていないが、わが国の産業界が必ずしも「連結先行」論を支持しているわけではないということを認識したからであろう。企業会計審議会が出した「連結先行」の話は、わが国の財界からの強い要請を受けたものであったことは広く知られている。それが、この報告書が出たことによって、財界の対応なり考え方が必ずしもひとつにまとまっているわけではないことが明らかになったのである。

当初、金融庁を動かしたのは、日本の財界でも「物づくり」とか「技術」に関係のない、コンサル会社とか情報処理会社など一部の産業界と監査法人の意向であったようである。ところが、この報告書を取りまとめたのは、事務局が経済産業省ということからも分かるように、「物づくり」「技術立国」で身を立てている産業界の人達である。この違いは大きい。

IFRSを主導しているイギリスにしろ、IFRSのアドプション（強制適用）を検討しているアメリカにしろ、すでに「物づくり」では稼ぐことができずに、金融に軸足を移し、それもデリバティブなどの時価評価という、世人には理解できない手法を駆使して、実体のない利益額を報告してきた。そうした事情を知ってか知らずかは分からないが、わが国の産業界の一部ではIFRSを大歓迎してきた。

5　連結と単体は役割が違う

報告書はＩＦＲＳを次のように評価している。

「ＩＦＲＳは主に投資家保護に重点を置いた会計基準であり、国際的な統一を図る目的からも各国の国内制度を必ずしも十分に加味しない形で策定されてしまう、という側面がある。

今後どのような方向で議論されていくかが必ずしも明確ではなく、日本企業の経済成長や国際競争力の観点から重視される会計思想や日本固有の実情などをその会計処理に反映することが可能かどうかも定かではない。」

また、連結と単体の役割については次のように、役割分担があることを指摘している。

「連結は投資家への情報提供が最も重視されるが、単体については、他の国内制度との結びつきが強く、株主を含む幅広いステークホルダーとの関係において連結とは異なった役割が求められる側面がある。」

しばしば書いてきたことであるが、連結は、親会社、子会社、孫会社といった法律的には独立した別会社からなる企業集団を、一つの経済実体と仮定して、あたかも一つの会社であるかのように財務諸表を作成したものであり、いわば「虚構の財務諸表」である。連結財務諸表の主体となる「会社」は現実には存在しないし、企業集団の株も発行されていない。株主がいないのであるから連結財務諸表に書かれた利益を株主に配当するということもできない。個々の会社の株主は、自分が株を持っている会社の単体（個別財務諸表）に書かれている利益から配当を受けるのである。そうした意味で「連結」は「企業集団の決算書」ではなく「企業集団の財務情報」といったほうが適切である。

6 「日本の基軸となる会計思想」

報告書はこうした連結と単体の役割が異なることを受けて、単体は「国内制度として日本の基軸となる会計思想」を反映すべきことを示唆している。「物づくり」「技術立国」の日本にとって重要な会計思想とは何か。報告書は言う。

「我が国にとって重要な会計思想とは、企業の短期業績志向への傾斜や短期的な利益操作の可能性を排除する一方、財務体質の健全性を担保し、国際競争力・収益力の持続的強化を促すとともに、どの財務諸表利用者の有用性に偏ることなく、投資家、経営者、その他の幅広いステークホルダーにも企業価値や業績の評価指標として共有し易い財務情報である。」と。

この一文の前半は、それとなくＩＦＲＳによる会計報告が「企業の短期業績志向への傾斜」や「短期的な利益操作」の恐れがあることを指摘している。後半において、「物づくり」の日本が採るべき会計思考は財務体質の健全性や競争力・収益力を評価する指標を提供するものであるべきことを主張している。

つまり、この報告書では、日本の会計は中・長期的な視点での経営に資するものでなければならないことを主張しているのである。それは必ずしも日本独自の会計というわけではなく、「物づくり」を基本とするアジアやヨーロッパなどの諸国・地区に共通する会計であろう。何も特別な会計ではなく、中・長期の観点で経営されている企業にとって「わが身を映す鏡」となる実現利益情報・原価情報を提供する会計である。

7　歴史的原価会計が選択肢

ベンチャー投資家として有名な原丈人氏（デフタ・パートナーズグループ会長）は言う。「いま、会社は株主のものだという価値観に基づいて、アクティビストやヘッジファンドは、短期的に株価を上げる圧力をかけるだけでなく会社の内部留保を取り崩すことを要求し、収益が上がればその大部分を配当金とすることを求める。そのために会社は、将来への備えも開発投資もできず、衰退してしまう。（中略）短期的に利益を最大にするよりも、長期的なことを考えて経営したほうが、株主にとっても長期的にプラスになる。」（原　丈人、二〇〇九年）。

こうした考えを支持する声は、アメリカからも届いている。実証研究（規範的研究が主流の日本ではあまり評価・歓迎されていないが、アメリカでは依然として主流である）で名を馳せたコロンビア大学のペンマン教授は、ＩＦＲＳが重視する公正価値（fair value、時価とほぼ同義）会計について「生産や販売を事業内容とする通常の企業では、理想的な公正価値会計は実施できず、そこでは歴史的原価会計が良好な代替案（選択肢）になる」ことを指摘している（二〇〇八年に開催された国際会計研究学会における桜井久勝教授の報告による）。

「物づくり」が経済・産業の中心となっている国の会計と、金融で成り立っている国の会計は、同じである必要はない。資源が豊富にある国の会計と資源が乏しいために「技術立国」を目指す国の会計も、同じであるはずがない。

報告書は、「物づくり」「技術立国」を目指す日本の会計（それは、アジア諸国もヨーロッパの諸国も同じであろう）は、これまで営々と経験を積み重ねた上での経営と会計の英知である「原価実現主義」と「保守主義」を金科玉条とした会計思考であるというのである。

私はこの報告書を手にしたとき、日本の産業界に、こうした健全な会計観を持つ人たちが多いと知って大きな安心感を覚えた。それまで報道されてきたのは、日本の産業界が一糸乱れずにIFRSの採用に突き進もうとしているかのような話ばかりであった。

8　ワッツ教授、IFRSの崩壊を予言

IASBが創設され、IASをIFRSに衣替えし始めたころは、「誰の目にも望ましいインフラの共通化」という理念で、世界中からの支持を集めた観があった。しかし、IASBがアメリカを巻き込む作戦に出てからは「イデオロギーと化した資産・負債アプローチによる世界統合への政治的暴走」（斎藤静樹、二〇〇八年）が目立ってきた。

アメリカの実証研究の第一人者といわれるワッツ教授は、アメリカの会計基準（US－GAAP）もIFRSもいずれ崩壊することを予言して、次のように言う（上の斎藤論文より引用）。

「歴史的にみて米国の基準設定をめぐる政治的な均衡がもたらしたのは、早めに損失を認識するという保守主義の伝統であり、そこから乖離した米国基準（国際基準も）のルールは、『現在の形では長く続かない』。」

9　ＩＦＲＳ財務諸表からは読めない収益力

報告書は連結への適用については次のような微妙な表現を使っている。

「我が国の会計制度が、グローバルスタンダードから孤立することなく情報の比較可能性、透明性を維持する一方で、日本の国益や経済成長を支える制度インフラとして、企業の事業基盤や国際競争力強化に資するものとなることが重要である。」

この一文は、前半でＩＦＲＳのような国際基準の導入の必要性を認めているが、それは国際的に孤立しないとか情報の比較可能性や透明性を確保するためという限定的な必要性を認めているだけである。会計情報の比較可能性や透明性は、もちろん、非常に重要な要件であることは間違いない。しかし、そうした要件を重視するのは、主として現在の株主というよりは将来の投資家（将来、この会社の株を所有することがありうる人たち）であるから、会計情報（特に決算情報）としてはあくまでも二次的な要件であろう。

報告書が言いたいことは後半にあるようである。そこでは、会計情報としての一次的な意義は、これまで企業の収益性であり安全性（債務返済能力）・成長性、さらには企業の社会的貢献度の指標であるとされてきたが、ＩＦＲＳではそうした指標を提供することに重きを置いていない、しかし、国としての会計制度では、中長期的な観点に立って、あるいは国益や日本産業の振興に資するものとなるものをデザインすべきである、ということを指摘しているようである。

報告書はあからさまにIFRSを批判してはいないが、IFRSをもとに作成した財務諸表からは、「投下資本が着実に成果に結びついているかを定点観測していくこと」や「投下資本がきちんと将来の事業キャッシュ・フロー創出等の成果を生み出しているかどうか……という因果関係」を明らかにすることは難しいということを、それとなく主張しているようである。

10　会計制度としての安定性を

報告書は、今後の課題として次の5項目を挙げている（項目の見出しは報告書のとおりではなく、内容が伝わるように変えてある）。

(1)　基軸となる会計思想の整理
(2)　非上場会社には身の丈にあった会計基準の策定を
(3)　制度としての安定性を持った単体会計
(4)　「連単分離」の場合の検討課題
(5)　単体の会計のあり方を検討する場の設定

基軸となる会計思想については、次のように述べている。

「基軸となる会計思想とはすなわち日本の企業競争力に直結するものであり、まずは国内制度としてこのような観点における議論からスタートし、それから、会計の国際化やその背後にある考え方をいかに戦略的・効果的に受け入れることで日本企業の新たな競争力の向上に結びつけていくべきかを検討していくべきである。」

こうした検討の結果を見据えて、報告書は単体の会計について次のように述べている。

「会計を証券市場のルールとしてだけでなく、経済社会インフラと捉える場合には、会社法や税法、別記事業等関連国内制度と一体として会計制度を検討すべきであり、特に関連国内制度とのつながりが強い単体会計については、より制度としての安定性が重視されるべきである。」

単体の会計に関しては「制度としての安定性」が必要だとしているが、それはIFRSを単体に適用するとすれば「IFRSが今後、どのような方向で議論されていくかが必ずしも明確ではないこと」や「日本企業の経済成長や国際競争力の観点から重視される会計思想や日本固有の実情などをその会計処理に反映することが可能かどうかも定かではない」こと、さらには「IFR

Sはわが国の主権が及ばないこと」「IFRSは絶えず変化を続ける」ことなどから、会計制度としての安定性を十分に保つことが難しいからである。

報告書が出た後、わが国の会計界にはいろいろな動きが見られた。直後の主なものを挙げる。

——二〇一〇年四月—五月　企業会計基準委員会「上場会社の個別財務諸表の取扱い（連結先行の考え方）に関する検討会」開催

——二〇一〇年六月から八月　金融庁企業会計審議会三回開催

——二〇一〇年九月　財務会計基準機構「単体財務諸表に関する検討会議」を設置

——二〇一〇年九月　中小企業庁「中小企業の会計に関する研究会」が中間報告書を公表

「連単問題」に関して、この中で最も興味深いのは、三回にわたって開催された企業会計審議会の内容である。次章ではこの審議会における検討を紹介したい。なお、審議会の議事録は金融庁のホームページで読むことができるので、私の「フィルター」を通さずに議事録を読みたい方はHPをごらん頂きたい。

第18章　審議会に差し戻された「連結先行」論

1　単体における「包括利益」不要論
2　審議会とＡＳＢＪの役割分担
3　振り出しに戻った連単論議
4　製造業からの「連単分離」論
5　賛成多数の「連単分離」論
6　アメリカに梯子を外される？

1　単体における「包括利益」不要論

企業会計審議会は、平成二一（二〇〇九）年六月に「我が国における国際会計基準の取扱いに関する意見書」と題する中間報告を出し、わが国上場企業の財務諸表へＩＦＲＳを適用する場合に「連結先行」というアプローチを取ることを提示した。

この中間報告を受けて、企業会計基準委員会（ＡＳＢＪ）は二〇一〇年四月九日から五月二八日まで計四回「上場会社の個別財務諸表の取扱い（連結先行の考え方）に関する検討会」を開催している。

この検討会を起こす発端は、ＡＳＢＪの西川郁生委員長の言葉によれば、次のような事情である。「（中間報告の）公開草案後の最終的な公表（二〇〇九年六月）の直前あたりから急激に、包括利益の表示は単体では不要ではないかという議論が大きく起きてきて……そういう声が大きくなりましたので、議決を強行するよりも少し落ち着いて、そもそも連結先行というのはどういうふうに当てはめていくべきだろうかということを、連結先行の候補となるような基準をまとめて、どういうふうな考え方で整理していけばいいかといったことを議論してみてはどうかということで、この検討会を起こしたものでございます。」（二〇一〇年六月八日の企業会計審議会総会にお

ける西川委員長の発言。以下、所属等は当時のままで紹介する）

ところが検討会を立ち上げて個々のケースへの当てはめ（個々のＩＦＲＳ基準をわが国の個別財務諸表にどのように適用するかということ）を議論しようとしたところ、「最初に出てきたご意見としては、金商法における個別財務諸表の開示のあり方といった非常に大きな論点を含めて、この個別ケースへの当てはめ以前に議論すべきことが多々あるのではないかということがあり、それを議論する前に個々のケースの当てはめの議論をすることはできないのではないか」（西川、同上）ということになり、より大きな論点を議論するために、中間報告を出して「連結先行」を提示した企業会計審議会に「差し戻して」もう一度議論をして欲しいということになった。

この問題を審議するための企業会計審議会総会は、二〇一〇年六月八日、七月八日、八月三日と三回、開かれた。いずれの総会も議事録（企業会計審議会では多数決でものごとを決めるということはないので、公開される議事録は、委員たちの発言をそのまま紹介した速記録である）が金融庁のＨＰで公開されている。以下、この三回の総会において陳述された委員の方々の意見や要望を（私のフィルターを通して）紹介したい。

第一回の総会では、審議会の安藤英義会長から「連結財務諸表の会計基準と単体の会計基準のあり方を、連結先行を提示した企業会計審議会で改めて議論してはどうかとの要望」を（ＡＳＢＪの検討会から）寄せられたことを受けて、審議会で審議することになったという説明があり、さらに「個々の会計基準の検討はＡＳＢＪが行っていくことを大前提として、ＡＳＢＪの今後の議論を前向きに行っていただくため当審議会で議論を行い、今後、ＡＳＢＪで議論を行う際の論点を明確に」していただきたいとの趣旨説明があった。

2　審議会とＡＳＢＪの役割分担

ところで、読者の皆さんの中には、企業会計審議会（金融庁長官の諮問機関）と企業会計基準委員会（民間のスタンダード・セッター）の区別や役割の違い（役割分担）などがよく分からないという方も多いと思われる。この話は、三回の審議会総会における各委員・参考人などの意見や要望の真意を読みとるに必要な知識であるので、回り道ながら紹介しておきたい。

数年前までは、わが国の会計基準（少し前までは「会計原則」と呼んでいた）は、金融庁（それ以前は大蔵省）に設置されていた企業会計審議会が決めてきた。企業会計審議会は、制度上、金融庁長官（その前は大蔵大臣）の諮問を受けて、それに対する答申として報告書を作成する機関であった。「企業会計原則」をはじめとする一連の会計原則がそれである。

答申書であるから一般的には誰かを拘束するとか何かを規制・強制するものではないが、答申書の内容に即して財務諸表等規則という内閣府令に反映され、強制力を付与されてきた（現在は、財務諸表等規則において包括的な拘束力が付与されている)。

ところが、わが国の会計基準を設定する主体が、企業会計審議会から民間の企業会計基準委員会(ASBJ)に変わるのである。二〇〇一年のことであった。変わった原因・理由は二つある。一つは、イギリスやアメリカでは会計基準を設定するのが民間の団体(イギリスはASB、アメリカはFASB)であり、さらに国際的な会計基準(IAS)を設定してきたのも民間の団体(IASC。IASBの前身)であることから、「民間設定主体において市場参加者が自律的に会計基準を決めるアメリカなどの体制に倣った」(『第6版会計学辞典』斎藤静樹稿)というのである。もう一つは、当時、企業会計審議会が設置されていた大蔵省が「官民接待」問題と証券不正で威信を失墜し、それを問題にした国会議員が大蔵省潰しに走り、会計基準の設定を官(大蔵省)から民(ASBJ)に移すように動いたのである。

しかしながら、企業会計審議会は存続した。現在の企業会計審議会は金融庁長官の諮問機関であるが、そこには企画調整部会、内部統制部会、監査部会という三つの部会と総会がある。会計基準部会はない。

企画調整部会が何を担当する部会かは、企業会計審議会総会の席で、当時の若杉明会長が「企業会計に関する内外の状況や、新たな課題などにつきまして幅広く意見を頂戴し、委員の方々のお力をおかりいたしまして、なるべく迅速に対処方針を審議してまいりたいと、こんなふうに考えております。」と説明している。

かくしてわが国の会計基準に関しては、個々の具体的な基準についてはＡＳＢＪが責任を持ち、内外の状況や新しい課題（これらにはＩＦＲＳ問題が含まれよう）に関しては審議会が担当するという、二人三脚体制を取ることになった。

これから紹介する三回の審議会総会における委員の発言や審議の内容は、こうした二人三脚の役割分担に縛られて、ＩＦＲＳの具体的な内容をやや不問にしたままで、ＩＦＲＳを個別財務諸表に適用することの是非を議論しているところがある。

審議会とＡＳＢＪが役割を分担する（ＩＦＲＳの中身はＡＳＢＪが検討する）とはいえ、ＩＦＲＳの中身を検討せずに個別財務諸表へ適用するべきかどうかを検討するというのであるから、審議に参加した委員や参考人などには戸惑いもみられ、発言が抽象的・表面的な話で終わった感がある。この三回にわたる審議会総会を開く発端となった「個別財務諸表において包括利益を表示する必要があるかどうか」という問題は、審議会ではほとんど議論されず、何らの具体的な合意も得られずにＡＳＢＪに「差し戻し」となってしまった。

3 振り出しに戻った連単論議

ところで三回にわたる審議会であるが、その発端は上記したように単体の財務諸表における包括利益の表示問題であるが、議題は「単体の会計基準のあり方（コンバージェンス）について」であったことから、一回目の審議の途中、斎藤静樹委員から、その後、泉本小夜子委員から「今日の会議の目的がよくわからない」という発言があり、安藤会長が「ASBJで今、いろいろコンバージェンスに向けてやっているんだが、はっきり言えばデッドロックに乗り上げてしまった。さあどうしましょうということで、昨年六月のこの審議会総会で決めた意見書、中間報告をこの総会が出したわけですから、もう一回こちらでその辺の枠組みといいましょうか、議論してほしいということだと思います。」と説明している。

さらに事務局から三井企業開示課長（当時）が「ASBJでの基準開発の議論においては、……（IFRSの）導入は連結だけで、単体はたとえば現行の基準のままいくといった……別案として出されて、それに対して連結先行の枠組みの中で対応できる案なのか、あるいはそこから逸脱するものなのかと、そんな議論もあり、もし連結先行の枠に入らないとすれば、それは連結先行という案を提示した企業会計審議会にもう一回議論を戻して、さらにもう少し幅広いというか、既に出された連結先行、ダイナミック・アプローチという枠組みの是非も含めた議論を求めるという趣旨」であると説明している。連単論は、振り出しに戻ったのである。

審議会の目的が、中間報告で自らが提示した「連結先行」というアプローチの再検討ということから、委員や参考人の意見表明は多岐にわたった。一番多い発言はIFRSを単体に適用することに対する反対論であった。逆に連単分離に反対する意見もあれば、単体にIFRSを適用するニーズがないことを指摘する意見、IFRSを（強制適用するのではなく）選択適用にするべきと主張する意見もある。

IFRSはもともと連結用に作られた（作られている）基準であることから単体に適用する例は諸外国にもほとんどないという事情を紹介して連単分離に与する意見、より根本的な問題として、IFRSが清算価値会計（会社の身売り価格を計算する会計）であることやIFRSは製造業には向かないことなどを根拠として、IFRSそのものを問題とする意見も表明されている。

4　製造業からの「連単分離」論

第一回の審議会では三名の参考人が意見を述べている。二名は製造業、一名は金融業に所属している。まず、この製造業を代表する二名の参考人の意見から紹介する。以下、紹介するのは必ずしも発言順ということではなく、また、速記録からの引用ということもあって、一部を省略したり補足した部分があることをお断りしておきたい。発言者の所属等は審議会が開かれた当時のままで紹介する。

最初の参考人は、前章で紹介した「企業財務委員会」の委員長を務めている三菱電機常任顧問の佐藤行弘氏である。佐藤参考人は、企業財務委員会の中間報告書（内容は前章を参照）を紹介した後、委員会が行った欧州の実態調査の内容をかなり詳細に紹介している。この部分については別の機会に書くことにして、佐藤参考人が開陳した単体に関する意見を紹介したい。

佐藤参考人は言う。

「単体では税法と会社法の親和性の高い日本基準を堅持することが重要である。これは、保守主義の思想とか重要性の原則とか、あと税法等の確定決算主義、損金経理要件、この辺の親和性というのは、やはり長い日本の戦後の歴史の中で、特に製造業を支えてきた基本的な要因ではないか。」「日本基準の単体につきましては、やはり会社法、税法との関連、国内の諸々のステークホルダーとの関わりもありまして、連結とは別の手続で会計基準の設定が必要になるだろう。」

二人目の参考人は、ＪＦＥホールディングス監査役の山崎敏邦氏である。山崎参考人は、「ＩＦＲＳ導入への私見」と題するペーパーを審議会で配布しているが、そこには、「ＩＦＲＳは会計基準ではない」「単体はＩＦＲＳとは無関係」「単体の会計基準はわが国にとって最適なものとすべき」と明記されている。

山崎参考人の意見を紹介する。ＩＦＲＳの本質をずばり言い当てていて、私は思わず膝を叩いてしまった。引用はかなり長いが、じっくりと読んでいただきたい。

「最近になりまして、このＩＦＲＳに規定されている基準の考え方は、これはＭ＆Ａにおける企業価値評価の手法と同じだということに気が付きました。つまり、この基準は、企業の買収価格を財務諸表に表すのが目的でありまして、当年度の業績は前年度の買収価格との差額にすぎないということになります。従いまして、減価償却というのはいい加減な評価だということになりますし、資産も負債も限りなくその時点の時価で表すということになると。したがって、償却というようなものよりも減損ということが重んじられる手法になっているということだと思います。」

「このようなコンセプトで設定された基準に基づく財務諸表は、企業の経営にはほとんど役に立たないと思います。……製造業ではほとんど使えない。つまり、売却を目的として企業を経営している経営者はほとんどいらっしゃらないだろうと思います。……事業に投下した資金を回収して再生産に備えるということが、これが経営だと思います。したがって、投下資金が間違いなく回収されていることをチェックすることが財務諸表の重要な目的だということです。」

「世界の投資家がＩＦＲＳに基づく財務諸表を必要としているのであれば、株式を公開して投資対象となっている上場会社は、そのニーズに応えざるを得ません。投資家が対象としているのは連結財務諸表でありますし、ＩＦＲＳそれ自体当然に連結を対象とした規定であります。したがって、上場会社の連結財務諸表は原則としてＩＦＲＳに従った開示をするということになるべきだと思います。」

「しかしながら、単体についてＩＦＲＳを適用するニーズは存在しないと思います。……単体の財務諸表につきましては、それに責任を負う経営者がそれぞれ存在しております。彼らは、親会社から与えられたミッションの下でベストを尽くしているわけでありまして、その成果を正当に評価されることを望んでおります。したがってＩＦＲＳに基づく財務諸表は、彼らのニーズに合わないと言えます。……単体は経営の成果が判断できるように作成されるべきであります。単体にＩＦＲＳを適用するニーズは存在しないし、適用しても役に立たないと考えます。」

「元来、ＩＦＲＳは、世界中の企業は単体も含めた会社の決算をこの基準で実施すべきと言っているわけではございません。上場している企業の買収価格を表した財務諸表が欲しい、見たいと言っているだけであります。」

5　賛成多数の「連単分離」論

二人の参考人が開陳した意見には多数の賛同者がいる。幾人かの意見を簡潔に紹介したい。

・銭高一善委員（株式会社錢高組代表取締役社長）「私も実業の世界にいる立場から、佐藤、山崎参考人のご意見に非常に共感する。」

・武井優委員（東京電力株式会社取締役副社長）「佐藤参考人、山崎参考人のご発言に、私も同感です。……関係者が長い時間をかけて、それぞれがご苦労されて会社法、税法、金商法それぞれが親和性というものを求めてやっと、非常に調和のとれた三位一体の制度ということで、実務の中で活きているというところに来たわけでございます。……（連単に適用する基準の）整合性という観点からそれを求められてもいない単体財務諸表を右に倣えとするのは、いささか私は時期尚早ではないかという気がします。」

・平松一夫委員（関西学院大学教授）「一年前の議論のときに、連・単分離を述べましたが、そのときには産業界からもあまり支持を得られませんでした。只今、製造業の方お二人が全く同じ発想でご発言なさいましたので、びっくりしました。……現在の会社法、税法の規制を前提とする限り、連単分離でないとしかたがないと一年前にも考えていたわけであります。」

・西村義明委員（東海ゴム工業株式会社代表取締役社長）「今の産業界のお二人のご意見に全く同意見であります。……IFRSそのものが現状、M&Aのための会計で、あるいはそのための表示の仕組みなので、それをそのまま実際の我々の経営に適用できるかというと、基本的には難しんだろうなというふうに思います。まさに我々の評価、営業の成績が、極端に言うと期末一日の変動によって大きく変わってしまう、それでは経営は当然できません。……日本の考え方あるいはものづくりの考え方をベースにして、そこへ日本の基準も含めて落とし込んでいくというところが、基本的な進め方になるんじゃないかなと思います。」

二人の参考人が提起した問題はいくつかある。一つは、IFRSそのものに対する不信感であったり、IFRSでは企業の経営ができないという認識である。さらには、IFRSに従って（連結）財務諸表を作成すれば自分の会社が買収の対象になりかねないという危機感も伝わってくる。

6　アメリカに梯子を外される？

本章の最後に紹介したいのは、ASBJが創設された二〇〇一年から六年間にわたってASBJの委員長を務めた斎藤静樹委員（明治学院大学教授）の意見である。二〇〇一年といえばIASCがIASBへと組織変更した年である。それはまた、エスペラント語と揶揄された国際会計基準（IAS）が証券監督者国際機構（IOSCO）という公的国際機関の後ろ盾を得て、実質的な国際基準としての姿を見せ始めてきた時期であった。

斎藤委員の立ち位置は明快である。すなわち、「連結はIFRSにしようと決断するのであれば、単体もIFRSに一元化していこうと主張するのが本当だと思いますし、それができないというなら、元々の決断に無理があったのですから、そこに戻って考えるべきだと私は思います。」

斎藤委員は「基準は一つ」という単一基準論者である。つまり、斎藤委員は、山崎参考人と違ってIFRSを「会計基準」と考えているのであり、さらに、連結財務諸表と個別財務諸表は同じ役割が課されている（果たしている）という立場である。その点で、製造業からの二人の参考人や多くの審議会委員とはスタンスが違うようである。

斎藤委員は「連結先行」というアプローチには賛成するが、IFRS自体に対してはかなり批判的である（この点では、特に多くの学者委員と同じスタンスである）。斎藤委員は言う。

「昨年のこの審議会の中間報告は、アメリカがＩＦＲＳに移行するなら仕方がないという合意でありました。しかし、その後のアメリカは、まだ分かりませんけれども、少なくとも移行するということは考えにくい客観情勢になりつつあるようですし、他方で中国が移行する方針ではないということは今や明白であります。

それでもといいますか、だから逆に日本はＩＦＲＳと心中しようというのはちょっと理解しがたい議論ですし、しかもそれを可能にするためにさらに連・単を分離しようというのであれば、さすがに通りにくい話じゃないかなという感じを受けております。」

「ＩＦＲＳを単体に適用しても意味はないというのであれば、それは連結にも意味がないということかなという感じもいたします。」

三回の審議会では、ここで紹介した意見に近いものもリモートなものも陳述されている。私は審議会の議事録が金融庁のＨＰにアップされた後、その議事録を繰り返し読んできたが、読むたびに感じるのは、審議会に参加する委員や参考人の間で基本的な事項についての「合意」というか「コンセンサス」が希薄なのではないかということである。たとえば、多くの参考人や委員が「投資家」のことを言うが、発言者の言うことを吟味すると、発言者ごとに「投資家」の意味が違うようである。これは非常に重要なことなので、次章にて取り上げたいと考える。

第19章　ＩＦＲＳが想定する「投資家」とは誰のことか

1　「投資家」は何を求めているか
2　「投資家」がウオッチするのはどの会社か
3　ＩＦＲＳを必要としている「投資家」は誰か
4　「投資家」は必要資本を提供しているか
5　株式流通市場は「博打場」か
6　「投資家」はＩＦＲＳをどう使うのか
7　ＩＦＲＳは誰のためのものか
8　会計は「公器」ではなかったのか

1 「投資家」は何を求めているか

前章の最後に書いたように、一連の企業会計審議会では、委員や参考人からしばしば「投資家」の話がでた。「投資家が望んでいる」とか「投資家の意思決定に役立つ」とか、「機関投資家は……」「海外の投資家は……」といった話である。

しかし、委員や参考人の間では「投資家とは誰を言うのか」についての考えが一致していないのではないかと思われる。つまり、発言者は各自が想定している「投資家像」をベースに意見を述べているのではなかろうか。その結果、発言者が考える「投資家が必要とする会計情報」の内容も必ずしも一致していない。そうなると、IFRSによって作成される会計情報が、いわゆる「投資家」のニーズに合致しているかどうかも判断できない。

IFRSの議論をする基本的前提ともいうべき「情報ニーズ」について関係者の合意・共通認識がないのは、IASBやFASBのステートメントなどを読んでも、誰を投資家とするかの理解がばらばらなことからも推理できる。以下、発言者の所属等は、審議会開催当時のままで紹介する。

辻山栄子委員（早稲田大学教授）は、次のように言う。「アドプションの範囲は、ニーズというものを見極めて、ニーズのないところに入れるということはできない。特にこれは企業のニーズだけではなくて投資家のニーズ……企業に常時M&Aのような情報を求めている投資家がマジョリティなのかどうか、この辺も見極めなければいけないと思います。」

辻山委員が問題としているのは、IFRSが投資家のための会計基準だと喧伝されてきたが、そこで言う「投資家」は、果たして、「M&Aを仕掛けるための情報を求めている投資家」を指すのかということである。それとも……、(ここから先は私が辻山委員の発言の意図を推し量ってのことであるが)中長期の投資(いわゆる、バイ・アンド・ホールドの投資)、配当のようなインカムゲインが期待できる、収益力のある企業への投資を志向する人たち(企業を含めて)を指すのか、そうだとすると、そうした投資家が本当にIFRSによる会計情報を必要としているのかどうか、そのあたりの見極めもなく、ただ「投資家が求めている」からIFRSを採用すべしというのは拙速ではないか。

2 「投資家」がウオッチするのはどの会社か

黒川行治委員(慶應義塾大学教授)は、「投資家」を、機関投資家と個人投資家に分けて次のような意見を述べている。ここで黒川委員が想定しているのは、「国際間での資金移動を資本市場で担う」機関投資家・個人投資家である。機関投資家にしろ個人投資家にしろ、日本企業だけをターゲットにするのであればＩＦＲＳのような「清算価値会計」ではなく、伝統的な収益費用観に基づいた「原価・実現主義会計」でよいということであろうか。

黒川委員は言う。

「ＩＦＲＳが投資家、特に国際間資金移動を資本市場で担う投資家に対して、その投資家が意思決定に利用する情報提供のためにあるということは、かなりわかってきたというか、そのような理解へのコンセンサスが得られてきたと思います。」

「国際間資金移動を担っている機関投資家がアクティブ運用をもしするとするならば、まず、どのような会社の株式や社債を自分のポートフォリオに組み込む候補とするかについて、考えなければならないと思います。」

「そのような大きな資金移動を担うような機関投資家は、インタビュー調査をしてお聞きしたところによると、……買ったり売ったりする際に、いわゆる流動性の問題を考慮する。その流動性が高いというのは発行株式数が多いかどうか、あるいは市場で流通している株数が多いかどうかというのが問題であります。我が国の上場会社全部の銘柄が、大規模な資金移動を伴うような機関投資家の投資対象になるほど流通市場で高い流動性をもって存在しているのかということが問題で、恐らくそのような流動性の問題から投資対象となる会社は限られていると思うわけです。」

個人投資家については、黒川委員は次のように言う。

「国際的に投資をしようと考える人たちはアナリスト、特にセルサイドのアナリストのレポート等は絶対に読んでいるだろうし、投資顧問なんかも雇っているかもしれない。そういうようなことを考えるとアナリストが、どのくらいの会社を継続的にフォローしているだろうかということに、やはり着目しなければならない。」

「これもインタビュー調査でわかったのですが、……我が国の上場会社の中で恐らく三分の一程度の会社しかアナリストは、フォローしていないのではないか……上場会社全部をフォローしていない。そうすると上場会社の中で三分の一程度の会社しか（日本の）アナリストがフォローしていないということは、それ以外の会社に海外の投資家が投資をする、要するに自分のポートフォリオに組み込む、あるいは投資をしようとして分析をするだろうか。それは大いに疑問。」

こうした状況を報告した後、黒川委員は、ＩＦＲＳに対するニーズが限られたものであるとして、次のように言う。「要するに結論は、資本市場の実態をみると、我が国の上場会社全部をＩＦＲＳにするというニーズは、資本市場における投資家側には今のところないのではないか。」

3　ＩＦＲＳを必要としている「投資家」は誰か

私たちが、それこそナイーブに「投資家」を考えると、生損保・信託銀行などや年金基金（運用しているのは生損保、信託銀行などの機関投資家である場合が多い）のような機関投資家、一般の事業会社（余裕資金の運用と政策投資のような持合い）、そしてナイーブな個人投資家であろう。こうした投資家は、多くの場合は株価の値上がり（キャピタル・ゲイン）を期待するか、配当（インカム・ゲイン）を期待して投資先を決めるであろう。

ところが、前章で紹介したように、ＩＦＲＳは「Ｍ＆Ａにおける企業価値評価の手法と同じ」であり「企業の買収価格」言いかえれば「わが社の身売り価格」を計算・表示するものであるという理解が（ほんの少しだけ）浸透してきた。そうしたこともあって、「ＩＦＲＳを導入すれば決算の透明性が高まる」とか「比較可能性が高まる」というのは、本当のところを言うと「買収可能性がよく見えるようになる」とか「いくらで買えば利益（資産・負債をバラバラにして処分した時の利益）がでるかがわかるようになる」という意味であることが次第に理解されてきている。

4 「投資家」は必要資本を提供しているか

二〇一二年三月一〇日に、東京証券取引所と大阪証券取引所が経営統合に向けた協議に入る方針を表明し、同年一〇月、両取引所が経営統合して日本取引所とすることを決めた。「世界的な取引所再編の流れをにらみ、日本市場の国際競争力を高めるのが狙い」（日本経済新聞、二〇一一年三月一一日）だという。

上場企業の時価ベースで世界第三位の東証と第二九位の大証が経営統合しても規模の面では大きな変化はないが、世界ではニュー・ヨーク（NYSEユーロネクスト）とドイツ取引所、ロンドン証券取引所とトロント取引所との合併話が進行中（その後、欧州委員会から否認される）ということもあって、世界の動きにキャッチアップすることを重視したと言われる。

ところで、こうした動きは、いわゆる「投資家」にとってどのようなメリットがあるのであろうか。これまでは両取引所で株式（現物）やデリバティブの取引システムが違ったために、統合すれば取引コストが下がるといったメリットもあるとされる。しかし、統合協議への背中を押したのは日本市場の地盤沈下であることは疑いない。売買コストが高く品揃えに魅力がなければ世界からマネーは引き込めない。

本章で問題にしてきた「投資家」という点から、改めて資本市場・証券取引所の機能・役割と会計基準の関係を考えてみたい。教科書的な話で申し訳ないが、証券市場の二大機能を正しく認識していないと、「投資家のための会計基準」がいかにあるべきかを誤解してしまうので、少し寄り道をすることをお許しいただきたい。

直接金融の世界では、資金を必要とする企業は、自社の経営成績や財政状態を公開して、一般の資金保有者（投資家）から資金を調達する。自分でいくら「わが社は成長株です」とか「わが社に投資すればリターンは大きいです」などと喧伝しても投資家は信用することはできない。そこで、公認会計士・監査法人などの独立第三者がチェックして、企業の財務報告にお墨付きを与えるのである。

企業の財務報告と会計士などの報告を読んで、どこの企業の株を買うか、いかなるポートフォリオにするかを投資家が考えて投資の意思決定をする。このとき、「投資」には、企業が資金を調達するために新規に発行した株式や社債を購入するケースと、すでに市場で売買されている、つまり、発行済みの株式・社債を取得するケースがある。この二つのケースは、「投資資金がどこに移動するか」という点から見ると、まるで違う。以下、話しを簡単にするために株式について述べる。

会社が必要な資金を調達するために「新株を発行」する場合には、その会社に、つまり産業界に新しい資金が流入する。証券取引所の「資金調達市場」としての機能が働くのである。

しかし、こうしていったん取引所に上場された株式が、最初の所有者（購入者）の手から離れて市場で売買されるのはなぜであろうか。最初の取得者が株を手放すとすれば、期待したようなキャピタル・ゲイン（株価の上昇による売却益）を得られたか（期待はずれであったか）インカム・ゲイン（配当）を得て満足したか（満足しなかったか）などの理由はあろうが、いくらで売却したところで、株式を発行したこの会社には追加の資金が入ることはない。

同じことは市場に流通している株式を買った資金についても言える。この株式を、最初の購入者が買った価格（この価格に該当する資金は、株式を発行した会社に入っている）を超える金額で取得しても、株式を発行した会社の資金を増やすことはない（最初の株主にとってはキャピタル・ゲインが生じるが）。

このように証券市場には、「資金調達機能」と「株式流通機能」の二大機能があるが、この二つの機能の比重はどうなのであろうか。誰でも知っているように、株式市場といえばすでに上場されている会社の株式・社債を売買するところであって、そこではたまに新規の上場会社が株式を公開するというところである。株式でいえば、すでに発行済みの株式を売買する取引が、株式の取引総額の九九％以上で、新規に株式を発行するときの取引は、一％に満たない（ビル・トッテン、二〇一〇年）。

つまり、証券取引所における取引は、その九九％が「新規の資金を生まない」、「企業の資金を増やさない」取引なのである。

5 株式流通市場は「博打場」か

こうした新規の資金を生まない人たちを「投資家」と想定してIFRSが作られているとすれば、IFRSは、多くの人達が口にするような「投資家のための会計基準」とはまるで縁遠いのではなかろうか。証券取引所における投資家の九九％以上は、事業・企業に投資しているわけではない。「価格変動」に投資しているのである。

IFRSは、産業界・企業に新規の資金を取り込むという機能よりも、むしろ、ビル・トッテンの言葉を借りると、「すでに発行された株式を投機家、投資家が値上がりを期待して売買する」ための投機情報を提供する機能が重視されているのである。そこは「株式取引の九九％は、賭けに勝った人が儲かり、負けた人が損をする博打」の世界に過ぎない。

企業会計審議会でも、多くの委員や参考人の発言を読むと、「株式流通機能」を重視した発言が目に付く（というよりは、新規の上場や増資により新規の資金を取り込むことを意識した発言はほとんどない）。特に最近では新規の上場などは非常に限られているので、証券市場の機能はほぼ「株式流通機能」だけといってもよいであろう。

多くの意見書・論文やコメントで、「投資家とは誰のことを指すのか」について具体的な説明もなく、あたかも自明のことであるかのように、「投資家がＩＦＲＳによる情報を必要としている」「世界の投資家はＭ＆Ａに必要な情報を求めている」などと言うが、そこでは、証券の流通市場で売買する人たちを「投資家」と考えているのではなかろうか。

ＩＦＲＳがそうした「投資家」のニーズを満たすためのものであるとしても、果たして、会社が新株を発行するときの、資金調達をしようとする投資家の情報ニーズも満たすものであろうか。市場で株を売買する「投資家」が必要としているのがＩＦＲＳによる会計情報だからといって、それが会社が発行する新株を買おうとする投資家の情報ニーズと一致するとは限らないであろう。少なくとも、新株発行に応じる投資家は、会社の収益力や成長性を期待して資金を投じる人たちであって、Ｍ＆Ａを目的とする人たちではないことは間違いないであろう。

6 「投資家」はＩＦＲＳをどう使うのか

最近の事例をみると、企業の資産・負債をバラバラにして切り売りして残る金額（時価で計算した純資産価値）とその会社の時価総額（株価×発行株数）を比較して、Ｍ＆Ａを掛けるかどうかを決めるという。実際の買収にあたってはそれ以外の多くのことを検討するであろうが、ここではM&Aを仕掛ける対象企業を探す手法として純資産価値（IFRSで計算される）と株式時価総額を手掛かりとしているという程度の話と考えていただきたい。

仮に純資産価値が一、〇〇〇億円の会社があったとしよう（この金額はIFRSによって作成したバランス・シートに書いてある）。その会社の株価は一株五〇〇円で、発行株式総数は1億株（時価総額は五〇〇億円）であったとする。通常、M&Aを掛けるときは、株価（時価）の一・三倍から一・五倍の資金を必要とするという。つまり、現在の株価が五〇〇円であれば、「支配プレミアム」を加算して六五〇円から七五〇円を提示してM&Aを掛けると、多くの株主が売却に応じてくれるというのである。

素人の感想としてではあるが、現在の市場価格が五〇〇円の所有株を六五〇円とか七五〇円で買い取ってくれるという話は、非常に魅力的である。その会社に特別な関係（重要な取引関係があるとか、人的なつながりが強いなど）がなく、さらに競合する買収者がいない場合は、この程度の金額で買い取りに応じる可能性が高いという（こうした話は、牛島信弁護士が書いた『第三の買収』（幻冬舎）に詳しい）。

今、この会社の株主に現在の株価（五〇〇円）の一・五倍、七五〇円を提示してM&Aを仕掛けるとしよう。これが成功すれば、時価一、〇〇〇億円の会社を七五〇億円で買収することができるのである。買収した後、資産・負債をばらばらに切り売りすれば、買収者には二五〇億円の「解体の儲け」が残る……ということである。

ＩＦＲＳが「誰のためのものか」は、ＩＦＲＳ自体には書いてない。しかし、どうやら、どこかの会社を買収したときに、買収にかかると思われる費用（これは買収対象の会社の株価から推定できる）と、買収した会社の資産をバラバラに切り売りした後に残るキャッシュ（これはＩＦＲＳによるバランス・シートが表示している）とを比較して、キャッシュの残りが買収の努力に見合うくらいに大きければ「買いのサイン」と見る「投資家」のためのものであることが次第に明らかになってきた。

企業会計審議会の席でも、新井武広参考人（企業会計基準委員会副委員長）は、最近の投資家の多くは「コンピュータによって全上場会社をスクリーニングする投資家が多い」ことを明らかにしているが、ＩＦＲＳが導入されれば、こうした「買いのサイン」を見つけることは極めて容易になるであろう。

7　ＩＦＲＳは誰のためのものか

ＩＦＲＳが想定している投資家というものが、こうした目的を持って資本市場と企業の財務報告を見ているというのであれば、そこで会計に期待されるのは、企業の資産・負債の清算価値・即時処分価値を報告することであろう。こうしたことを言うと、これまでしばしば、それは極論だといった批判を浴びてきたが、以下に紹介するように、こうした理解は審議会に参加した委員の間では、かなり共有されてきているようである。

本章の冒頭で紹介した辻山委員以外からも、次のような意見が寄せられている。山崎敏邦参考人（JFEホールディングス監査役）は、「IFRSに規定されている基準の考え方は、M&Aにおける企業価値評価の手法と同じ」であり、IFRSは「企業の買収価格を財務諸表に表すのが目的」だという認識を示している。

西村義明委員（東海ゴム工業株式会社代表取締役社長）も「IFRSそのものが、M&Aの会計」だという認識にたっている。

八木和則委員（横川電機（株）取締役専務執行役員）も言う。「本当に長期的な投資家から見た場合、負債を時価で評価するという会計が本当に正しいんだろうかということを含めて、やはりIFRSの全体像をもう一度見直していただきたい」「会計基準をつくるときには、芝居小屋を清算したら幾らという見方だけではなく、芝居そのものが永続的に発展をしていくということに大きな視点を置いていかないと、結果的には芝居を見ている投資家にとってもメリットが出てこないだろう」と。

八木委員の比ゆには、私も深く同感する。大企業を「芝居小屋」にみたてて「繁盛している芝居小屋ならまるごといくらで買う」とか、「芝居小屋の大道具・小道具を売ったらいくらか」といった「観客（経営者、取引先、従業員、消費者、など）」を無視した会計基準には賛同することができない。

いったい芝居を観ている観客は誰なんだろうか。決して観客は、「芝居は今日でお終い」を期待しているわけではないはずである。八木氏は、「明日は、どんな楽しい芝居を見せてくれるのかを知りたい」――それが投資家だと言いたいのであろう。清算して誰かに売却しようとして芝居小屋をやっている座長（経営者）などは、いない。

8 会計は「公器」ではなかったのか

ＩＦＲＳは「企業が伝えたいと考える情報（収益力、財務安全性、生産性、社会貢献度……）」を無視していないだろうか。会計は、「投資家」だけのものではない。経営者、現在の株主、債権者、消費者、経済社会、国や地方公共団体などの課税当局などの利害関係者にとっても有用な用具であり、そうした意味では、会計は「私器」であると同時に「公器」なのである。

これまでの伝統的な企業会計は、こうした多様な利害関係者への情報提供を念頭において、いかなる情報をどのような形で伝えれば、わが社の収益力、財務安全性、生産性、成長性、社会貢献、環境対策……を正しく理解してもらえるかを工夫したものである。世界の会計は、これまで「私器」としての会計と「公器」としての会計をバランスよく調和してきたのである。

ＪＦＥホールディングスの山崎参考人は単体の会計基準についてではあるが、次のように述べている。

「人々が安心して暮らしていける社会を作るためにも経済成長は必要であります。そのためには、企業が経営の成果を正しく評価し、次の進歩のために何をなすべきかを判断できることが重要と考えます。従って、企業の買収価値ではなく、企業の活動の成果を正しく表し、次になすべきことが読み取れる会計基準が必要であると考えます。」

本章は、「ＩＦＲＳが想定する投資家」とはいったいどういう投資家を指すのか、ということに焦点を絞って審議会での発言を検討した。ＩＡＳＢがどういう人たちを「投資家」と想定してＩＦＲＳを設定しているのかが明らかにされない限り、個々のＩＦＲＳがそうした投資家の情報ニーズに合致するものなのかどうかも判断できない。

第20章　企業会計審議会の不思議

——ＩＦＲＳの中身を棚上げして採否を議論

1　ＩＦＲＳが「M&Aのための会計」を指向する理由
2　「連結は単体の集合体」という誤解
3　解釈が分かれる「連結先行」論
4　「連結先行」には「連単分離」も含まれるのか
5　審議会はどう総括したか
6　ＩＦＲＳの中身を不問とした議論

1　IFRSが「M&Aのための会計」を指向する理由

前章では、「IFRSが想定する『投資家』とは誰のことか」を問題とした。企業会計審議会の委員や参考人の間では、IFRSが想定する投資家とは「M&Aを仕掛けようとして情報を求めている人たち」だという理解がある程度まで共有されてきているのではなかろうか。

なぜ、IASB・IFRSは「企業売買に必要な情報を提供すること」を狙いとするのであろうか。前章では、このことに触れるスペースがなかったので、ここで簡単に説明しておきたい。

IASB・IFRSが「M&Aのための会計」を志向するのは、主として三つの理由からであると思われる。一つは、IASBとIFRSを主導する英米では、企業の売買に対する抵抗が小さく、そうしたことに必要な情報に対するニーズがあるということである。オーナー経営者であっても自社を高く買ってくれる投資家が出てくれれば、自社を売却して、その売却によって得た資金で次の事業を始める人が多いという。中には、短期的な利益を追う大手企業が手を出さない先端的分野を事業化したり大きな事業同士を結ぶニッチな事業を手がけて、いずれ大手企業に高く売る中小企業経営者もいると聞く。英米では株主にも経営者にも「M&Aのための会計」に対するニーズがあるのであろう。

もう一つは、英米両国ともに、すでに「物づくり」の国から脱落してしまったことである。二〇年ほど前までは、アメリカの企業が稼ぐ利益の半分は製造業であったが、いまでは、それが三割以下にまで落ち込んでしまっているという。英米の製造業の衰退は、自動車産業を見ればよくわかる（イギリスからはずいぶん前に自動車産業は消えてしまっている）。今では、英米両国は軸足を「物づくり」から「金融」と「企業売買ゲーム」に移しているのだ。

三つめの理由は、アメリカの大手企業が四半期ごとに業績を計算・報告しなければならないことにある。企業が四半期ごとに業績を報告すれば、投資家も四半期情報を見て投資の決定をする。投資家が四半期報告に敏感に反応すれば、企業経営者は株主が喜ぶような成果を報告したいと考える。しかし、わずか三か月かそこらで成果の出る事業などはめったにない。アメリカの企業は、そこで盛んに、儲けている会社や含み資産の大きい会社を狙ってM&Aを仕掛けるのである。

かつては他企業の買収（取得）といえば、自社にない製品や製法を持っているとか大きな市場を持っている企業をターゲットにした。それが今では、バランス・シートに載っていない資産、たとえば有力なブランド、大きな含みのある土地などを保有する企業を買収して、買収後に資産をばらばらに切り売りして売却益を稼ぐような荒っぽい商法に取って代わっている。

その会社に含みがなければ、パーチェス法（持分プーリング法は、アメリカ企業が悪用を繰り返した結果、適用を禁止された）を適用するときに土地や建物を思い切り低く評価しておき、翌期にその低評価した資産を売却して売却益をひねり出すという手が使われる。企業の解体利益を狙ってM&Aを仕掛ける者には、その企業の事業内容や収益力の情報などは要らない。欲しい情報は、資産・負債の即時処分価値と証券市場における株価情報である。

英米の投資家や経営者が「M&Aのための会計」を志向するのはこうした事情からである。日本を含むアジア諸国やヨーロッパ大陸諸国には、ここで挙げたような事情や環境はない。IFRSが想定している「投資家」とは、英米の投資銀行化した金融界と物づくりでは稼げなくなった企業経営者というのが真相ではなかろうか。

2 「連結は単体の集合体」という誤解

本題に戻る。三回の審議会のテーマは、いわゆる「連結先行」「ダイナミック・アプローチ」の再検討であり、つまるところ単体へIFRSを適用するかどうかの議論であった。

「連結先行」という考えは、二〇〇九年六月に企業会計審議会の名前で公表された中間報告「我が国における国際会計基準の取扱いについて」で打ち出されたものである。

中間報告は言う。「今後のコンバージェンスを確実にするための実務上の工夫として、連結財務諸表と個別財務諸表の関係を少し緩め、連結財務諸表に係る会計基準については、個別財務諸表に先行して機動的に改訂する考え方（いわゆる「連結先行」の考え方）で対応していくことが考えられる。」

ここで「連結と単体の関係を少し緩め」と述べているが、中間報告には連結と単体の関係をどう考えているのかは書いてない。多くの実務家は「連結財務諸表というのは個別財務諸表に基づいて作られるもので、別の帳簿を使って別々に作るということはあり得ない」「普通は個別を作ってから、それを集計して連結を作る。連結をそのまますぐに作るわけではない」という。

そうであるとすると、「単体先行」（個別財務諸表の基準を先に定める）ということはあり得ても、「連結先行」は不可能ではないかといった批判もありうるであろう。この点について、金融庁総務企画局企業開示課長の三井秀範氏（当時。以下、発言者の所属等は審議会開催時のままで紹介する）は、「連結財務諸表の会計と個別財務諸表の会計との間の整合性が失われない範囲で前者の会計が後者の会計に先行して改訂されていくという基本的な考え方で対応される限り、連結財務諸表は個別財務諸表を『基礎として』作成されるものと解することに支障はないものと解される。」（三井、二〇〇九年）という見解を表明している。

ここで重要なのは、「連結が個別に先行して」ということの意味と「連結と単体の整合性が失われない範囲」ということの意味であろう。実は、二〇一〇年六月―八月に三回の企業会計審議会が開催されたのも、この二つの点が問題となったからであった。

3 解釈が分かれる「連結先行」論

つまり審議会の委員の間では「連結先行」という考え方が必ずしも同じように理解されていなかったのである。

たとえば、斎藤静樹委員（明治学院大学教授）は、三回の審議会の最後に、次のように念押しの発言をしている。

「ここ（審議会）での議論の内容がなし崩しに変わるということは避けたい……私どもは連結先行という概念について、……連結が先行しても、いずれは単体がついていくという前提で考えていた……特定の差異がほぼ永久に残るという、そういう連結先行というより連・単分離に近い概念については、必ずしもここでの了解としては成立していないと私は理解しております。」

しかし、斎藤委員の「連単一致」論は、他の委員からの支持はほとんどない。多くの委員は、「連結の基準は先行」しても「個別の基準は、必ずしもＩＦＲＳに追いつかなくてもよい」という考え、もっと言うと「連単一致は理想であるが、現実論として、単体には日本の事情を反映した基準を用意すべし」といった考えであるように思われる。

そうした考えを表明した意見はすでに第18章でいくつか紹介した。佐藤行弘参考人、山崎敏邦参考人、銭高一善委員、武井優委員、平松一夫委員、西村義明委員などの意見である。この他にもたくさんの出席者が、「単体には日本基準を」という考えを表明している。

野崎邦夫参考人（住友化学常務執行役員）は言う。

「（単体については）日本のメーカーとしては技術革新の促進、国際競争力の維持・向上、キャッシュ・フローの確保等、経営としては非常に重要なことがあるわけで、これについては現行の日本基準の財務諸表というのが、かなり利点がある。」「いろいろな利点のある現在の日本の基準を堅持するということが必要ではないか。単体については、連結とは異なる日本基準で作成するいわゆる連・単分離を、相当程度の期間認めていただけるような措置というものが必要だと思います。」

弥永真生委員（筑波大学教授）は言う。

「ＩＦＲＳには、必ずしもベストな会計処理を示しているとは思われない部分があるわけで、現行の日本基準のほうがよいと思うというような場合にコンバージェンスを理由として、単体の会計処理方法を巻き添えにすべきだというのは、そもそも本末転倒だと思うのです。」「一たん単体の財務諸表に適用される会計基準まで、おかしいなと思いつつ、ＩＦＲＳに合わせてしまうと、後になってからやっぱりおかしかったから元に戻すというのは難しいような気がします。」

辻山栄子委員（早稲田大学教授）は敢然と連単分離論を展開する。

「（IFRSを）アドプションするということになった場合には、これは当然に連・単分離になるのかなと思います。なぜなら単体というのは強行法規と結びついておりますので、税法、会社法との結びつきを切れない。それがIASBというロンドンを拠点として活動している民間団体が決めるIFRS、そこに依存しているということは考えられないということで、連・単分離というのが当然の結論なのかなというふうに思います。」

引頭麻美委員（大和総研執行役員）も言う。

「税法とか会社法といった様々な日本の制度がきちっとついていっていない中で、個別で無理にIFRSに合わせていくということは必ずしも好ましいことではないと思っております。」

4　「連結先行」には「連単分離」も含まれるのか

一部の委員や参考人は、言葉としては（監督官庁に遠慮してか）「連結先行」「連単一致」という表現を使いながら、単体には日本の基準を適用するという内容の意見を表明している。たとえば、上で紹介した野崎参考人は「連結と単体を分離した場合、すなわち連結先行という考え方をとった場合」という言い回しを使っている。増田宏一委員（日本公認会計士協会相談役）は言う。「日本基準を現状のコンバージェンスの段階で止めていき、連・単をとりあえず分離をしていく。分離という言い方はよくないので、連結先行ということでですね。」「日本の会計基準として考えていくというのは、連・単分離になりますけれども、それはある程度やむを得ないだろうと思います（が）……現状はやはりこういう連結先行という言葉で行かざるを得ないのかなというふうに、私は思います。」

何とも歯切れの悪い言い回しであるが、現実論としては、永久に、あるいはかなり長期にわたる「連・単分離」が必要であることを認めつつ、審議会が中間報告で出した「連結先行」の「体面」を考慮して、「連・単分離」も「連結先行」の概念に含まれると解釈したいということであろう。

5　審議会はどう総括したか

三回の審議会での議論（というより意見陳述）を私なりに総括すれば、大枠で（雰囲気的に）合意された点は次の諸点である。

(1)　連結財務諸表は「ＩＦＲＳが想定する投資家」が求める情報を提供する目的から、（やむを得ず）ＩＦＲＳを適用する。

(2) 単体は、経営、配当、課税のための基準、つまり自国基準（物づくりに適した基準、中長期の経営に適合する基準）を適用する。

(3) ただし、(2)でいう日本基準を定める中で、可能な限りＩＦＲＳとのコンバージェンスを進める。

大枠ではこうした意味での合意が醸成され、こうした方式を、これまでと同じ「連結先行」と呼ぶことにしようということで暗黙の了解をしたように読める。(3)については、表向きは金融庁が出した中間報告の面子を立てて「ＩＦＲＳとのコンバージェンスを進める」ことに反対しないが、「これ以上、コンバージェンスする必要はない」といった意見が支配的であるように読める。日本基準は、この一〇年間ほどの間に、国際的な会計基準とのコンバージェンスを進めるために、企業も会計士も付いていけないほど急激な改革と改正（そしてさらにまた改正）を繰り返してきた。その結果、会計基準としてはすでに十分に国際的な基準と同等なものになっているのであるから、これ以上、日本基準をいじくる必要はない……というのが多くの委員の本音のように読める。

つまり、審議会の議事録を読む限り（少なくとも私は一〇回は繰り返して読んだ）、審議会では連結と単体では役割が違うことを認識して、「国際社会とのお付き合いの必要上連結にはＩＦ

RSを適用する」が、「中長期の経営や中長期の投資、課税のための個別財務諸表には自国基準を用意する」といった線で合意の雰囲気が醸成されたのではないか、という感じがする。

前にも書いたが企業会計「審議」会とはいえ、投票とか挙手によって決議することはない。委員は自分の意見を陳述するだけで、それも、多くの場合、審議会の事務方であるはずの金融庁に向かって意見や希望を述べるのである。金融庁は、審議会の事務方といいながら、会計基準を決める法的な権限を持っている。審議会が自分たちで議論して得た結論を勝手に（金融庁のフィルターを通さずに）公表するなどということはあり得ないのである。

三回目の総会の終わりに、審議会会長によるとりまとめが行われ、「会長発言」として公表された。この会長発言にしても、安藤会長自身が書いたものではなく、事務方の金融庁が事前に準備したものを会長が読み上げた……というのが真相であろう（私が委員や委員長として参加した政府系の会議はどこもそうであった）。

本章に関係する部分は、次の二点である。

(1) 連結の会計基準は、EUの同等性評価を踏まえ、東京合意に沿い、コンバージェンスを着実に実施。

(2) 連結と単体の関係については、中間報告（審議会が出した意見書）のとおり、連結先行のアプローチ（ダイナミック・アプローチ）。具体的には、個々の基準ごとに連と単を一致することに伴うコスト・ベネフィット、連と単を分離することに伴うコスト・ベネフィットを考慮した上で、最終的にASBJが判断。連結と単体のズレの期間、幅は、経営や内外の会計を巡る諸状況（税、会社法を含む）により大きく異なる。

(2)の前段では「連結先行のアプローチ」といいながら、後段では、個々の基準については「連単一致」の場合と「連単分離」の場合のコスト・ベネフィットを考慮してASBJが判断する、としている。そうなると、ある基準（たとえば工事契約の会計基準）は「連単一致」とし、別の基準（たとえばリース会計基準）は「連単分離」とすることがありうるであろう。そうした状況をトータルに見たとき、これを「連単分離」と呼ぶのが自然ではなかろうか。

こうしたアプローチを連単一致と呼ぶのか、連単分離と呼ぶのか、それはたいした問題ではないかもしれないが、言葉は独り歩きする。こうした状況を「連結先行」と呼ぶとすると、「いずれ単体にもIFRSが適用される」と考える人が増えるであろうし、これを「連単分離」と呼べば、「単体へはIFRSは適用されない」と考える人が増えるであろう。

ASBJは、熱いタオルを投げ返されたのであろうか、それとも自国基準を大幅に残すことを認めるフリーハンドを貰ったのであろうか。

6　ＩＦＲＳの中身を不問とした議論

第18章で紹介したように、わが国では、企業会計に関する規制については金融庁企業会計審議会と民間の企業会計基準委員会（ＡＳＢＪ）との二人三脚体制を取っている。簡単に言うと、「制度」に関する検討は審議会が、「基準」に関する検討はＡＳＢＪが担当するというものである。

こうした役割分担があることから、審議会ではしばしば次のような発言が出る。

辻山委員は言う。

「先ほど来ＩＦＲＳの中身がどうかという議論があってそれについては申し上げたいことがいっぱいありますけれども、ここ（審議会）では制度の問題（しか議論しない約束）なのだということで申し上げませんけれども……。」

萩原敏孝委員（財務会計基準機構理事長）も言う。

「ＩＦＲＳそのものの中身の問題や、あるいは中間報告で一応の道筋を示したことがよかったのか悪かったのかとうような議論になりますと、山ほど議論は出てくる」と。

審議会に参加した委員から歯軋りが聞こえてきそうな話である。ＩＦＲＳの中身を検討するのはＡＳＢＪだからといって、ＩＦＲＳの中身を知らずに（よく知っている委員もいるに違いないが）これを日本企業の連結財務諸表に強制適用することを決めるというのも不可解な話で、さらに、ＩＦＲＳには「山ほど議論すべきこと」が残っているのに、それを十分に検討せずに単体の財務諸表に適用するかどうかを議論したのも不可解な話である。

三回も審議会を開きながら、議論の発端となった「単体における包括利益の開示」問題はまったく審議されずにＡＳＢＪに「差し戻し」となった。

これでは内容のある議論はできないであろう。まるで「料理の方法」「食べ方」の分からない「食物らしきもの」を前にして、「食べるかどうか」を議論しているようなものではなかろうか。ＩＦＲＳが「食べられるもの」かどうかも検討せずに、官の審議会が「食べる」（採用する）と決めてしまって、ではどう料理したら食べられるようになるのか分からないから、それは料理人（民のＡＳＢＪ）に任せようというようなものである。ＡＳＢＪは、「食べられるかどうか不明なもの」の料理の仕方を工夫しなければならないのであるから大変である。ＡＳＢＪにとって困ったことに、「これは食べられない」と決める権限はないのだ。お上が「食べられる」と決めた以上、「食べられる料理法」を考え出さなければならない。日本の企業は、そんなわけの分からない料理を食べさせられるのだ。

第21章　誤解だらけの連結財務諸表

1　連結財務諸表は「報告書」ではない——金商法
2　連結財務諸表は「決算書」でもない——会社法
3　連結は「投資勧誘情報」
4　ＩＦＲＳは比較性を高めるか？
5　ＩＦＲＳは「同床異夢」
6　資本市場分割論
7　中長期の投資家のための市場
8　長期保有を前提とした資本市場の創設を
9　ＩＦＲＳ選択適用論

1　連結財務諸表は「報告書」ではない——金商法

国際会計基準（ＩＦＲＳ）を巡る議論（と言うよりは風説に近いものが多いが）を見聞きしていると、誤解に基づくものが散見される。ＩＦＲＳをどの財務諸表に適用するかという話もそうである。ＩＦＲＳは連結財務諸表に適用することを想定した基準であって、個別財務諸表に適用することは想定されていない。だから世界の主要国ではＩＦＲＳを連結だけに適用する。わが国ではＩＦＲＳをどのように個別財務諸表に適用するかで審議会やら委員会やらですったもんだの議論を繰り返している。わが国におけるＩＦＲＳ議論の多くは、スタート地点で「誤解」が流布しているのである。

ところでその連結財務諸表であるが、これ自体もしばしば誤解されてきた。連結財務諸表の役割とは何であろうか。個別財務諸表とは同じ役割なのか、それとも独自の役割が課されているのであろうか。

企業会計審議会が公表した「連結財務諸表の制度化に関する意見書」（昭和五〇年六月）では、「証券取引法（現・金融商品取引法）に基づく企業内容開示制度は、投資者のための投資情報を開示させることにより、投資者保護に資することを目的とする。」と述べている。ここでは連結財務諸表（個別財務諸表も同じであるが）は、「投資家のための投資情報」として開示されることを明かにしている。

平成九年に公表された審議会の改訂意見書「連結財務諸表制度の見直しに関する意見書」（平成九年六月）でも同じ見解を踏襲して、連結財務諸表制度（の改革）は、次の目的に資するものとされている。

1. 内外の広範な投資者のわが国証券市場への投資参加を促進する。
2. 投資者が、自己責任に基づき、より適切な投資判断を行うことを可能にする。
3. 国際的に遜色のないディスクロージャー制度を構築する。

要するに、金融商品取引法上の連結財務諸表は、現在・将来の投資大衆に向けて行う情報の公開・開示であって、「特定の誰かに報告するもの」ではない。報告を求める・報告を受ける権利を持つ人がいるわけではない。この点で、株主という「報告を受ける権利」を持つ人たちがいる会社法上の財務諸表とは役割や位置づけが異なる。

2　連結財務諸表は「決算書」でもない――会社法

上の話は金商法上の連結財務諸表に関することである。会社法上は、連結財務諸表（会社法では連結計算書類という）は親会社の取締役会の承認を得る必要がある場合（取締役会設置会社である会計監査人設置会社の場合）もあるが、どこかの株主総会で審議したり承認したりすることはない。

教科書的な話で申し訳ないが、連結財務諸表は、親会社、子会社、孫会社という法律的には独立した別会社を一つの経済実体（企業グループを一つの会社）と仮定して、あたかもそうした会社が実在するかのように仮装して作成した財務諸表である。いわば「虚構の財務諸表」なのである。

会社がわざわざ子会社や孫会社という法的に独立した別会社を設立するのはそれなりの理由や目的があるはずであるが、連結財務諸表はそうした会社の意図や思惑を無視して、会社の支配力の及ぶ会社群（子会社、孫会社）をひとまとめにして「ありもしない会社」の財務諸表を作るのである。

法的思考を重視してきた我々には「法の規制」から外れることに少なからず違和感を覚えるが、英米の「実質優先主義」（法的な規定よりも経済的な実質を報告することを優先するという思考）からすると、連結という「経済的な虚構」が当たり前なのかもしれない。わが国でのＩＦＲＳ論議を見聞きしていると、連結がそうした虚構の産物であることを忘れているかのように思える。もともと連結が想定する会社はないのであるし、会社が存在しない以上、連結株主も存在しないし連結株も売っていないのである。つまり、連結はどこかの会社の「決算書」ではないのである。

会社法上は、連結は個別財務諸表を補足するための「参考資料」でしかない。当期の純利益を確定したり、その利益を誰にいくら分配するかを決める情報を提供したりといった利害調整機能は連結にはない。会社法上の連結財務諸表（連結計算書類）には情報提供機能しかないのである。

そうしたことを考えると、「連結財務諸表」「連結計算書類」という表現は誤解を与える。より実態を表すように、「連結会計情報」とか「企業集団開示情報」などのように改めるべきであろう。

蛇足ながら付け加えると、「有価証券報告書」という名称も誤解を与える可能性が高い。というよりこの名称では何の報告書なのか想像すらできない。内容としては「有価証券を公開している会社の企業内容に関する報告書」ということであろうから、「上場会社等の企業内容報告書」とでもすべきであろう。

本題に戻ると、ＩＦＲＳに関連して問題となっている連結財務諸表は、金商法上の財務諸表である。会社法上の「参考資料」として作成される連結計算書類がテーマとなっているわけではない。一般の投資家が入手することができるのは金商法の規定に従って作成・公表された連結財務諸表である。金商法のディスクロージャー制度においては、上に紹介したように、連結財務諸表は「投資者に対する情報」であって「利益額を確定するための決算書」ではない。

3 連結は「投資勧誘情報」

金商法上の連結財務諸表は、上で述べたように「投資者のための投資意思決定情報の提供」を目的としている。つまり、ここでの連結の役割は「投資勧誘情報の提供」なのである。いかに当社が投資対象として魅力があるかを、「収益性」「安全性」「成長性」「社会的貢献度」などに関する財務情報をとおして訴えるのが役割なのである。

そうであれば「IFRSが想定する投資家からの資金を入手したい企業」はIFRSで連結財務諸表を作成・公表し、「中長期の投資スタンスで投資先を決めてほしいと考える企業」は日本基準で、「アメリカの投資家から資金を調達したいと考える企業」はUS－GAAPかIFRSで連結財務諸表を作成・公表すればよいではないか。

そういうことを言うと、決まって、複数の会計基準が併存すれば財務諸表の比較可能性が低下するという批判に合う。では世界中の企業がIFRSで財務諸表を作成すれば、比較可能性が本当に高まるのであろうか。ちょっと想像力を働かせば、IFRSを採用すると、むしろ比較可能性はかなり低下することに気がつくはずである。

現在、世界で一一〇か国を超える国々がＩＦＲＳを採用・許容しているといわれるが、その理由の一つはＩＦＲＳが「原則主義」を採用しているからである。細かいことまでルール化されると、国ごとの経済状態、法律、宗教、歴史……が違うことから、順守・準拠できないルールが増えてくるであろう。しかし、原則主義であれば国ごとの特殊性を残すことができる。多くの国がＩＦＲＳを採用・許容するのは、こうした原則主義の「自由度の高さ」にある。

4　ＩＦＲＳは比較性を高めるか？

経理の自由度が高まれば、各企業は自社の実態・実情に合わせて財務諸表を作成することができるようになる。日本やアメリカは細則主義を採ってきたために、細かなことまでルール化されており（日本の会計基準は四八〇〇頁、アメリカの基準は二万五〇〇〇頁）、これまではルールを解釈することよりもルールの字句どおりに適用することが実務であった。ＩＦＲＳに移行すると、依るべき細則がないのである（ＩＦＲＳは二千五〇〇頁）。

各企業はどうするであろうか。多くの企業は、ＩＦＲＳに書いていない細かなことは「昔はどうしていたか」「昔のルールブックにはどう書いてあったか」とばかり、捨てたはずの細則集を引っ張り出してそれを適用しようとするのではなかろうか。ＩＦＲＳに書いてないことは昔のルールブックのとおりにすれば、監査人も文句を言わないであろうし投資家からもクレームはつかないであろう。

そうなると日本の企業は日本基準に、アメリカの企業はアメリカの基準に戻ってしまうのではなかろうか。会計ルールを統一しても、世界の会計実務は国ごと企業ごとにばらつく可能性が高い。

5 IFRSは「同床異夢」

もう一つ、実務が各国・各企業ごとにばらつく大きな原因がある。それはIFRSの翻訳である。英語圏以外の国では、英語で書かれたIFRSを自国語に翻訳して実務で使用するであろう。わが国も、国際会計基準委員会財団（IASCF）との間で結んだ契約のもとで日本語訳を公表しているが、この翻訳バージョンはオリジナルの英語バージョンと同等のものとして扱われることになっている。

そうなると国ごとに、①英語版を自国語に翻訳する段階で解釈が行われ、さらに②各企業が翻訳バージョンを自社に適用する段階で解釈が行われることになる。それぞれの段階における解釈が全世界で同じとかすべての企業が同じ解釈をするなどということはあり得ない。むしろ、自国・自社に好都合なように解釈されるとしても不思議はない。

ＩＦＲＳは、英語による文言・字句として世界統一できたとしても、各国・各企業における実務では限りなくばらつくであろう。ＩＦＲＳになれば財務報告の比較可能性が高まる……などというのはＩＡＳＢの宣伝文句を鵜呑みにしているにすぎない。

再び本題に戻る。企業としては「ＩＦＲＳが想定する（企業売買による即時利益を求める）投資家の資金」を調達したいと考える企業と、「中長期の投資スタンスで投資先を考える投資家の資金」を調達したいと考える企業があり、また、投資家も自分の投資スタンスに合った投資先を探すときに「ＩＦＲＳによる清算価値会計情報」を提供している企業と「中長期の安定的・永続的経営」を目指している企業があるということであれば、そうしたニーズなり目的に合った報告制度を考える必要があろう。そうしたニーズや目的を無視して制度を設計すれば、形としては奇麗なものができるかもしれないが「同床異夢」の世界になりかねない。以下では、こうした企業の思惑と投資家の思惑をどのようにジャスト・ミートさせることができるかを考えたい。

6　資本市場分割論

第19章で紹介したように、企業会計審議会の席上、黒川行治委員は次のことを指摘した。日本のアナリストは日本の上場会社のうち三分の一程度しかフォローしていないこと、海外の投資家が投資のために分析するのもその範囲内であろうことから、投資家側には上場会社の一部にしかIFRSを適用するニーズはないことである。つまりわが国の大多数の上場会社は、苦労に苦労を重ねてIFRSによる財務諸表を作成しても、日本のアナリストも海外の投資家も読んでくれないというのである。

そうした事実認識の下で、黒川委員は資本市場の分割を次のように提案する。

「日本基準とIFRS基準というものがあって、資本市場の利用者サイドと作成者サイドの双方でそれぞれの基準へのニーズがあったとするならば、わが国全体として見れば両者の並存ということを想定するのが自然であろう。」

「もし東証で可能ならば東証の中にIFRS版の上場の場と、日本基準版の上場の場を分けていただいて、仮に東証が無理だというのであれば大証にお願いして、大証に日本基準版の上場の場を設けるというようにすれば、資本市場の情報開示のカオスのおそれが少しは減ると思う。」

7 中長期の投資家のための市場

黒川委員は現実主義者のようで、（世に提案されている）理念・理想を追うことよりも「受け入れられる現実の中での理念・理想」を模索しているように思われる。ここで黒川委員が提案される「ＩＦＲＳ版の上場市場」と「日本基準版の上場市場」に分けるという構想は、時間的制約の大きい審議会では、残念ながら詳細については明かにされていない。

黒川委員の構想をわたしなりに解釈すれば、こういうことであろうか。つまり、世界の投資家がＩＦＲＳによる連結財務諸表の開示を求めているのは限定された企業だけであり、それ以外の多くの企業はＩＦＲＳによる連結財務諸表よりも、これまでどおり日本基準による連結財務諸表の開示が期待されている。そうだとすれば、ＩＦＲＳ版の連結財務諸表を求められる企業はＩＦＲＳで財務諸表を作成・公表し、それ以外の企業は日本基準で財務諸表を作成・公表すればよいではないか。それでは証券市場が混乱するというのであれば、ＩＦＲＳ版による財務諸表を公表している企業の株を売買する資本市場と日本基準による財務諸表を公表している企業の株を売買する資本市場を分けて、利用者に選択させればよいということであろう。

自社が、ＩＦＲＳを選択すべき企業なのか、それとも日本基準を選択するのが好ましいと考えられているのか、よくわからないという疑問もあろう。しかしそれは当面だけの問題で、一度日本版で公表して投資家が集まらなければ次はＩＦＲＳに変えればよいし、逆に、一度ＩＦＲＳ版で公表して投資家が集まらなければ（ＩＦＲＳ版へのニーズがなかったのであるから）日本版に戻ればよい。

黒川委員が言う「資本市場の利用者サイドと作成者サイドの双方でそれぞれの基準へのニーズがある（とすれば）」ということの意味は、

(1) 利用者（代表は投資家）としてはＩＦＲＳ版を求めている者と国内版を求めている者が併存すること、

(2) 作成者（企業）としては、国際的な投資家からの国際的資金を必要とする企業（ＩＦＲＳによる財務報告が必要）と、国内の投資家からの資金だけでよいと考える企業（国内基準による財務報告が必要）が併存すること、

さらには、後段で述べることを先取りして言えば、

(3) 投資家と一口に言っても、短期的な資金運用によるキャピタル・ゲイン（資産の価格の上昇による利益）を手にしようともくろむ人たちもいれば、中長期の投資（バイ・アンド・ホールド）によるインカム・ゲイン（配当収入）を期待する人もいるということであろう。

前者は、たとえばＭ＆Ａなどによる企業買収とその後の資産売却による利益を追求するファン

ド、金融商品の値上がり益や裁定取引による儲けを期待して市場に参加する人たちなどであり、後者は、生命保険会社や簡易保険などの機関投資家が代表であろう。

要するに、財務諸表を作成する側（企業）にもIFRSが必要な企業とIFRSを必要としない（むしろ、IFRSによる財務諸表によって投資の意思決定をしてほしくないと考える企業）があるのであり、財務諸表の利用者側（投資家）にも、投資対象の企業を買収して、その資産をバラバラに切り売りした時の売却益がわかるような情報を求めている人たちと、その企業に投資した時の中長期の成果（インカム・ゲインに現れる）や投資の安全性・将来性に関する情報を求めている人たちがいるのである。

黒川委員は、こうした現実を踏まえて、それぞれのニーズに合った財務報告をするのであれば、そのニーズに適合するように資本市場を分けるべきだと言うのである。

8　長期保有を前提とした資本市場の創設を

資本市場を分けるというアイデアは、ベンチャー・キャピタリストの原丈人氏（デフタ・パートナーズ・グループ会長）からも提起されている。原氏は現在の資本市場の特質を次のように分析している。

「ニュー・ヨークやロンドンなど欧米における資本市場は現在、すべて短期資金の利益を最適化させるためにつくられたマーケットである。」「中長期を視野に入れてマーケットのメカニズムで取引できる市場は、いま現在、世界にない。」（原丈人、二〇〇九年）

世界の主要市場に集まる資金が短期資金だということは、配当とか企業の成長を期待するといったまどろっこしい投資ではなく、短期に値上がりが期待できるか、買収後資産・負債をばらばらに切り売りして得られる「解体のもうけ」を手に入れられそうなところに投資するであろう。IFRSを求めているのは、こうした短期資金で大きなリターンを得ようとしている「投資家」なのであろう。

しかし、原氏は「全体の資金量を見ると、二〇パーセントぐらいの資金は、中長期でリターンを得たいと思っている資金だ」という。そこで、原氏は、中長期の投資ができるような市場として「五年以上株式を保有する株主だけが取引できる市場」を創設することを提案する。「もし中長期の経営を見据えた株式市場ができるなら、そういう市場に全部上場を鞍替えする会社も続々と出てくるだろう。」そうだと思う。生命保険や郵貯などの「バイ・アンド・ホールド」という投資スタンスを持つ機関投資家の資金もそうした市場を大歓迎するであろう。

「中長期の投資家のための資本市場」という構想は決して目新しいものではない。一昔前までの資本市場は、どこの国でも、「中長期の投資家のための資本市場」であった。それが、原氏が言うように、「世界の金融資本および産業資本が金融に対する役割として願っていながらも、グローバリゼーションの波によって欧米から消えてしまったものである。」そうであるなら、日本市場に「中長期の投資家のための市場」を創設することは「日本が世界のなかで大きな役割を果たすための、具体的で、なおかつ現実的な方法」（原、同上）となるはずである。

9 IFRS選択適用論

上で紹介した二つの資本市場分割論と軸を同じくするアイデアに、IFRSを一律に上場会社に強制適用するのではなく、「選択適用」とする方法がある。結論を先に言うと、わたしもこのアイデアに大賛成である。上の二つの提言も非常に魅力的ではあるが、いずれも資本市場改革を必要とするために資本市場からの強い反対が予想されるし、長期保有者だけを対象とする資本市場の創設となれば証券業界が猛反対するであろうから、すぐには実現できそうもない。その点、IFRSを選択適用するというアイデアは、わが国の証券行政当局（金融庁）の腹一つで実現できる。すくなくとも、IFRSを大歓迎する業界も、IFRSに強い違和感や拒絶感を持つ業界も、受け入れられるアイデアであり、実現可能性は極めて高い。

東京財団の政策研究プロジェクト「会社の本質と資本主義の変質」は、二〇一〇年一二月に、

『日本のIFRS（国際財務報告基準）対応に関する提言』を公表した。この提言書は一読に値する。この提言書でもIFRSを選択適用とすべきという提案がなされている。老婆心ながら付け加えると、東京財団のIFRS選択適用論も「連結」を対象とした話であって、個別に適用する話ではない。

「IFRSは上場企業についても強制適用とすべきではなく、選択適用とすることを国として早期に決定すべきである。」「もともと、日本がアドプションの方向に向かうことになったのは、二〇〇八年頃の状況として米国がアドプションへ舵を切ったとみられることの影響が大きかった。しかし、近年米国のアドプションへの流れには歯止めがかかっており、わが国においても様々なポジションを取り得る状況にある。ここで強制適用にしてしまうことは、日本の会計戦略の選択肢を狭めるだけであり、選択適用とするのが妥当である。」

「ある会社がIFRSを採用するかどうかは、それぞれが投資家等のニーズを勘案し、コスト・ベネフィット分析を行った上で判断すればよい。本当にIFRSが『高品質』で、IFRSにより作成した財務諸表を投資家が望んでおり、会社がそれに利点を認めれば、強制適用などしなくてもIFRS導入企業は自然に増えていくはずである。以上の観点から、制度的には選択適用とすることで十分である。」

そういうことになれば「投資家が混乱する」という批判がありうるが、東京財団の報告書は

「ＩＦＲＳで財務諸表を作成している企業と日本基準で財務諸表を作成している企業を分けて投資家にとっても明確にわかるようにしておけばよい」とする。

これまで、アメリカ市場に上場してきた日本企業（トヨタ自動車、ソニーなど、すべてが日本を代表する国際企業）が、アメリカ（ＳＥＣ）基準で連結財務諸表を作成・公表し、単体は日本基準で作成・公表してきたが、特別の不都合は聞かれなかったことを考えると、東京財団の提言は、決して、非現実的な話ではない。

この提案は、上に紹介した黒川委員や原氏の提案とは形の上で若干の相違はあるが、考え方や目的は同じとみてよいであろう。諸外国の例を見ても、ドイツやフランスでは、ＩＦＲＳの適用が要求される規制市場と、適用が強制されない非規制市場を分けている。ＩＦＲＳを選択適用にするというアイデアは大人の知恵なのである。

実は、ＩＦＲＳのアドプションを模索してきたと報道されるアメリカは、「選択適用という形のアドプション」に限りなく傾いてきているようである。このことについては第一部で詳しく紹介した。

第22章　政治マターとなったＩＦＲＳ

1 「政治的決断」

二〇一一年六月二〇日の各紙は、金融庁が国際会計基準（ＩＦＲＳ）の強制適用を延期する方針を固めたことを報じ、さらに翌二一日には、自見庄三郎金融担当大臣（当時）が、閣議後の記者会見において「少なくとも二〇一五年三月期についての強制適用は考えておらず、仮に強制適用する場合であってもその決定から五－七年程度の十分な準備期間の設定を行うこと、二〇一六年三月期で使用終了とされている米国基準での開示は使用期限を撤廃し、引き続き使用可能とする」ことを明らかにした。

金融庁のホームページに掲載された自見大臣の談話によれば、延期するのは「会計基準が単なる技術論だけでなく、国における歴史、経済文化、風土を踏まえた企業のあり方、会社法、税制等の関連する制度、企業の国際競争力などと深い関わりがあることに注目し」、「国内の動向や米国をはじめとする諸外国の状況等を十分に見極めながら総合的な成熟された議論が展開されること」が必要であるからだという。

より具体的な理由として各紙が報じているのは、(1)わが国の製造業に根強い反対論があること、(2)東日本大震災の被害を受けた企業が震災対応に時間をとられていること、(3)アメリカがＩＦＲ

Sの採用に慎重な姿勢を強めており、インドなども一部で自国の会計基準を維持していること、などの事情である。

もともと金融庁（と財界の一部）は、ＩＦＲＳを日本の企業に強制適用するかどうかを（アメリカが二〇一一年に決めるのを待って）二〇一二年中に決め、強制適用と決めたならば二〇一五―一六年にはすべての上場会社に強制適用することを想定していた。それは、アメリカがＩＦＲＳをアメリカ企業に強制適用するのであれば、すでにヨーロッパ（ＥＵ諸国）では強制適用されているのであるから、日本もそれに従うしかない、という「消極的なＩＦＲＳ支持論」であったように思われる。

2　議論を尽くす

大臣談話にあるとおり、ＩＦＲＳに関しては、日本国内において十分に「成熟された議論」が展開されたとは言い難い。どちらかというと、ＩＦＲＳの内容を問わずに採用するかどうかの議論を繰り返してきたところがある。

たびたび紹介してきたように、わが国では、企業会計に関する規制については、金融庁企業会計審議会と民間の企業会計基準委員会との二人三脚体制を取っている。要するに、「制度」に関する検討は審議会が、「基準」に関する検討は基準委員会が担当するというものである。

審議会では、「IFRSの中身」を問わずに「IFRSの採否や適用時期、適用対象」などを議論することになっている。そうなると、審議会は「食べられるかどうか分からないもの（IFRS）」を前にして「食べる（採用する）」か「食べないか」を議論するようなもので、審議会が「食べる（採用する）」と決めたなら基準委員会が「料理」の仕方を考えなければならない。基準委員会にとって困ったことに「これは食べられない」「料理のしようがない」と決める権限はないのだ。官の審議会が「食べられる」と決めた以上は、「食べられる料理法」を考え出さなければならないのである。日本の企業は、そんなわけの分からない料理を食べさせられるのだ。

IFRSが論理的であるとか、IFRSが日本企業の会計基準として最適であるとか、IFRSを採用すれば日本企業の経済的実態が財務諸表に正しく表示される、IFRSを採用すれば世界中の企業の決算が透明になる・比較性が高まる……そういった記事は「IFRS賛美書」には見受けられたが、それを論証・実証するような話は、寡聞にして聞いたことがない。

私の知る限り、ほとんどがIASBかその関係者の話の受け売りである。「私は受け売りではない。自分はこれこれのように考えて、IFRSの論理性や日本企業への適合性を主張している」という方がいたら、是非、私の批判に反論していただきたい。そうした意見を交換する場があれば、IFRSを巡る多くの誤解や不毛な対立を解消することができるのではないであろうか。

ＩＦＲＳに関しては、いままでそうした意見の交換や主義主張を争う場が乏しかったのではなかろうか。意見交換とか主義主張を争うという場がなかったのは、ＩＦＲＳよりも前、「時価会計」のときも同じであった。

3　時価会計の轍を踏むな

世界中のどこも時価会計などは行われていなかったときに（ただしアメリカには時価会計の基準は存在したが、それはリスクの高い株に投資したら時価評価させるぞという脅しの意味が込められた政策的基準であった）、世界中が時価会計を採用しているというメディアの誤報に飛びついたのは、悲しいことに日本の会計学者であった。

日本の会計学者の「時価賛美」は異常であった。誰も（誇張しているが）アメリカの会計基準も国際会計基準（当時はＩＡＳ）もろくに読まずに、「時価会計は原価会計の不透明さを一気に払しょくする」「時価会計になれば企業は粉飾できなくなる」といった子供だましの話に何の疑問も感じずに、「それ、時代の流れに遅れるな！」とばかり、「にわか時価主義者」が雲霞の如く誕生したのである。それも、異常なことに、「客観性」とか「追跡可能性」とかを命とするはずの監査論の研究者までも「にわか時価主義者」に仕立て上げたのである。

時価会計を誤報したメディアだけの責任ではない。ろくに勉強せずに「風評」に飛びついた会計学者にも責任はあろう。それは問うまい。何の解決にもならないから。

会計学者が受け売りすれば、会計士が受け売りする。経営者もそれを信じるしかない。かくして、日本中がメディアの誤報をルーツにして時価会計に走った。

海外で活躍する会計士たちからは「アメリカは時価会計などやっていない」「国際会計基準にある時価会計基準は『使わない』という約束の基準だ」「日本にはちゃんとした情報が入っていないのか」といった声が聞こえてきたが、そうした声をメディアが報じるわけもなく、学界でも無視された。

要するに、世界の流れを誤報したメディアと、それを信じた会計界・官僚が「世界の流れに二周遅れ」を取り戻そうとして先走ったのが日本の時価会計基準であった。その結果、日本は自ら時価評価の世界に飛び込み、世界にもまれな「時価会計被災国」を経験した。日本の被災状況をみて、多くの国が時価会計を取り込むのをやめている。日本は、多大な犠牲を払って「反面教師」を演じたのである。

リーマンに端を発する国際金融危機は、「時価評価させないためのアメリカ基準」も「使わない約束の国際会計基準の時価会計」も、廃棄されず、基準として「放置」されていたことを、ウォール街の「悪知恵者」が「悪用」した結果である。このことについては、拙書『複眼思考の会計学―国際会計基準は誰のものか』（税務経理協会、二〇一一年）で詳しく述べたので、是非、ご一読いただきたい。

4 「会計は政治」にやっと気が付く

本題に戻る。金融庁がＩＦＲＳの適用時期の見直しをするのは、⑴製造業に根強い反対論があること、⑵東日本大震災の被害を受けた企業が震災対応に時間をとられていること、⑶アメリカがＩＦＲＳの採用に慎重な姿勢を強めていること、などの事情からであった。

⑴の事情は、ＩＦＲＳが即時清算価値会計、企業売買価値会計を目指している以上、物づくりを仕事とする企業としては永遠にＩＦＲＳを受け入れられないということである。⑵は、しばらく適用を待って欲しいというのが表向きの理由であろうが、⑶と絡んで、世界の情勢をよく観察して、できるならばＩＦＲＳの強制適用を延期、さらには回避したいという思惑が見え隠れしている。

金融庁はこのＩＦＲＳ適用延期の問題を（二〇一一年）六月三〇日に開催する企業会計審議会に諮る予定であった。ところが、その直前の二一日に、自見金融相（当時）が「ＩＦＲＳの二〇一五年からの適用はない」、「延期は政治主導でやらせてもらう」、「ＩＦＲＳに移行するにしても、準備期間は三年では短いので五〜七年にする」としてIFRSを政治マターとして取り上げることを明らかにしたのである。

六月三〇日に開催される金融庁企業会計審議会で、どういう議論がなされ、どういう結論を得るかは、およそ見当がつく。会計基準を決める法的権限を持つ金融庁も担当大臣も「IFRSの適用は延期」という意向である以上、審議会としてもそれを追認するしかないであろう。

しかし、単に適用延期の議論に終わらずに、IFRSの適用範囲や適用の方法、できれば日本企業への影響（アメリカは自国企業へどのような影響がでるかをIFRS採否の重要なキーファクターとしている）を企業規模や業種別に検討する場として、時間を取って欲しい。私としても、前号で紹介した「IFRS選択適用」をぜひ組上に載せて欲しいところである。時間はたっぷりと与えられたのだから。

こんな議論もある。同年六月八日の日本経済新聞の報道では、IASBのトゥイーディー議長（六月末には退任）が「（日本基準と国際会計基準とは）ほとんどの項目で共通化できた」「現時点での二つの基準はとても近くなった」と述べている。またその三日後の一一日の同紙は、企業会計基準委員会の西川委員長の話として「一一年六月までに期限を設定した基準は九割以上を共通化した」ことを報じている。

つまりIASBも日本も、「コンバージェンス」はほぼ完了したと認識しているのである。I

ＡＳＢがアメリカ基準とのコンバージェンスのために矢継ぎ早に新基準や改定案を公表していることから、新しい基準との共通化は必要であろうが、こうした作業はＩＦＲＳを採用するとしたら永遠に終わることのない作業である。現段階で必要な作業を終えたということは、日本の会計基準はＥＵの「同等性評価」の前提をクリアしたことになる。そうであるならば、何も日本基準を捨ててＩＦＲＳに移行する必要はないのではなかろうか。

5　ＳＥＣシャピロ委員長「気乗りせず」

国際的な話もある。ＳＥＣのシャピロ委員長（当時）がワシントンで開かれたウォール・ストリート・ジャーナル主催のミーティングで、「ＩＦＲＳ適用を求めるアメリカ企業や投資家はそれほど多くはない」、「アメリカ企業がＩＦＲＳに移行することに、本当に何か得ることがあるのか疑問」として五月に公表されたＳＥＣ実務者レベルの「先送り案」を追認したのである（Wall Street Journal, 二〇一一年六月二二日、電子版）。

ＳＥＣは二〇一一年中にＩＦＲＳを採用するかどうかを決めると言ってきた。しかし同年五月下旬に公表した実務者レベルの素案では、実際にＩＦＲＳを採用するとしても五年から七年の移行期間が必要であることと、ＩＦＲＳとともにアメリカの会計基準（ＵＳ－ＧＡＡＰ）も併存させていくという折衷案が示されていた。シャピロ委員長の発言は、これを追認したものとみられている（関連記事、日本経済新聞、二〇一一年六月二二日夕刊）。

ミーティングでシャピロ委員長は、「投資家の皆さんからはIFRSに移行せよという声は多くない」、「逆に、なぜ、われわれはIFRSに移行しなければならないのか」という声や「国際会計基準の最大のスポンサーであるはずの多国籍企業からも特段のIFRSを望む声は聞こえてこない―特にIFRSの導入コストを考えると。」という話を伝えている。

委員長はまた、（IFRSとUS・GAAPのコンバージェンスのために）あまりにも多くの新しい会計規制が出されていることに対して「声高の、明確な（反対意見）」が企業側から寄せられていることを明らかにしている。

委員長は、そうした反対論とか慎重論とは別に、政府の機関としての関心事として、SEC以外の規制機関や課税当局が十分に準備できるかどうかを確かめなければならないとし、また、これまでのUS―GAAPをベースにしてきた契約や銀行借り入れ条項がIFRSの導入によって変われば企業が大きな困難に直面する可能性があることを危惧している。

EUを構成するドイツ・フランスなどからも「アメリカ化してきたIFRS」に対する警戒心や反発が表面化してきた。最近では金融商品の時価会計を巡って、英米がノーウォーク合意を盾にIASBがFASBと協議してまとめたIFRS9号「金融商品」をEUの執行機関である欧州委員会が承認しないという非常事態を招いている。表向きの理由は新基準のルールでは償却原価法と公正価値法を適用する境界線が曖昧過ぎるとして、承認しなかったのである。

6 IFRS9は欧州銀行への時限爆弾か

本当の理由は、貸付債権すべてを時価評価するというルールがヨーロッパの金融機関にとって受け入れられないということであろうと思われる。リーマン・ショックの後、アメリカの金融機関は就任したばかりのオバマ大統領から巨額の税金をつぎ込んでもらって不良債権の処理を急いできた。その結果、米銀のバランス・シートは以前よりもクリーンになり、最終的には銀行業界は危機を脱出できた、という。

ヨーロッパの金融機関も金融危機前に貸し出した債権が不良債権化したが、米銀ほど大きな打撃を受けていなかったことから規制機関の動きも緩慢で、不良債権処理は進んでいない。しかし、経営難に陥っているアメリカ建設事業会社向けの劣後債やLBO（買収先の資産を担保とした借入金による買収）、ハイリスクの住宅ローンで構成された証券類、アメリカ大手ギャンブル会社向け回転融資枠の保有分などのダメージは大きく、さらにヨーロッパのソブリン債（国債）危機と銀行に対する新しい自己資本規制が加わって、不良債権処理を急ぐ必要が出てきた。

Wall Street Journal（日本版、二〇一一年五月二三日）によれば、ヨーロッパの銀行は本業に関係のない「非中核」とみられる融資を一兆三、〇〇〇億ユーロ（約一五〇兆円）抱えており、今後一〇年間で処分（売却）する公算が強いという。すでにヨーロッパの銀行はそうした不良資産の「叩き売り」を始めており、アメリカのヘッジ・ファンドなどが、銀行が処分に躍起になっていることに乗じて底値で資産を買い叩こうとしているという。

そんな状況のときに、ＩＡＳＢとＦＡＳＢが「金融商品の全面的時価評価」を内容とする会計基準を設定したのである（償却原価法を適用できる債券は除外）。この基準を適用しても米銀は無傷かもしれないが、ヨーロッパの銀行は、「向こう一〇年間で処理しようと考えていた不良債権の損失」を一気に計上しなければならなくなる。不良債権の時価評価で「債務超過」に陥って破綻する銀行がどれだけあるのか、恐らくは数えきれないのではないだろうか。

ヨーロッパの銀行がばたばたと破綻すれば、「健全というお墨付きをもらった」米銀がヨーロッパの金融市場に雪崩を打って乗りこみ、いずれヨーロッパの資本市場をも支配しかねない。そうなったら、「アメリカの力に対抗する」ために作られたはずのＩＦＲＳなどはどこかへ消えて、アメリカの会計基準が支配するはずである。もしかしたら、ＩＡＳＢとＦＡＳＢは、そんなきな臭い、いや、欧州銀行への時限爆弾になることを狙ってＩＦＲＳ第九号を取りまとめたのかもしれない。

7　ＥＵは何のために結束したのか

「ノーウォーク合意」があるからといって、ヨーロッパにとって極めて不都合な基準を設定して押し付けようとすれば、ＥＵ諸国が反発するのは当然である。ＥＵ諸国にしてみれば「何のために、宗教も人種も思想・哲学も言葉も違う諸国がＥＵを結成したのか」「アメリカの力に対抗するためのＥＵはどこへ行ったのか」というＥＵの存在意義に関わる根源的な問題に直面するであろう。

ＥＵをリードするドイツやフランスは、そんな事態を回避するためにＥＵを結成したのである。ＩＦＲＳ第九号は、とても受け入れられる基準ではない。かといって、「ヨーロッパの銀行が不良債権処理を終えていないからＩＦＲＳ第九号を拒否する」とは言えない。表向きの理由として「償却原価法を適用する金融商品と公正価値を適用する商品との線引き」が困難であることを挙げているのは、こうした事情があるからであろう。

ＩＦＲＳ第九号は、ＥＵの中でも受け入れられる国もあるかもしれない。しかし、ＥＵが一致して適用する基準となれば、仮に主要国のうち一か国でも「採用すれば自国が大きな不利益を受ける」国があれば、ＥＵ全体の基準とすることは「ＥＵ内部での不要な摩擦」を起こす元になる。

はずである。

誕生したばかりのＥＵとしては、こうした摩擦を避けてＥＵの結束を強めることに力を注ぎたい

今ＥＵ内部では「すべての基準を、ＩＦＲＳ適用国のさまざまな特殊事情をも満たすようなものにしよう、などということは非現実的であり、克服できるような障害ではない」という認識が高まってきている。そうした動向を受け「ＥＵを構成する諸国が、一部の基準や会計処理を取り上げて適用を制限する」ような事態になることを危惧する声も上がっているという。このような事態に陥れば、ＩＦＲＳはおひざ元の欧州から崩れ落ちる危険があるのである。

8　二〇一一年六月三〇日

この日付は、日本の会計界にとっても世界の会計界にとっても特別な日になるであろう。国際的には、これまでＩＡＳＢ議長としてＩＦＲＳと時価会計を世界に広めることに全身全霊を注いできたトゥィーディーが任期を満了してリタイアした日である。トゥィーディーと二人三脚でＩＦＲＳをリードしてきたＦＡＳＢのハーズ議長は、二期目の任期を二年残して、理由も明かさずに二〇一〇年一一月電撃的に辞任している。かくして国際線のジャンボ機（ＩＦＲＳ）は、パイロットを、それも機長と副操縦士をともに失ったようなものである。この日を境にＩＦＲＳが大

きく失速してもおかしくはない。アメリカは、もしかしたら、この日の来るのを待っていたのかもしれない。

わが国の会計界にとってもこの年の六月三〇日は記録されるべき特別な日になるはずである。冒頭に紹介した金融庁の決断や自見金融相（当時）の談話を受けて、この日に企業会計審議会が開催されたが、最初に自見大臣があいさつし、「（ＩＦＲＳの適用に関して）総合的に成熟された議論を早急に開始することが、正しい国民理解を得る上で金融庁がなすべきことと考え、今回は『政治的な決断』として大きく舵を切らせていただきました」と述べ、ＩＦＲＳ問題に関しては政治マターとすることを明言している。

さらに自見金融相は、「会計基準の国際的調和そのものが自己目的化し、経済活動が停滞することがあってはなりません。国際的な要請を見極めつつ、国全体の経済活動の活性化との両立を図っていくことが重要です。」として「ＩＦＲＳ強制適用ありき」の風潮に警鐘を鳴らしている。

自見大臣のあいさつでは、今後の具体的な課題として、㈠二〇〇九年の「中間報告」を見直すこと、㈡（基準の内容について）基準委員会に委ねるのではなく、審議会でも議論すること、㈢「連結先行」の考えを見直すこと、㈣多様な資本市場のあり方や単体開示の廃止なども検討すること、を挙げている。

あいさつの最後に大臣は、「審議会のこれまでの取組にとらわれず、日本経済が心底元気になるように自由で活発な議論をお願いする次第です。……委員の皆様には、私の意のあるところを御汲みいただき、宜しく御審議を賜りますようお願いいたします。」と締めくくっている。要するに、これまでの審議会の議論を白紙に戻して、わが国の経済界として取るべき姿を再確認しようというのである。大賛成である。自見大臣の「政治的決断」に大きな拍手を送りたい。

9 議論のテーブルを一つに

日本の場合、実に「慌ただしく」「世界に遅れてはならない」とばかりに「IFRS強制適用」というメッセージを世界に発信した。「成熟された議論」もなく、である。上にも書いたように、企業会計審議会という大所高所からの視点で会計問題を検討する場が、実は、IFRSの中身を検討することができない場になっている。会計制度を決めるのが官の金融庁企業会計審議会で、IFRSの中身を検討するのは民間の基準委員会の仕事だという仕切りが、日本におけるIFRS対応を混乱と不透明に陥れてきた面は否定できない。

官の企業会計審議会がIFRSの中身を不問にしてIFRSの採否・適用対象・適用方法・適用時期……を決めるのである。そうせざるを得ない状況になった経緯はある。官民接待で旧大蔵省が批判され、会計基準の設定も旧大蔵省から民間団体の基準委員会に移された。そういう経緯はあるが、かなり昔の話であり、それが生み出した弊害の大きさを考えて、自見大臣が提案するように、そろそろ、わが国の会計問題を検討する場を一つにしてもよいのではないだろうか。

第23章　嗚呼、オリンパス！

1　経済倶楽部の五分間ミニスピーチ
2　「退屈な」会計学
3　経営は「上半身」の世界
4　会計士会計学のミスマッチ
5　不良債権の山を切り崩す
6　デリバティブ・フィーバー
7　オリンパスに何を学ぶか
8　まじめな日本企業と不正会計

1　経済倶楽部の五分間ミニスピーチ

「経済倶楽部」の忘年パーティで、五分間スピーチを頼まれた。「経済倶楽部」は、一九三一（昭和六）年に創設された社団法人で、東洋経済新報社の外郭団体である。昨年、八〇周年を迎えた。毎週、わが国を代表する著名な政治家、国際問題の専門家、ジャーナリスト、エコノミスト、大学教授などを講師に招いて講演会を開催している。毎回、一二五〇名もの会員の方が参加され、昨年末には四〇〇〇回を数えたという長寿ソサエティである。ギネス・ブックに登録申請することも検討中だと聞く。現在、同社の社長・会長を務められた、浅野純次氏が倶楽部の理事長を務めている。

私も浅野理事長のご厚意で、これまで五回ほど講師として招いていただき、時価会計の問題や日本企業の粉飾の問題、最近では国際会計基準（ＩＦＲＳ）の問題を話す機会を頂いた（講演の一部は、拙著『国際会計基準の着地点―田中　弘が語るＩＦＲＳの真相』税務経理協会、二〇一二年、に収録した）。

倶楽部では年に二回、消夏パーティと忘年パーティを開いて、会員の方々と講師の方々との親睦を図っている。毎回参加していると講師の先生方や会員の皆さんと知り合いになる機会も多く、ときには、そうした方々に、私が勤務する神奈川大学での講演をお願いすることもある。元国税庁長官の大武健一郎氏に「日本を元気にする税の話」をテーマに、素晴らしい講演をしていただいたこともある。学生諸君はもとより同席して聴かせて頂いた私たち教員や税理士・会計士諸氏（税務署の職員も）も大いなる元気を頂戴した。大武先生には、学生諸君からの「大武先生のお話しをもう一度聞きたい」という熱いメッセージをお届けして、次回の講演をお願いしているところである。

パーティでは、著名な講師の方々がそのときどきのホットな話題を「五分間スピーチ」で実に要領よく、また、お聴きしていて「今日は来てよかった」と思う話をして下さっている。いつも五分間スピーチを楽しみに参加してきたが、昨年末は、思いもよらず私にスピーチが回ってきた。「オリンパス」の問題に絡めて会計の話をするようにとの主催者の話であった。本章は、そこで話した五分間スピーチの内容を紹介したい。とはいえ、五分間の話をそのまま書いても一千字にもならない。時間の都合で話せなかったことも書くことにする。

2 「退屈な」会計学

一般の方々、つまり会計専門家以外の人たちを対象とした講演では最初にこんな話をする。

「会計学——そう聞いただけで眠気がするかもしれませんね」「会計は経理部の仕事。自分は関係ないという方も多いようです」と。そうしたことを話した上で、木村剛氏の話を紹介する。木村氏は、東京大学経済学部における会計学の講義を、次のように述懐している。

「わが身の恥をさらすようだが、私は、大学時代に履修した『会計学』の講義に一毛の興味も抱けなかった。『会計嫌い』の学生を養成するためにわざわざ設営されているのではないかと誤解させてしまうくらいに、見事なまでにツマラナイ講義だった。『会計』の授業に出る目的は麻雀の面子を揃えるためだけだった。授業の内容は一つも覚えていないが、『本当にツマラナカッタ』ということだけは、強烈で鮮明な記憶として残っている。」（木村剛、二〇〇三年）。経済学者のオルメロッドも会計学を評して「経済学よりもはるかに退屈な学問」（P・オルメロッド、一九九五年）と断じている。たしかに、会計学は経済学に比べて「退屈な」学問かもしれない。しかし、経済学よりははるかに「使える」学問であることは間違いない。今の大学生には「ギリシャ文字の並べ替え」（木村、同上）に興じている経済学が、胡散臭く、使えない学問であることを肌で知っているらしく、どこの大学でもゼミ生を募集しても経済系のゼミはほとんど人気（「にんき」と読んでもいいし「ひとけ」と読んでもいい）がない。

木村氏の言を借りれば、日本の経済学者は「海外の高名な学者が書き残した『カタカナ経済学』を暗誦することに気をとられて、実際の『経済』を直視することのできなくなった『経済学』学者」だという。自省の念を込めて言えば、この木村氏の一文にある「経済学者」を「会計学者」に置き換えても、なんら不都合はない。

3　経営は「上半身」の世界

会計を単なる「技術」としてみると、退屈な学問、ツマラナイ学問であることは否定できない。しかし、会計を通して経営者の「金銭感覚」や「お人柄」「品格」が透けて見えることに思いを致せば、会計は実に「人間味のある」「生々しい」学問である。

先の五分間スピーチでは、ちょっと不謹慎かもしれないとお断りしたうえで、こんな話をした。経営と会計（経理）は、本来、表裏の関係にあるはずである。経営の結果を会計が数値化する。その数値を参考にして次の経営戦略を立てる。このように経営と会計は、深く結びついている。経営が良ければ、会計の数値もよくなり、経営がうまくいかないときは会計の数値も芳しくなくなる。これが、経営と会計のあるべき姿であり、理念である。

ところが、現実をみると、かなり違う。企業経営は、額に汗して、頭を使って行うものであり、体で言うと「上半身の世界」である。ところが、経営の結果を数値化する会計の段になると、途端に理性（上半身）が働かなくなり、願望が顔をだしてくる。不謹慎な表現かもしれないが、

「下半身の世界」になるのである。

こんな話は、お国を問わないようで、アメリカ証券取引委員会（SEC）の委員長であったアーサー・レビットは、アメリカ企業が作成する「損益計算書は企業の業績を示すというよりも、経営陣の欲望を反映する」ものになったことを指摘している（M・ブルースター、二〇〇四年）。

五分間スピーチの話に戻ると、木村氏は卒業後、「ツマラナイ」と言っていた会計に目覚めたのか、あるいは他の所で学んだのかは知らないが、『「会計戦略」の発想法』という一書を書き、そこで「日本経済復活のカギは『会計力』！」と喝破するのである。

この本は、私にとっても関係が深い。木村氏は、私が書いた『会計学の座標軸』（税務経理協会、二〇〇一年）を読んで、「会計学がツマラナイのはなぜか」という学生時代からの疑問が氷解したというのである。私の本のどこを読んだのか。木村氏が引用した部分を紹介する。

4　会計士会計学のミスマッチ

私は、日本の会計学は「会計士（を養成するための）会計学」として形成されてきたこと、教室で教える「会計士会計学」は学生のニーズを反映したものではなかったことを、次のように述べた。自分の文章を引用するのは気恥ずかしいが、木村氏がこれを読んで長年の疑問が氷解したというのだから、同じように大学の「会計学」がツマラナかった（はずの）多くの読者諸賢にも説得力があると思えるので紹介したい。

「会計教育に限っていえば、アメリカも日本も、『会計士を養成するための教育』に力を入れてきた。どこの大学にも、簿記の講義があり、入門の会計学の講義があり、原価計算、監査論、財務諸表論という科目がある。これらの科目がすべて、公認会計士試験の科目と同じ名称であるのは偶然ではない。どこの大学も、会計士試験の科目を網羅することにより、会計学を体系的に教えることができると考えたのである。今から思えば、誤解であった。

会計士の試験科目は、会計学の体系からすれば、かなり偏っている。そこには投資家とかアナリスト、企業の経営者などが必要とする会計知識は、必ずしも網羅されていない。会計士の試験科目は、公認会計士として監査の仕事をする上で必要な知識や考え方を学ぶ科目であり、会計学の体系からすれば、限られた領域でしかない。」

「皮肉っぽくいえば、会計学の講義は、『財務諸表の作り方教室』であった。だから、わが国の会計教育を受けた学生は、財務諸表を作ることはできても、それをどうやって使うのかを知らずに卒業してしまう。自動車学校に入って、『車の構造』は学んだけれど、『運転法』を知らずに卒業するようなものである。（中略）わたしの教室には、会計士になろうとなどと考えている学生はほとんどいないのである。それにもかかわらず、わたしは、長い間、『制度会計』、あるいは『会計士会計学』を教えてきた。『カレーライス』を食べたいと思っている人に、注文も聞かずに、『天ぷら定食』を食べさせてきたようなものである。ミスマッチであった。」

これに続けて、こんなことも書いている。「会計学の講義をするのが苦痛でしようがなかったときもある。熱心に講義すればするほど、学生にとってはつまらない講義になるのである。」そこで私がどうしかたかは、本章の主題から外れるので書かない。ぜひ、拙著を読んでいただきたい。

5　不良債権の山を切り崩す

木村氏が世間の注目を集めたのは、小泉政権が邦銀の不良債権処理に乗り出した二〇〇二年であった。木村氏は日銀を退職し、外資系コンサルタント会社の日本法人ＫＦｉの代表を務めていた。木村氏は金融担当大臣であった竹中平蔵氏の指名をうけて金融庁顧問になり、いわゆる小泉・竹中ラインの先兵として金融検査の厳格化を主張し、迅速な不良債権処理を強力に推し進め、銀行経営者を震え上がらせた。

ここまでの木村氏は、前途洋洋であった。ところが、その後、木村氏は、日本振興銀行に深く関与し、今度は不良債権の山を築くのである。不良債権処理の専門家が、こともあろうに自ら不良債権の山を作るのであるが、不思議にも自分で作った不良債権はうまく処理できない。なんとも因果な巡り合わせとしかいいようがないではないか。しかもその後、自らが作成に携わった金融検査マニュアルに違反し金融庁の検査を忌避（妨害）したとして逮捕されたのである。

6 デリバティブ・フィーバー

不良債権の処理という話になれば、最近のオリンパスの「損失飛ばし」を連想される読者も多いと思う。またまた不謹慎ながら、私はオリンパスの事件報道を読んで、「オリンパスはヘタだな」と思った。「損失を隠す」のがヘタということではなく、発生した損失の「後始末」がヘタだと感じたのである。もちろん、会計学者としての感想ではない。

なぜ「ヘタ」と感じたのか。その理由を書こう。私が言ったのでは信頼性や信憑性が低いと感じる方もいると思うので、日本人が大好きなアメリカ人の語りを紹介する。語るのは、アメリカのモルガン・スタンレー東京事務所に勤務していたパートノイである（パートノイ、一九九八年）。

パートノイは言う。日本には「デリバティブ・スプリング・フィーバー」という現象がある、と。毎年、桜の花の咲くシーズンになると、日本のデリバティブ・ビジネスも花開くのだというのである。決算期を迎えた日本企業はデリバティブ・ビジネスにおける上得意客だとして、パートノイは次のように言う。ここでビジネスをするのは、アメリカでデリバティブを開発・販売しているモルガン・スタンレーのような金融機関である。

「日本の会計年度は三月三一日に終わるが、クライアントたち（日本企業のこと—筆者）は二月のある時期にいつも、その一年間にこうむった損失を取り返そうとする。そして最後の瞬間の利益を生み出すために急襲をかけるとき、いつもデリバティブ・フィーバーに捕らわれるのだ。投資家（日本企業—筆者）の中には単に、もしも当たれば損を帳消しにできるだろうと、大きな賭けを張るものもいる。また、帳簿の手品を使って前年の損失を次の年にまわし、不成績を隠そうとするものもいる。」

ここで登場するのが、金融工学やロケット・サイエンティスト並みの高等数学を駆使したデリバティブ（金融派生商品）である。デリバティブの中には、期末に時価で評価すると大きな利益が計上できるが、何年か後には仕込まれた時限爆弾が炸裂して、その何倍もの損失が生まれるようなものもある。いや、ロケット・サイエンティスト並みの頭脳を持った人たちなら、そうしたデリバティブを開発することができる。

日本企業の中には、有価証券の含み益が底をつくと、デリバティブを使った益出しや損失隠しに走るところがでてて、それをモルガン・スタンレーのようなアメリカの金融機関が「カモ」にして荒稼ぎしたというのである。なにせ、「デリバティブだけが魔法のように悪い年を良い年に変えることができる」(パートノイ)のだから。

高杉良さんの『小説　ザ・外資』(光文社)にも、幸田真音さんの『凛冽の宙』(小学館)にも、そうした「利益先取り・損失先送り商品」の話がしばしばでてくる。オプションを使ってレバレッジ(てこ)を効かせてあるので、期末に時価評価すると当期に巨額の利益を計上することができる。

バブル崩壊後、日本の企業はデリバティブを使っていったん数年後までリスクを先送りして、その間に水面下で秘かに少しずつ損失を処理してきたのである。そうした不正な会計処理が表面化することはなかったが、パートノイの著書はそれを暴いたのである。パートノイは言う。「日本の機関投資家は数週間の間に何億ドルもの利益を生み出せる金融商品を必要としていた。」「(日本の金融機関は)損失を早急に埋め合わせるためか、あるいはそれを隠すために、必死でデリバティブを買いにかかった。」

7　オリンパスに何を学ぶか

話はずいぶん脇道にそれたが、本道は「オリンパスの損失処理」である。読者諸賢にはお気づきのように、私が「オリンパスはヘタ」というのは、どこもかしこもデリバティブを使って損失を先送りし、数年かけて処理してきたものを、同社は損失が巨額になるまで放置し、挙句の果てに、外からも丸見えの企業売買を仮装したことを言う。急いで付け加えるが、会計学者としての感想ではない。当時の産業界の常識としては「飛ばした損は、本業の利益を使って数年で消す」（梶原誠・日本経済新聞編集委員、二〇一一年一一月一五日「一目均衡」）というものであった。日経QUICKのアンケート調査によれば、オリンパスなどで露呈した企業統治の問題は「少数ながら他社にも該当しそう」「程度に差はあるが一般的な問題」と回答した投資家は九二％にも上るという（日本経済新聞、同上）。

「オリンパスはヘタ」と書いたが、会計学者としては、別の感想を持っている。それを少し披歴したい。「オリンパスへの応援歌」でもあるので、オリンパスを取り巻く日本経済界の当時の状況から話を始めたい。

報道によれば、オリンパスが「財テク」に走るのは、八五年のプラザ合意以降であった。円高が進行し輸出採算が悪化する一方で、株式相場は好調であったために、オリンパスを含めて多くの日本企業は手軽に利益を稼げる特定金銭信託（特金）などの金融商品での運用を増やしたという（日本経済新聞、二〇一一年一一月九日）。八五年から九〇年にかけて、わずか数年で都市部の地価は三倍になり、株価も八九年末日経平均で三万九、〇〇〇円！を記録している。

企業は余裕資金があればそれを使い、余裕資金がなければ銀行などから借りてでも土地や株に投資して「財テク」に走ったのである。「財テク」に走らないことを宣言した企業や「財テク」を危険視したエコノミストもいたが、隣の会社や向の会社がぼろもうけしているのを横目に見て、「武士たるもの、浮利は追わず」といった姿勢を貫いた企業は、むしろ少数派であった。

それが、九〇年を境に、「土地の価格は限りなく上昇するという神話」と、「いつでも金は借りられるという神話」がともに崩れた。二つの神話によって築かれた砂上楼閣（バブル）が崩壊したのである。各企業にはバブル崩壊による巨額の損失が残ったが、当時は「原価主義会計」の時代であり、金融商品への投資損失を「含み損」として塩漬けにすることができた。

その後、日本では、当時の橋本首相が音頭をとって、「金融ビッグバン」が進められ、その一環として、会計基準の国際化（会計ビッグバン）が推進された。オリンパスが直面した問題は、その会計ビッグバンによって導入された「時価会計基準」であったと言う。

オリンパスは、金融商品を時価評価する基準が導入されれば、自社の保有する金融商品に係る巨額の含み損を表に出さなければならないことになり、それは大変なことになるので、巨額の含み損を表面化しないようにするためにはどうすればいいかを考えたというのである。

8 まじめな日本企業と不正会計

この報道に接して、私は「オリンパスという会社は、まじめ」で、新しい会計基準（時価評価の会計基準）を純真に受け入れようとしていると感じたのである。言いたいことは、オリンパスは、新しい会計基準（時価評価）をそのまま受け入れようとしたのである。

一部の会社は、時価会計の基準ができたとき、どのようにして新基準の適用を免れるかを画策した。「二〇年前の記憶をたどれば、損失のある有価証券の飛ばし、大口投資者の含み損を証券会社が補てん、含み損のある金融商品を簿価で買い上げるための『損失隠し私募債』……どれもこれも怪しげな、投資家をミスリードするおそれの高いものばかりだった。

しかし、当時の大蔵省は自らの『規制緩和政策』が一つの原因であったことを認識してか、こうした企業行動を『限りなくブラックに近いグレーだが違法とまでは言えない』として」、目をつぶったのである（日本経済新聞、二〇一一年一二月二〇日、「大機小機」）。

多くの日本企業は、端から新しい会計基準を無視したのである。

オリンパスは違う。新しい基準を順守しようとしたのである。ただ、基準を順守すれば、「わが社はとんでもないことになる」ことに気がついて、損失が表面化しない方法を模索することになるのである。

もちろん、それだからと言って、オリンパスの不正な会計処理が許されるわけではない。この事件から多くの教訓を学ばなければならないであろう。オリンパスの事件は、わが国にとって不幸なことに、大王製紙事件が同時に明るみに出たことであろう。大王製紙事件は、コンプライアンスやガバナンスの点で、オリンパス事件と同根のところもあるが、「会計」という面では同列には論じられない。

オリンパス事件から何を学ぶかは、別の機会に譲りたい。

参考文献

赤木昭夫「エンロン事件　ひとつの時代の自壊」『世界』二〇〇二年一二月
伊東光晴『〈経済政策〉はこれでよいか―現代経済と金融危機』岩波書店、一九九九年
伊藤元重「内外経済の課題」『経済倶楽部講演録　七五八号』東洋経済新報社、二〇一二年四月
牛島　信『第三の買収』幻冬舎、二〇〇七年
企業活力研究所「今後のグローバル化の進展と日本モデルの適応のあり方に関する調査研究」二〇一〇年三月
ポール・クルーグマン『嘘つき大統領のデタラメ経済』三上義一訳、早川書房、二〇〇四年
黒澤利武「国際会計基準を巡る今後の展望」『企業会計』二〇〇八年一一月
斎藤静樹「コンバージェンスの未解決論点―海外の学界論調から」『企業会計』二〇〇八年一月号
佐伯啓思他「(対談) アメリカニズムを超えて」『諸君！』一九九八年一〇月
佐和隆光『経済学とは何だろうか』岩波新書、一九八二年
佐藤行弘「国際対応を踏まえた今後のわが国会計制度の展望」『企業会計』二〇一二年四月号

佐藤行弘・加賀谷哲之（インタビュー）「今こそ問い直す。日本の企業会計のDNAとは何か」『一橋ビジネスレビュー』二〇一二年SUM.
経済産業省企業財務委員会「会計基準の国際的調和を踏まえた我が国経済および企業の持続的な成長に向けた会計・開示制度のあり方について」二〇一〇年四月
竹内　啓『社会科学における数と量』東京大学出版会、一九七一年
田中　弘「究極の時価会計の本質　ＩＦＲＳは企業売買のための会計基準だ」『週刊エコノミスト』二〇一二年九月一一日号
田中　弘『ＩＦＲＳはこうなる―「連単分離」と「任意適用」』東洋経済新報社、二〇一二年
田中　弘『国際会計基準の着地点―田中　弘が語るＩＦＲＳの真相』税務経理協会、二〇一二年
田中　弘「誰がＩＦＲＳ導入を歓迎しているのか―日米とも『冷めた目』に」『金融財政ビジネス』時事通信社、二〇一二年一二月一七日号
田中　弘「急激に失速するＩＦＲＳ―日米は消極姿勢―」『金融財政ビジネス』時事通信社、二〇一二年一〇月一日号
田中　弘「ＩＦＲＳ、受け入れ難しいオバマ政権―産業界から反発も―」『金融財政ビジネス』時事通信社、二〇一二年六月二五日号

田中　弘「なぜ企業解体の儲けを追及するのか―M&Aに頼る米国の経営者―」『金融財政ビジネス』時事通信社、二〇一二年四月四日号
田中　弘「IASBはどこで道を誤ったか―狂信的時価主義者の『遺恨晴らし』―」『金融財政ビジネス』時事通信社、二〇一二年二月九日号
田中　弘「IFRSは誰のためのものか―投資家らの立場から分析―」『金融財政ビジネス』時事通信社、二〇一一年一二月一二日号
田中　弘「IFRSに生き残る道はあるか―現実味を帯びてきた『任意適用』案―」『金融財政ビジネス』時事通信社、二〇一一年一一月一七日号
田中　弘「IFRS、こんな会計を信用できるか―英米の傲慢に従う世界―」『金融財政ビジネス』時事通信社、二〇一一年一〇月二四日号
田中　弘「連結財務諸表に適用されるIFRS―日本に広がる誤解を解く―」『金融財政ビジネス』時事通信社、二〇一一年九月八日号
田中　弘「白紙に戻ったIFRS論議―『自己目的化した国際化』への反省と反動―」『金融財政ビジネス』時事通信社、二〇一一年八月一日号
田中　弘「復興努力を最優先に。IFRS導入を先送りせよ」『週刊エコノミスト』二〇一一年五月一〇日

田中　弘『複眼思考の会計学―国際会計基準は誰のものか』税務経理協会、二〇一一年
田中　弘『国際会計基準はどこへ行くのか―足踏みする米国、不協和音の欧州、先走る日本』時事通信社、二〇一〇年
田中　弘『時価主義を考える（第3版）』中央経済社、二〇〇二年
田中　弘『原点復帰の会計学―通説を読み直す（第2版）』税務経理協会、二〇〇二年
田中　弘『会計学の座標軸』税務経理協会、二〇〇一年
辻山栄子「2つの包括利益」『会計・監査ジャーナル』二〇〇七年一一月
筑紫英志「米国の『判断先送り』の衝撃　困惑する前のめりの日本」『週刊エコノミスト』二〇一二年九月一一日号
友杉芳正・田中弘・佐藤倫正編著『財務情報の信頼性―会計と監査の挑戦―』税務経理協会、二〇〇八年
ビル・トッテン『アングロサクソン資本主義の正体』東洋経済新報社、二〇一〇年
中谷　巌『資本主義はなぜ自壊したのか』集英社インターナショナル、二〇〇八年
西川郁生「連結先行の進め方」『季刊会計基準』二〇一〇年九月号
原田武夫『最もリアルなアメリカ入門』かんき出版、二〇一二年
原　丈人『新しい資本主義―希望の大国・日本の可能性』ＰＨＰ新書、二〇〇九年

日高義樹『帝国の終焉』ＰＨＰ研究所、二〇一二年
三井秀範「我が国企業への国際会計基準の適用について」『税経通信』二〇〇九年八月臨時増刊号
ジョセフ・メイザー著・松浦俊輔訳『ゼノンのパラドックス』白揚社、二〇〇九年
山桝忠恕『近代会計理論』国元書房、一九六三年
村上陽一郎『安全学』青土社、一九九八年
村上陽一郎『文明の中の科学』青土社、一九九四年
渡辺洋三『法というものの考え方』岩波新書、一九五九年
渡辺将人『分裂するアメリカ』幻冬舎新書、二〇一二年

INDEX

（CH○と表示してあるものは，その章全体を参照してください）

著者プロフィール

田　中　　弘（たなか　ひろし）

神奈川大学名誉教授・博士（商学）（早稲田大学）

早稲田大学商学部を卒業後，同大学大学院で会計学を学ぶ。貧乏で，ガリガリに痩《や》せていました。博士課程を修了後，愛知学院大学商学部講師・助教授・教授。この間に，学生と一緒に，スキー，テニス，ゴルフ，フィッシングを覚えました。

1993年－2014年神奈川大学経済学部教授。

2000年－2001年ロンドン大学（LSE）客員教授。

公認会計士２次試験委員，大蔵省保険経理フォローアップ研究会座長，
郵政省簡易保険経理研究会座長，保険審議会法制懇談会委員などを歴任。

一般財団法人経営戦略研究財団理事長
辻・本郷税理士法人顧問
日本生命保険相互会社　社友
ホッカンホールディングス　独立委員会委員長
英国国立ウェールズ大学経営大学院（東京校）教授
日本アクチュアリー会　客員
中小企業経営経理研究所所長
Eメール　akanat@mpd.biglobe.ne.jp

最近の主な著書
『国際会計基準の着地点――田中弘が語るIFRSの真相』税務経理協会，2012年
『新財務諸表論（第４版）』税務経理協会，2012年
『IFRSはこうなる――「連単分離」と「任意適用」へ』東洋経済新報社，2012年
『会計と監査の世界――監査役になったら最初に読む会計学入門』税務経理協会，2011年
『会計基準――新しい時代の会計ルールを学ぶ』税務経理協会，2012年
『経営分析――監査役のための「わが社の健康診断」』税務経理協会，2012年
『複眼思考の会計学－国際会計基準は誰のものか』税務経理協会，2011年
『国際会計基準を学ぶ』（共著）税務経理協会，2011年
『国際会計基準はどこへ行くのか』時事通信社，2010年
『会計データの読み方・活かし方――現代会計学入門』中央経済社，2010年
『会計学を学ぶ－経済常識としての会計学入門』（共著）税務経理協会，2008年
『新会計基準を学ぶ』（全４巻）（共著）税務経理協会，2008－2011年
『財務情報の信頼性－会計と監査の挑戦』（共編著）税務経理協会，2008年
『会社を読む技法－現代会計学入門』白桃書房，2006年
『不思議の国の会計学－アメリカと日本』税務経理協会，2004年
『時価会計不況』新潮社（新潮新書），2003年
『原点復帰の会計学－通説を読み直す（第二版）』税務経理協会，2002年
『会計学の座標軸』税務経理協会，2001年

著者との契約により検印省略

平成25年３月31日　初版第１刷発行
平成27年４月30日　初版第２刷発行

会計学はどこで道を
間違えたのか

著　者　田中　弘
発行者　大坪嘉春
印刷所　税経印刷株式会社
製本所　株式会社　三森製本所

発行所　〒161-0033 東京都新宿区
下落合２丁目５番13号
株式会社 税務経理協会

振　替 00190-2-187408
ＦＡＸ (03)3565-3391
電話 (03)3953-3301（編集部）
(03)3953-3325（営業部）
URL http://www.zeikei.co.jp/
乱丁・落丁の場合は，お取替えいたします。

ISBN978-4-419-05967-5 C3034